DIREITO DOS TRANSPORTES

NUNO MANUEL CASTELLO-BRANCO BASTOS
Assistente da Faculdade de Direito de Coimbra

# DIREITO DOS TRANSPORTES

ALMEDINA

| | |
|---|---|
| *TÍTULO:* | DIREITO DOS TRANSPORTES |
| *AUTOR:* | NUNO MANUEL CASTELLO-BRANCO BASTOS |
| *EDITOR:* | LIVRARIA ALMEDINA – COIMBRA<br>www.almedina.net |
| *LIVRARIAS:* | LIVRARIA ALMEDINA<br>ARCO DE ALMEDINA, 15<br>TELEF. 239 851900<br>FAX 239 851901<br>3004-509 COIMBRA – PORTUGAL<br>livraria@almedina.net |
| | LIVRARIA ALMEDINA<br>ARRÁBIDA SHOPPING, LOJA 158<br>PRACETA HENRIQUE MOREIRA<br>AFURADA<br>4400-475 V. N. GAIA – PORTUGAL<br>arrabida@almedina.net |
| | LIVRARIA ALMEDINA – PORTO<br>RUA DE CEUTA, 79<br>TELEF. 22 2059773<br>FAX 22 2039497<br>4050-191 PORTO – PORTUGAL<br>porto@almedina.net |
| | LIVRARIA ALMEDINA<br>ATRIUM SALDANHA<br>LOJAS 71 A 74<br>PRAÇA DUQUE DE SALDANHA, 1<br>TELEF. 21 3570428<br>FAX 21 3151945<br>atrium@almedina.net |
| | LIVRARIA ALMEDINA – BRAGA<br>CAMPUS DE GUALTAR<br>UNIVERSIDADE DO MINHO<br>4700-320 BRAGA<br>TELEF. 253 678 822<br>braga@almedina.net |
| *EXECUÇÃO GRÁFICA:* | G.C. – GRÁFICA DE COIMBRA, LDA.<br>PALHEIRA – ASSAFARGE<br>3001-453 COIMBRA<br>Email: producao@graficadecoimbra.pt |
| | OUTUBRO, 2004 |
| *DEPÓSITO LEGAL:* | 217150/04 |

Toda a reprodução desta obra, por fotocópia ou outro qualquer processo, sem prévia autorização escrita do Editor, é ilícita e passível de procedimento judicial contra o infractor.

# NOTA PREAMBULAR

Tendo-nos sido pedido que expuséssemos aos alunos da pós-graduação em Direito das Empresas alguns temas relativos ao Direito dos Transportes, e sendo conveniente fornecer um texto de apoio, mormente, *hélas*, se se considerar a escassez de reflexões escritas neste domínio, aventurámo-nos a escrever estas linhas, que não se propõem ser mais do que uns sumários, ou um conjunto de notas coligidas, ainda em tosco, sobre alguns temas que abordamos durante o curso.

Atendendo à duração do curso, limitaremos o seu objecto e a nossa atenção recairá particularmente sobre o transporte de mercadorias rodoviário, marítimo e aéreo, bem como sobre o transporte aéreo de passageiros. Por outro lado, ocupar-nos--emos mais detidamente de certos regimes uniformes internacionais, confrontando-os com os correspondentes regimes internos (que, mais ou menos, os vêm imitando ou reflectindo), a saber: as Convenções de Bruxelas, de 1924 (Regras de Haia), de Genebra, de 1956 (CMR), e de Montreal, de 1999 (comparando-o com o "sistema" de Varsóvia, de 1929, com as suas alterações de 1955 e de 1975).

Queremos, ainda, mostrar o nosso reconhecimento ao IDET e ao Ex.mo Senhor Professor Doutor Coutinho de Abreu pela atenção que vêm dispensando à necessidade de publicar estudos na área do Direito Comercial e pela oportunidade que agora nos dão de deixar estas linhas, mas ainda pelo cuidado académico e bibliográfico que decidiram votar a esta área do Direito dos Transportes.

Pátio das Escolas, 3 de Maio de 2004

# INTRODUÇÃO

## §1.º – O âmbito do direito dos transportes e a razão da limitação do objecto a tratar no curso

> Sumário: O âmbito do direito dos transportes e a razão da limitação do objecto a tratar no curso; as relações negociais de transporte ou ligadas à actividade transportadora, os bens ligados às actividades transportadoras (privados e públicos), o papel regulador do Estado (no que toca, *inter alia,* às condições de acesso à actividade transportadora, às questões de segurança e sanidade, e à fixação de redes de transporte e desenvolvimento de estruturas físicas de apoio ao transporte), o ilícito criminal nos transportes (*maxime,* no transporte marítimo), considerações relativas ao direito processual civil.

**1.** *O âmbito do direito dos transportes e o objecto destes apontamentos.* Partindo da consideração do homem, de alma e corpo constituído, fácil se compreende que toda a instituição jurídica teça o seu complexo normativo em torno do que liga os homens entre si e do que os liga aos bens que os rodeiam, dos quais necessitam para viver e cumprir a missão que sobre este mundo tenham.

As suas necessidades, desejos ou caprichos hão-de traduzir-se em vontade, esta, expressa declarativamente, fará emergir a teia de vínculos negociais em que vivemos co-enredados.

Ora, o transporte procederá também de um acordo de vontades que, mediante contraprestação ou não, terá por objecto a deslocação física de pessoas ou coisas entre pontos geográficos distintos. Todavia, sobretudo no que tange ao transporte de coisas, este contrato andará frequentemente associado a outros negócios jurídicos. Pede-se o transporte de mercadorias, *v.g.*, porque se vendeu ou comprou esses bens (essas fazendas como era uso dizer-se), e associada à compra e venda poderá ainda aparecer o financiamento por mútuo (não por acaso a circulação do papel-moeda andou associada à necessidade de viajar). Viaja-se para conhecer distantes paragens, mas também para aconselhar juridicamente um constituinte longínquo ou para iniciar um novo trabalho em país estranho. E os riscos naturais e técnicos que a fortuna da viagem reserve levarão a que um contrato de seguro se torne necessário.

Como veremos, o transporte, enquanto realidade física, mostra, natural e tecnicamente, particularidades que influenciarão o seu regime. Desde logo, a distância fará adivinhar questões relativas à transferência do risco quanto à perda ou avaria das mercadorias. A interposição do transportador entre comprador e vendedor há-de levantar inquietações no que toca à responsabilidade. A vocação amiúde internacional do transporte levará à internacionalização da relação contratual. As surpresas dos elementos naturais, quantas vezes acirrados, contribuirão ainda para dificultar a solução dos problemas de responsabilidade.

Neste curso, trataremos sobretudo do contrato de transporte e da sua disciplina, deixando por tratar, pelo menos de espaço, alguns dos problemas ligados à actividade transportadora. Entre esses outros problemas que vão merecendo uma regulamentação especial, contaríamos o título de utilização dos meios de transporte, bem como a constituição e transmissão de direitos reais sobre os mesmos. Por outro lado, haveria a contemplar a utilização das imensas estruturas públicas ou privadas que servem de apoio à actividade transportadora (portos, aeroportos e quejandos).

Na verdade, a intervenção do Estado neste domínio é ampla, mas não nos deteremos sobre estas questões confiadas ao direito público, interno ou internacioanal. Ao domínio do direito internacional público pertencerá regular os problemas que se prendem ao respeito pelo espaço soberano dos Estados, a fim de traçar, *v.g.*, as rotas que navios e aeronaves podem trilhar, bem como caberá aos Estados estipular os requisitos de ingresso dos veículos terrestres, e, concertadamente, delinear redes de circulação rodoviária e ferroviária.

Uma missão do Estado, o objectivo de cuja actuação há-de ser o bem comum, será a de velar pela segurança e pelas condições de sanidade dos engenhos que servem ou apoiam o transporte, considerando o grau de perigo e risco que os mesmos podem apresentar. As mesmas preocupações levarão o Estado a controlar o acesso à actividade transportadora e a actividades satélites desta, impondo restrições e condições para que uma pessoa, física ou moral, possa laborar neste *milieu.*

Um outro capítulo especial, encontrá-lo-emos na regulamentação do ilícito penal, sobretudo no que respeita às viagens marítimas (veja-se o Código Penal e Disciplinar da Marinha Mercante – Decreto-Lei n.º 33252, de 20 de Novembro de 1943, alterado pelo Decreto-Lei n.º 678/75, de 6 de Dezembro[1]). Considerando o local de registo de um avião ou navio, ou o pavilhão arvorado por este último, e o facto de o navio ou a aeronave se encontrarem, seja em alto mar, seja em águas ou espaço aéreo de outro Estado, logo nos apecebemos da necessidade de apurar

---

[1] Cfr. ainda, a propósito de certas especialidades normativas relativas às viagens marítimas, os arts. 137.º, 138.º e 191.º, do Código de Registo Civil, sobre nascimentos e casamentos a bordo, e os arts. 24.º, n.º 2, 2214.º e 2215.º, do Código Civil, aquele incorporando a velha máxima, segundo a qual os navios e aeronaves militares são extensões do território nacional dos Estados, os últimos sobre a celebração de testamento a bordo.

quem terá legimidade para punir um crime ocorrido a bordo. No caso da viagem marítima ou aérea, restará ainda a questão de determinar quem terá autoridade para manter a segurnaça a bordo e de que meios de coerção poderá lançar mão, problema este que na viagem por mar não deixa de ter particular relevo, devido à eventual longa duração da mesma.

Atenda-se ainda a que o impacto da poluição decorrente de um acidente provocado por estes colossos moventes será também alvo de uma regulamentação especial, não se devendo olvidar que mesmo o princípio do poluidor pagador poderá aqui sofrer desvios devido ao vulto dos montantes envolvidos.

Finalmente, no que tange ao direito adjectivo, também aqui, a actividade transportadora levanta questões especiais, seja quanto ao conflito de jurisdições, dada a vocação internacional do transporte, seja no que toca a dispensar providências cautelares – considerando que os bens que poderão constituir a única garantia "visível" dos créditos são, *per definitionem* e natureza, "fugidios" –, seja ainda, pela premência da cooperação das autoridades jurisdicionais neste âmbito.

De quanto vimos de expor resultará já a percepção da, pelo menos tendencial, autonomia do domínio jurídico que regulamenta os transportes. Mesmo no plano da regulamentação uniforme do transporte internacional, conseguida mediante uma plêiade de convenções ou corpos de regras internacionais uniformes de origem associativa, suscitadas no âmbito de diversas organizações ou entidades internacionais – as quais, de resto, não deixam de prosseguir uma unidade de tratamento e regulação do transporte, quando propõem ao mercado ou impõem aos seus associados contratos-tipo, inscritos em formulários que, amiúde, se foram tornando de circulação franca –, vimos assistindo a uma tendência sistemática, isto é, as convenções, embora adoptadas em momentos distintos e por diferentes Estados signatários, interinfluenciam-se. As mais recentes atendem a quanto foi estipulado nas precedentes, seguindo-lhe e apurando-lhe as orientações normativas, que assim são importadas, por exemplo, do transporte ferroviário para o marítimo e terrestre, do marítimo para o aéreo. Ou então, as mais recentes convenções continuam caminhos encetados anteriormente, vindo trazer regras que faltavam às mais antigas. Para este trabalho de sistematização, não é ainda despiciendo o contributo continuado de outros estratos do sistema normativo, seja da jurisprudência, interpretando e realizando as normas das convenções, seja dos usos dos comerciantes na prática do transporte, que amiúde se traduzem em normas de associações internacionais, ou seja, de origem "corporativa", e não raramente serão reduzidas a escrito sob a forma de "regras uniformes" (veja-se o caso das regras uniformes da Câmara do Comércio Internacional, *v.g.*, quanto à aposição de *Incoterms* ou quanto ao crédito documentário, ou aquelas da CNUCED e da CCI, relativas ao transporte multimodal), quando não são vertidas nas próprias convenções internacionais.

São pois diversas as entidades internacionais que, embora de distintas naturezas, contribuem para estes diversos processos de unificação, ora congregando os Estados, encetando negociações para a conclusão de convenções e instituindo conferências diplomáticas, ora reunindo pessoas jurídicas de direito privado, *v.g.*, o Comité Marítimo Internacional, até à década de sessenta, a Comissão das Nações Unidas para o Comércio e Desenvolvimento, ainda para o direito marítimo, mas nao só, a ICAO – *International Civil Aviation Organization*, com sede em Montreal, para o transporte aéreo, também no âmbito das Nações Unidas –, a Câmara do Comércio Internacional, a BIMCO, associação de armadores do Báltico, a IATA – *International Air Transport Association*, com sede em Montreal –, a IRU – União Internacional dos Transportes Rodoviários –, a FIATA, associação internacional de transitários.

Nestas horas, trataremos sobretudo do contrato de transporte e da sua disciplina, ora interna, ora internacional. No entanto, atendendo à natureza e aos específicos propósitos deste curso, não procuraremos seguir os critérios que usualmente se trilham na definição do objecto e do âmbito de uma disciplina científica. Deter-nos-emos, pois, sobre o vínculo negocial e sobre as obrigações que desta relação dimanam. Depois, e muito particularmente, a propósito do cumprimento das prestações devidas pelo transportador, passaremos revista ao regime da responsabilidade em que este poderá incorrer. Na verdade, e no que toca ao contrato de transporte internacional, veremos que as convenções de direito uniforme que dele se ocupam dedicam ampla atenção a esta questão, bem como à regulamentação dos documentos do transporte.

Partindo dos factos que suscitam e em que se traduz a actividade transportadora a fim de cumprir a sua função social, chegaremos à teia de regras (provindas de diferentes ramos jurídicos) que a disciplina, bem como à sua fundamentação normativa, sem deixarmos de visitar as actividades adjacentes ao transporte e os contratos que juridicamente as vestem.

## §2.º – As fontes do direito dos transportes

Sumário: As fontes do direito dos transportes: nacionais, internacionais (a unificação do direito material – as normas de direito internacional privado material) e comunitárias (alusão a algumas das matérias relevantes para o direito comunitário). As normas de origem "corporativa" ou "associativa". Consideração do âmbito de aplicação dos diferentes corpos normativos.

Bibliografia: Ferrer Correia, *Direito Internacional Privado – Alguns problemas*, Coimbra, 1989, p.74 ss.; Moura Ramos, Rui Manuel, *Direito Internacional Privado e Constituição*, Coimbra, 1991, 72 ss., 84 ss., *Da lei aplicável ao contrato de trabalho internacional,* Coimbra, 1990, p.495 ss..

**2.** *As fontes do direito dos transportes.* A disciplina jurídica dos transportes e, nomeadamente, do contrato de transporte, poderá ser de fonte interna ou de fonte internacional. Quanto àquela de origem interna, cfr. normas do código civil, *v.g.*, quanto ao regime da responsabilidade objectiva pela utilização de veículos (arts.504.º ss.) – mas *vide* arts. 46.º,3, 24.º, em matéria de direito de conflitos, 493.º, 2, eventualmente aplicável quanto a danos causados à superfície por meios de transporte, 755.º, relativo ao direito de retenção do transportador, 937.º e 938.º, quanto à venda sobre documentos e à venda de *res in transitu*, e 797.º, relativo à transferência do risco, em caso de transporte da coisa vendida, contendo um regime apenas atinente às designadas *dettes non portables* ou *Schickschulden* (por contraposição às *dettes portables* ou *Bringschulden*) –; do código comercial[2]; de diplomas avulsos, *v.g.*, os dois conjuntos de diplomas, de 1984--1986 e de 1998, que alteraram as normas relativas ao transporte marítimo.

Tanto no plano interno, como naquele internacional, devemos referir as normas de constituição "corporativa" ou "associativa", isto é, as normas elaboradas por associações de comerciantes, transportadores ou transitários (ou entidades similares ou homólogas), as quais, amiúde, têm uma origem consuetudinária.

Atendendo à especial vocação internacional do contrato de transporte, merecem as normas de fonte internacional uma detida atenção, a fim de considerarmos a sua metodologia e génese, assim como o escopo que se prossegue ao optar por uma fonte internacional.

Considerando a frequência de relações internacionais neste domínio dos transportes (*maxime,* desde a revolução industrial), sabemos que existe uma tendência para a unificação do direito privado comercial. Assim, perante relações de transporte absolutamente internacionais, isto é, que apresentem contactos com várias ordens jurídicas, as mesmas só poderão ser reguladas por ordenamentos que com elas apresentem uma qualquer conexão: é quanto resultará do chamado princípio da não-transactividade ou da não-transconexão (que decorre das exigências da própria justiça natural, porquanto não se poderá impor que alguém oriente a sua conduta de acordo com um padrão de conduta com

---

[2] Até há pouco tempo, eram ainda deste código as normas que regulavam o transporte terrestre, os arts.366.º ss.. Estas normas, contudo, tinham um alcance mais amplo, não apenas porque o art.366.º referia o transporte por canais e rios, mas também porque, em certas circunstâncias, e sempre que tal fosse metodologicamente sustentável, poderiam emprestar o travejamento para uma disciplina "geral" do contrato de transporte, sem embargo da escassez de normas deste título do Código Comercial.

cuja aplicação não poderia contar) – princípio que permite a realização normativa dos valores da segurança jurídica (sempre *ancilla iustitiæ*) e da certeza do direito.

Todavia, *et pour cause*, esses mesmos valores acabam por recomendar que neste sector da actividade humana, como noutras áreas comerciais, se tente conseguir a continuidade da vida jurídica internacional e do modo como a mesma é regulada, através de corpos de regras de conduta uniformes, que terão fonte internacional. É assim mais fácil evitar que um mesmo contrato acabe regulado por normas diferentes nos diversos Estados que sustenham contactos com o mesmo.

Estas normas uniformes, contidas em convenções internacionais, geralmente são criadas para se aplicarem a contratos de transporte internacionais, pelo que o conteúdo dessas normas acaba tendo em conta a internacionalidade do seu objecto, e, por isso, serão classificadas como normas de direito internacional privado material.

As convenções de unificação de direito material contribuem, assim, para evitar/superar os conflitos de leis. De outra banda, deve notar-se o carácter propício das matérias de direito comercial para esta via metodológica, já que neste domínio os interesses prosseguidos e as necessidades sentidas são similares/ /transversais e mais independentes das circunstâncias socio-culturais de cada Nação[3]. O que acabamos de dizer mostra as vantagens deste tipo de regimes normativos internacionais a bem da uniformidade de regulação e da estabilidade da vida jurídica.

---

[3] Assim na palavras de Francisco da VEIGA BEIRÃO, referindo-se ao direito comercial marítimo: «[s]ua quasi immutabilidade desde as origens até hoje, e sua uniformidade fundamental entre os diversos povo»; «[e]xplicação desse phenomeno por serem sempreas mesmas as necessidades da navegação e da sua independencia dass formas politicas e mais elementos que distinguem as nações» (*Direito comercial portuguez, Esboço do curso*, Coimbra, 1912, p.133 s.).

Apesar de, geralmente, estas normas não aparecerem sob a forma de ums lei-uniforme, é também verdade que, para os contratos internos de transporte, os Estados signatários destas convenções foram acabando por adoptar regimes idênticos ou muito semelhantes aos que foram acordados para os contratos internacionais – e isto vem sendo conseguindo, ou porque o legislador interno cria diplomas em que transcreve as normas internacionais, ou cria normas assaz semelhantes, ou porque simplemente, em diplomas internos, se faz uma remissão material para os diplomas internacionais (*v.g.*, o diploma nacional de 1986, relativo ao transporte marítimo – cfr. *infra*). E, também a frequência deste fenómeno neste domínio comercial, talvez possa ser explicado por isso que dissemos, isto é, pelo facto de os interesses em causa serem idênticos, ou muito próximos, nos diversos Estados, e nos diversos ambientes socio-culturais, o que vem levando a que se fale de uma sorte de "fungibilidade" social das preocupações e objectivos no domínio comercal, e das respectivas soluções normativas[4].

Deste modo, opta-se sobretudo pela celebração de convenções de unificação (geralmente, sob o impulso de organizações – governamentais ou não –, organismos ou associações internacionais, ou com a sua colaboração), que conterão normas de direito internacional privado material – isto é, normas orientadoras da conduta (*regulæ agendi*) destinadas a serem aplicadas a situações privadas plurilocalizadas/internacionais –, em vez de se elaborar leis uniformes (direito privado uniforme, *hoc sensu*) –

---

[4] Cfr. R.M.Moura Ramos, *Da lei aplicável ao contrato de trabalho internacional,* Coimbra, 1990, p.460 ss., n.158; N.M.Castello-Branco Bastos, *Da disciplina do contrato de transporte internacional de mercadorias por mar – apontamento sobre as regras internacionais uniformes da responsabilidade do transportador marítimo e sobre o seu âmbito de aplicabilidade,* Coimbra, 1998 (policop.), p.112, 117, 156 s..

isto é, corpos normativos adoptados internacionalmente, mas com a precisa função de virem substituir as normas materiais internas nas respectivas áreas jurídicas – ainda que as legislações nacionais se venham aproximando (quando não os decalcam mesmo) dos regimes previstos naquelas convenções de unificação.

A aplicação destas convenções (que, as mais das vezes, conterão regimes imperativos e inderrogáveis pelas partes) será imperativa e imediata nos Estados contratantes, por isso que a sua disciplina será competente logo que *in casu* se verifiquem as conexões de que as próprias convenções (em regra, expressamente) fazem depender a sua necessária aplicação. Não precisam, portanto, da mediação de uma regra de conflitos nacional, isto é, prevalecendo sobre as regras conflituais, mesmo sobre aquelas da Convenção de Roma de 1980 (como decorre do art.21.º desta e do carácter especial das convenções sobre transportes), a sua aplicação não dependerá da atribuição de competência por uma regra de DIP do foro ao ordenamento de um Estado em que as ditas convenções vigorem, bastará, tão-só, que se preencham os requisitos de aplicação espacial previstos na sua regra instrumental que defina a extensão da sua aplicação no espaço.

Quanto ao direito de conflitos, a que se recorrerá nos demais casos que não caiam no âmbito de competência necessária das convenções de direito dos transportes unificado, deve atender-se à Convenção de Roma, de 1980 (*maxime*, os arts.2.º, 4.º, n.º 1, 2, 4, 5, 5.º, n.º 5, 15.º ), sobre a lei aplicável às obrigações contratuais, que, no espaço da Comunidade Europeia, veio unificar regras de conflitos em matéria contratual (cfr. *infra*) – estando, todavia, em preparação um regulamento nesta matéria.

Na verdade, também o direito comunitário, tanto originário como derivado, se vem ocupando da regulação do direito dos transportes em medida apreciável. Realçaremos, para já, as regras do Tratado de Roma relativas à concorrência, que afectarão também as empresas de transportes, sem embargo do regime especial que subsiste para as companhias de transportes marítimos, nomeadamente, no que tange às conferências marítimas. Sublinharemos, de igual sorte, as normas comunitárias relativas à responsabilidade do transportador aéreo, de 1997, e à sobre-reserva no transporte de passageiros (*overbooking*), de 1991. Aquelas, aliás, vieram a reflectir-se no regime da responsabilidade que, nesta matéria, veio a ser prescrito na Convenção de Montreal de 1999 (a qual pretendeu render as regras de Varsóvia de 1929 e foi aprovada em Portugal, em Novembro de 2002).

# §3.º – Breve aceno à história do direito dos transportes

Sumário: A disciplina do transporte no direito romano – breve referência; breve alusão ao direito dos transportes no plano da história universal do direito e ao transporte marítimo em Portugal; subsídios do direito marítimo ou da navegação para a formação dos institutos comerciais.

Bibliografia: FERNÃO LOPES, *Crónica de D.Fernando* A.BRUNETTI, *Diritto Marittimo Privato Italiano*, I, Turim, 1929, p.70 ss., 162 ss.; J.M.SILVA MARQUES, *Descobrimentos portugueses – Documentos para a sua história* I, Lisboa, p.22, 53 ss.; Azevedo Matos, *Princípios de direito marítimo,* I, Lisboa, 1955, p.21 ss.; A.GARCIA GALLO, Anuario de Historia del Derecho Español, 1957-58, p.461 ss.; Ameal, João, História de Portugal, Porto, 1968; Oliveira Marques, A.H., Históriade Portugal, Lisboa, 1983, I; Peres, Damião, *História dos descobrimentos portgueses*, Coimbra, 1960, p.35 ss.; Cortesão, Jaime, *Os factores democráticos na formação de Portugal*, Lisboa, 1966, p.104 ss.; J.V.SERRÃO, *História de Portugal,* Lisboa, 1979, p.355 ss.; K.BHILMEYER, H.TUECHLE, *Storia della Chiesa*, III, Brescia, 2001, traduzido por Iginio Rogger, coadjuvado por Maria Bellincioni, Lino Randellini, Domenico Salvato; Castello-Branco Bastos, Nuno, *Da disciplina do contrato de transporte internacional de mercadorias por mar – apontamento sobre as regras internacionais uniformes da responsabilidade do transportador marítimo e sobre o seu âmbito de aplicabilidade*, Coimbra, 1998 (policop.), p.13 ss., 35 ss..

**3.** *As fontes do direito dos transportes na história. Nótula.* Pretendemos aqui apresenar tão-só alguns subsídios para realçar alguns passos que influenciaram a actividade transportadora, ao longo da história universal e da história Pátria. Para outra sede, e para outras mãos, talvez, há-de ficar a empresa de estudar de espaço a história de alguns institutos do direito dos transportes, em especial, do transporte marítimo, cuja regulamentação sempre nos foi brindando com rasgos de notável originalidade, engendrando respostas normativas particulares para cenários da vida também particulares.

Desde as leis babilónicas de Hamurabi, até aos nossos dias, convirá ter presente alguns marcos miliares desta história.

> «É usual dividir a história do direito marítimo em dois grandes períodos, separados pelo marco em que se traduziu a *Ordonance* de 1681, do Rei Luís XIV [conquanto já o Cardeal Richelieu houvese criado um código relativo a estas matérias – ou não fosse seu o dito *«quiconque est maître de la mer, a un grand pouvoir sur la terre»*]. Sem embargo desta divisão já clássica, não deixa de ser certo que as eras antigas apresentam igualmente desenhos normativos particulares, muito embora devamos salientar o âmbito de aplicação do Direito Romano, que levou a uma certa unificação normativa, situação que, na Baixa Idade Média, viria a ser retomada, se bem que com base em recolhas de costumes marítimos. Ora, é desses tempos mais idos que nos chega notícia das leis babilónicas de Hamurabi (c.1690 a.C., embora, como se sabe, recolha leis e costumes bem anteriores), e, séculos volvidos, de normas gregas e fenícias. *Vide* A. LEFEBVRE D'OVIDIO, G. PESCATORE, L. TULLIO, *op. cit,* p.12; F.A.QUERCI, *Diritto della Navigazione, cit.,* p. 2 – este autor salienta também inflência exercida pelas normas gregas no direito marítimo fenício.

> No direito grego, encontramos o regime oferecido por costumes e pelas regras aplicadas pelo Tribunal da ilha de Rodes, encontrando-se aí a designada *Lex Rhodia* (479-475 a.C.) – que alguns viram depois retomada pelo génio jurídico romano no Digesto. *Vide* A. LEFEBVRE D'OVIDIO, G. PESCATORE, L. TULLIO, *op. cit.,*p. 13; F.A.QUERCI, *op. cit.,* p.2; G. RIPERT, *Droit Maritime, in* Edmond THALLER, Traité général théorique et pratique de Droit Commercial, Droit Maritime, v. I, p. 67.

> Assim, no Digesto, encontramos preciosas orientações sobre o direito marítimo – incluindo uma actualíssima noção do *exercitor navis* (D.14,1,1,15) –, nomeadamente, sob o título *"De lege Rhodia de*

*jactu"* (D.14,2), enquanto recolha da disciplina normativa. Na verdade, o pretor civil veio mesmo a delinear uma particular acção contra o armador, no âmbito da responsabilidade marítima deste, a *actio exercitoria*, para além da designada *actio ex recepto* [introduzida pelo Pretor, no séc. II a.C. – a data é alvo de discussão –, para, no domínio do contrato de transporte, da *locatio mercium trans mare vehendarum*, subsistir a par da *actio ex locato,* acção contratual normal, pela qual viria a submeter-se o transportador a um regime de responsabilidade menos grave[5] – pelo que, ainda que através dos *edicta praetoris*, se foi reforçando a protecção do proprietário ou carregador das mercadorias, mediante a responsabilização do *exercitor* ou *vector* pela integridade das mercadorias que lhe fossem confiadas. Sobre o direito marítimo entre os Romanos, podemos consultar, *v.g.*, A. LEFEBVRE D'OVIDIO, G. PESCATORE, L. TULLIO, *op. cit., loc. cit.*; P.HUVELIN, *Études d'histoire du Droit Commercial Romain*, Paris, 1929, p.87 e ss.; L. TULLIO, *I contratti di charter party*, Pádua, 1981, p. 9 e ss.; E.CARRELLI, *Responsabilità ex recepto del nauta e legittimazione ad agire di danno*, Rivista del diritto della navigazione, v. IV, parte I (1938-XVI-XVII), p. 323 e ss., S.Solazzi, *La definizione dell' armatore in D.14.1.1.15 e la locazione perpetua della nave,* Rivista del diritto della navigazione, v.IX, parte I

---

[5] Para o entendimento do direito marítimo e da relação contratual de transporte no direto romano, a que tão-só acenámos, *vide* P.HUVELIN, *Études d'histoire du Droit Commercial Romain*, Paris, 1929, p.87 e ss.; E.CARRELLI, *Responsabilità ex recepto del nauta e legittimazione ad agire di danno*, Rivista del diritto della navigazione, v. IV, parte I (1938-XVI-XVII), p. 323 e ss., S.SOLAZZI, *La definizione dell' armatore in D.14.1.1.15 e la locazione perpetua della nave,* Rivista del diritto della navigazione, v.IX, parte I (1943--48), p.36 e ss.; J.C. VAN OVEN, *Actio de recepto et actio locati*, RDN, 1956, I, p.3 ss.; F.M.DE ROBERTIS, *Ancora sul* receptum nautarum *(*actio de recepto *e* actio locati*)*, RDN, 1958, I, p.240 ss.; L. TULLIO, *I contratti di charter party*, Pádua, 1981, p.7 e ss.; D.MAFFEI, *Armatore, in* Enciclopedia del Diritto, III, p.10 e ss.; S. ZUNARELLI, *Trasporto Marittimo, In* Enciclopedia Del Diritto, V. XLIV, A. GIUFFRÈ EDITORE, P. 1209; A.LEFEBVRE D'OVIDIO, G.PESCATORE, L.TULLIO, *op. cit.,* pág.13.

E ainda sobre o regime da responsabilidade no direito romano, A.SANTOS JUSTO, *Direito Privado Romano, II, Direito das Obrigações*, Coimbra, 2003, p.203 ss..; A.-E.GIFFARD, *Précis de Droit Romain, II, Obligations,* Paris, 1951, p.125 s., 310 ss., 314 ss..

(1943-48), p.36 e ss., D.Maffei, *Armatore, in* Enciclopedia del Diritto, III, p.10 e ss.; S. Zunarelli, *Trasporto marittimo, in* Enciclopedia del Diritto, v. XLIV, p. 1209.

Também do direito bizantino nos chegam novas através de uma tradução latina quinhentista das "Basílicas", designadamente de um seu livro dedicado à codificação de normas marítimas (Livro 53). No entanto, Ripert aventa a possibilidade de penetração no Ocidente da influência destas normas, destinadas à navegação no leste, e observadas, em certa altura, por gregos e turcos – cfr. A. Lefebvre D'Ovidio, G. Pescatore, L. Tullio, *op. cit., loc. cit.*.; G. Ripert, *op. cit.*, p. 67; R. Rodière, *op. cit.*, p. 9.

No século XI, pode-se ainda situar um manuscrito de uma compilação privada de nornas consuetudinárias dos séculos VIII e IX, que recebeu o nome de *Lex Rhodia*, nome que não deve ser tido como revelador de qualquer relação directa com a disciplina grega ou romana – trata-se, pois, da lei pseudo-ródia.

Na disciplina marítima medieval, celebrando o fim das grandes invasões e após a temida fronteira do milénio, ladeando o reflorescimento comercial, destacam-se, pelo respectivo âmbito de aplicação no espaço e no tempo – *et pour cause*, pela unificação normativa que provocaram –, o *"Consulatus maris"* – *vide* R.S.Smith, *Historia de los Consulados de mar (1250-1700)*, trad. E.Riambau, Barcelona, 1978 – e os *"Rôles d'Oléron"*, convindo não olvidar o papel, também relevante, das normas estatutárias das cidades italianas. Notória, sem embargo, foi sendo a divisão geográfica da influência normativa dos regimes de então, *maxime*, de fonte consuetudinária, a saber: de um lado, a região mediterrânica, do outro, as águas atlânticas e nórdicas, pois que o demais Atlântico e seus recônditos Adasmatores esperavam ainda no segredo silencioso dos seus segredos.

O "Consulado do Mar" traduziu-se numa colecção de normas consuetudinárias e decisões jurisdicionais, regulando a actividade marítima mediterrânica. A sua origem foi discutida, mas parece que as suas regras seriam aplicadas pelo tribunal marítimo de Barcelona, tratando-se de um complexo normativo cuja disciplina se foi aplicando após o século X e até ao século XV – *vide* A. Lefebvre D'ovidio, G. Pescatore, L. Tullio, *op. cit., loc. cit.*; F.A. Querci, *op. cit., loc. cit.*; G. Ripert, *op. cit*, p. 67 e s.; R. Rodière, *op. cit.*, p. 9 e s..

Por seu turno, os *"Rôles d'Oléron"* do séulo XII foram uma

recolha de normas, eventualmente baseadas na jurisprudência da ilha homónima, estendendo a sua eficácia, já com uma vertente oceânica, à Flandres, à Inglaterra e aos Países Baixos.

Também nos séculos XIV e XV, vigoram nas costas atlânticas e do mar setentrional as leis de Wisby – a sua influência sentiu-se na Suécia, nas regiões germânicas, na Flandres e na Dinamarca – *vide* A. LEFEBVRE D'OVIDIO, G. PESCATORE, L. TULLIO, *op. cit.,* p. 13, *in fine..* Mas, como faz notar RIPERT, estas normas recebem o contributo dos usos compilados nos Rolos – o mesmo sucedendo com os Julgamentos de Damme e com as Leis de Westcapelle, que apresentam regras dos *Rôles d'Oléron,* mas em flamengo.

Coevos deste *jus commune* são os *satuta* de cidades italianas banhadas pelo Adriático e pelo Tirreno – embora se comecem a formar já no século XI –, podendo citar os estatutos marítimos de Cagliari, Sassari, Génova, Florença, Veneza, Ancona, Rimini, Bari, os *Ordinamenta* e *Consuetudo maris* de Trani. A par destes conjuntos normativos, poderíamos ainda referir as *"Tavole di Amalfi",* o *"Constitutum usus pisanae civitatis"* e o *"Breve curiae maris"* da mesma cidade, e, ainda na bacia mediterrânica, os estatutos de Arles e Marselha, as normas de origem hispânica e os costumes de Montpellier.

Aliás, Francesco Alessandro QUERCI, depois de citar estes exemplos, acaba por reconhecer que o *"Consulatus maris"* foi sendo compilado também como cadinho de um emaranhado de normas consuetudinárias – não esquecendo aqui a influência da experiência jurisprudencial no desenvolvimento das normas do direito marítimo medieval, a qual de perto se conjugava com a experiência de constituição normativa consuetudinária – cfr. R. DAVID, *The methods of unification,* AJCL, v. 16, 1968-69, p.13 e ss; A.CASTANHEIRA NEVES, *Fontes do Direito – contributo para a revisão do seu problema,* Separata do número especial do Boletim da Faculdade de Direito de Coimbra – "Estudos em Homenagem aos Professores Manuel Paulo Merêa e Guilherme Braga da Cruz"– 1983, Coimbra, 1985, *passim, maxime,* p.17 e ss., e 68 e ss..

Em cidades hanseáticas, como Hamburgo, Bremen e Lubeck, encontraríamos, as regras próprias da Hansa, forjadas até ao século XV, observando-se que esta experiência estatutária se distingue daqueloutra mediterrânica, nomeadamente pela sua relação com o processo unificador. Assim, mau grado existir então uma complexa rede de normas

24 *Direito dos Transportes*

consuetudinárias, RIPERT culpabiliza as regras da Liga Hanseática e o particular *modus* da sua aplicação pela ruptura de uma certa unidade conseguida – ou unidades regionais, que, na realidade eram aquelas que poderiam interessar, pela partilha regional de um mesmo mar. Este Autor faz notar, com efeito, que, desde o século XIV, a Liga substitui os usos pelas suas regras, aplicadas num grupo restrito de cidades por uma jurisdição particular, vendo, pois, aí um verdadeiro direito corporativo com uma diferente génese – *vide* G. RIPERT, *op. cit.,* p. 71..

Temos ainda notícia de uma outra compilação de normas de origem consuetudinária e estatutária, o *Guidon de la mer*, cuja redacção vem sendo localizada em Rouen, entre os séculos XVI e XVII – *vide* G. RIPERT, *op. cit.,* p. 71..

Em Agosto de 1681, com a *Ordonnance* de Louis XIV sobre a marinha, fecha-se uma porta sobre a influência da normatividade e da racionalidade consuetudinárias e jurisdicionais, próprias de um particularíssimo *jus commune.* Este diploma de índole legal irá, por outro lado, abrir alas velozes para a criação de normas legais nacionais no âmbito do direito marítimo, anunciando-se, desde cedo, os intuitos codificadores que, também neste domínio imprimirão a sua marca, até aos dias de hoje, não obstante se venha já pressentindo, desde o crepúsculo de oitocentos, uma inversão desta tendência.

Mais proximamente, a *Ordonnance* influirá sobre as leis prussianas de 1727 e 1766, sobre as Ordenanções de Bilbao de 1737, bem como sobre a Ordenação sueca de 1750, relativa a avarias e seguros, não podendo olvidar-se, também na França, o próprio *Code de Commerce* de 1807 – *vide* A. LEFEBVRE D'OVIDIO, G. PESCATORE, L. TULLIO, *op. cit.,* p. 14; G. RIPERT, *op. cit.,* p. 74. Este autor salienta ainda que o Livro II do *Code de Commerce* segue de perto a *Ordonnance*, igual reparo sendo feito por R.RODIÈRE e E. DU PONTAVICE quanto ao Livro II, no que tange ao contrato de *affrètement* – *vide* R. RODIÈRE e E. DU PONTAVICE, *op. cit.,* p. 264 e s..

Situação particular é, outrossim, aquela italiana, já que aí um conjunto significativo de normas respeitantes ao direito marítimo – entre as quais contamos a disciplina da actividade de armamento, da *impresa di navigazione*, bem assim como o regime dos *contratti di utilizzazione* do navio (*v.g., locazione, noleggio* e *trasporto*) – foram codificadas, dando origem ao *Codice della Navigazione* de 30 de Março de 1942 – note-se, todavia, que esta obra de codificação estende as suas regras à *navigazione aerea* e, destarte, também a contratos que impliquem o emprego de um avião. Precedentemente, a matéria relativa ao direito marítimo encontrava-se, na península itálica, regida pelas normas do *Codice di Commercio* e do *Codice della Marina Mercante*, ambos nascidos no cenário da unificação italiana, em 1865.

Entre nós, as questões atinentes ao transporte marítimo e à navegação marítima, em geral, vieram a receber resposta normativa também no Código Comercial, mantendo-se ainda hoje vigentes algumas destas disposições.

Cfr.M.J.ALMEIDA COSTA, *Apontamentos de história do direito*, Coimbra, 1980.»

> *In* N.M.Castello-Branco Bastos, *Da disciplina do contrato de transporte internacional de mercadorias por mar – apontamento sobre as regras internacionais uniformes da responsabilidade do transportador marítimo e sobre o seu âmbito de aplicabilidade*, Coimbra, 1998 (policop.), p.15 ss., nota 17.

Reduzindo mais do que *in nuce*, pderíamos dizer que depois do período romanista[6], em que subsiste, ao lado de um regime *ex locato* da responsabilidade do transportador, um regime de responsabilidade *ex recepto*, mais agravado, durante a Idade Média, e sobretudo a partir do séc.XIII, dispensa-se maior relevo à consideração da diligência do transportador no cumprimento das suas obrigações, e, em certos Estatutos, como no *Consulatus*

---

[6] Para o enquadramento do transporte na *locatio-conductio* do direito romano, *vide*, entre nós, A.SANTOS JUSTO, *A* locatio-conductio rei *(direito romano)*, BFDC, LXXVIII, p.13 ss., *maxime*, p.36 ss., que mostra como, então, a função social da deslocação de pessoas ou de coisas, e, portanto, o transporte, enquanto operação material, poderia (aliás, como hoje, tendo em conta a dicotomia fretamento-transporte) ser obtido, ora através de uma *locatio rei,* em que a *res* seria o navio ou parte dele, ora através de uma *locatio operis faciendi*, em que a *res* locada seriam as mercadorias, pelo que *conductor* passaria a ser o próprio *nauta* ou *exercitor navis.*

*Maris*, abranda-se o regime da sua responsabilidade[7]. Sobreleva assim a referência à culpa, e, *pari passu*, passará o proprietário dos bens a suportar uma maior parte do risco da aventura marítima (sob a influência do princípio *casum sentit dominus*). Já na Idade Moderna, e, particularmente, a partir da *Ordonnance* de Colbert, tem-se dito que se acentua a tendência para uma "objectivação" da responsabilidade[8], e o transportador só se liberaria provando a *vis maior*[9]. Em certos casos, e em certos ambientes, a sua obrigação chegaria mesmo a ser encarada como uma obrigação de "garantia", o que não seria estranho à profusão de cláusulas exoneratórias, sobretudo na era do vapor (por exemplo, as *negligence clauses*, pelas quais o armador se exonerava da responsablidade por actos praticados pelos seus prepostos, capitão e equipagem, mas não só estas cláusulas, atingindo a intenção exonneratória estremas ainda mais longínquas).

**4.** *O direito dos transportes nas fontes nacionais. Nótula.* Entre nós, não foram abundantes os diplomas sobre direito marítimo. As várias Ordenações são tímidas a este respeito, mas

---

[7] *Vide* A.Brunetti, *Diritto Marittimo Privato Italiano,* I, Turim, 1929, p.162 ss., mostrando que, nos diversos preceitos ou estatutos mediterrânicos, embora o armador fosse responsabilizado pela perda, no caso de avaria simples só respondia por culpa, mas esta não era presumida (só o sendo em caso de vício da embarcação, o qual, todavia, haveria de ser provado pelo *dominus mercium*). Este Autor faz ainda notar como os danos derivados de deficiente estiva seriam muitas vezes suportados pelos proprietários (assim, no Consulado, nas Regras de Ôleron e de Wisby e nos Julgamentos de Damme). Salienta ainda que a disciplina da responsabilidade é caracterizada pela previsão dos casos especiais de responsabilidade, sem, como hoje, ser estruturada exposta, em torno de princípios gerais.

[8] Todavia, para uma crítica desta qualificação (que chega aos nossos dias), U.Majello, Ugo, *Custodia e deposito,* Nápoles, 1958, *passim*, mas, p.1 ss., 221 ss..

[9] *Vide* A.Sériaux, *La faute du transporteur,* Paris, 1998, p.4 ss..

há notícia anterior de uma lei sobre o fretamento do tempo de el Rei D.Afonso IV[10].

Sob a regência de D.Pedro, as Ordenações Afonsinas, também não são pródigas nesta matéria, ainda que se encontre, no Livro II, o Título XXXII, que se preocupa com os haveres embarcados em naves ou navios, nacionais ou estrangeiros, e que, por desastre no mar, dêem à costa, proibindo que tais coisas sejam levadas e prevendo sanções para quem o faça, porque «fem razom parece aaquelle, que he atormentado, dar-lhe homem outro tormento»[11].

Todavia, apesar desta escassez, de certo modo compreensível, se atentarmos no carácter comum dos usos, das *consuetudines* e das normas que os mercadores iam seguindo internacinalmente, é também certo que se foi regulando inventivamente certas actividades complementares da arte de marear. E assim receberam um impulso notável, e até original, certos institutos que iam estimulando o comércio marítimo. Deste ponto de vsta, podemos aludir, tanto aos incentivos dados à construção naval, como a disciplina da actividade seguradora, seja da bolsa de mercadores de D.Dinis, seja da companhia das naus de D.Fernando, para além de se poder dar conta de relações particulares com Nações marítimas e da concessão de privilégios a nautas de proveniências várias.

---

[10] Cfr. A.Pereira de Mattos, *A marinha de comércio,* II, Porto, 1901, p.3 ss., para a evolução da marinha portuguesa; Azevedo Matos, *Princípios de Direito Marítimo,* I, Lisboa, 1955, 21 ss.; J.M.Coutinho de Abreu, *Curso de Direito Comercial,* I, Coimbra, 2002, p.1 ss..

[11] Contudo, esta norma segue uma lei de D.Afonso II, de 1211, e que saíu das Cortes de Coimbra, voltando a reaparecer nas Ordenações Manuelinas – cfr. *Portugaliæ Monumenta Historica,* I, p.163 ss., onde, em vários forais, encontramos notícia, desde o séc.XII, de diversos impostos relacionados com o transporte, marítimo ou fluvial, de certas mercadorias, como madeira ou pescado (*v.g.,* os forais de Santarém e de Lisboa, de 1179, e o foral de Almada, de 1190 – *ibidem,* p.410, 414, 476).

## §4.º – A especificidade da actividade transportadora e suas consequências normativas

> Sumário: A especificidade da actividade transportadora e suas consequências normativas (a especialidade do direito dos transportes e dos seus ramos): natureza, meios técnicos e direito; alusão aos princípios informadores no domínio da responsabilidade do transportador (remissão); a influência do carácter internacional ou plurilocalizado dos transportes (o direito de conflitos).

**5.** *A especialidade do direito dos transportes. Princípios normativos e teleologia da disciplina dos transportes. A obrigação de resultado e a objectivação da responsabilidade.* Depois da Harter Act de 1893, seja com as Regras de Haia de 1921, que tinham mero carácter facultativo (daí o seu insucesso), seja, também no domínio do direito marítimo, com a Convenção de Bruxelas de 1924 sobre o conhecimento de carga ("Regras de Haia", que vieram ocupar o espaço daquelas, mas agora com carácter imperativo, e que estão ainda em vigor entre nós, na sua versão original, já que Portugal não ratificou sequer o Protocolo de alteração de 1968), seja ainda com as posteriores convenções para os diversos tipos de transporte, verifica-se uma aproximação ao princípio da responsabilidade *"ex recepto"*, dispensando-se uma maior (e inderrogável) protecção dos carregadores à face dos transportadores e armadores (estes, no século XIX, haviam gozado de uma amplíssima autonomia contratual, traduzida na amiudada inclusão das mais variadas cláusulas de exclusão e limitação da responsabilidade).

De resto, a orientação normativa dos vários diplomas internacionais veio a ser também adoptada na generalidade das legislações nacionais.

Convém, pois, lançar o olhar sobre os princípios que parecem informar a disciplina internacional uniforme dos vários tipos de transporte.

Na mira das Regras de Haia de 1924, relativas ao transporte marítimo de mercadorias, estava a tentativa de conseguir um equilíbrio dos interesses de carregadores e transportadores. Para tanto, seria necessário proporcionar uma acrescida protecção aos carregadores, considerando a profusão de cláusulas de limitação ou exoneração da responsabilidade apostas nos contratos então circulantes. Na disciplina normativa que então se adoptaria, tomava-se já em conta que o carregador haveria de ser visto como parte economicamente mais fraca, e que, durante o transporte, o expedidor perderia o controlo físico das fazendas carregadas. Mas, por outro lado, não se poderia esquecer as particulares circunstâncias naturais e técnicas que envolvem a prestação do transportador, e que, de certo modo, o constrangem.

Mirando tal equilíbrio de posições e, consequentemente, o equilíbrio e a proporção próprios de qualquer relação contratual sinalagmática, podemos sublinhar algumas notas específicas do regime do transporte de mercadorias. E, conquanto possamos partir do estudo do regime uniforme do transporte marítimo de mercadorias, logo nos daremos conta de que essas notas permeiam também os regimes rodoviário e aéreo.

Assim, por um lado, vê-se no transporte uma "obrigação de resultado" [12] [13] e sobre o transportador impõe-se uma presunção

---

[12] Cfr. A.Vaz Serra, *Responsabilidade contratual e responsabilidade extracontratual,* BMJ, n.º 85, 1959, p. 115 ss., *Culpa do devedor ou do agente,* BMJ, n.º 68, 1957, p.13 ss., 31ss. 80 ss., *maxime,* p.80 s., n.115, 82 s., e n.118 e 119; M.J.Almeida Costa, *Direito das obrigações,* Coimbra, 1994, p.910ss., 940 ss., 941, n.1. *Vide,* ainda, G.Ripert, *op. cit.,* II, p.231, ss.

de responsabilidade, em caso de perda ou avaria da mercadoria. Para se libertar desta responsabilidade, o transportador terá de individualizar o facto que originou o dano, não lhe bastando uma genérica prova de que adoptou um comportamento diligente.

---

(«*il ne s'agit pas de savoir si le débiteur a commis une faute, ou si l'on doit présumer cette faute, mais simplement de reconnaître s'il a accomplit ou non l'obligation qu'il a prise*»); M.IANNUZZI, *Del trasporto, in* Commentario del codice civile, dirigido por Antonio SCIALOJA e Giuseppe BRANCA, arts.1678.º -1702.º, Roma, 1961, p.240, n.2.

Depois de uma apreciação objectiva da responsabilidade no direito romano (esta, de certo modo, ainda se vem a reflectir na *absolute warranty* da *common law,* que abolia a «*absolute undertaking at common law to provide a seaworty ship*», mas já a sec.3ª do *Carriage of goods by sea Act* de 1971: «[*a*]*bsolute warranty of seaworthiness not to be implied in contracts to which Rules apply*» – SCRUTTON, *op. cit.,* p.430; CARVER, *op. cit.,* p.4 ss.; P.H.SCHLECHTRIEM, *Vertragsordnung und außervertragliche Haftung*, Frankfurt, 1972, p.245 ss.), nos tempos presentes, a responsabilidade contratual do transportador será regulada a partir de presunção da culpa, para uns, e, para outros, a partir do que se designa de presunção de responsabilidade, esta ligada a um particular *iter* probatório, também ele colimado aos particulares objectivos normativos e públicos do regime em causa.

Cfr. K.LARENZ, Derecho de las obligaciones, I, Madrid, 1958, com tradução de Jaime Santos Briz, p.289 ss., para uma contraposição entre o princípio da culpa e a garantia de um resultado, associada a um rol de causas legais de liberação.Cfr. ainda L.MENGONI, *Obbligazzioni di «risultato» e obbligazzioni «di mezzi»*, RDC, v.LII, 1954, I, p.185 ss.. E ainda, G.RIGHETTI, *Per un inquadramento sistematico della responsabilità del vettore*, Rivista del diritto civile, a.X, 1964, I, p.56 ss., M.A.CARNEIRO DA FRADA, *A responsabilidade objectiva por facto de outrem face à distinção entre responsabilidade obrigacional e aquiliana,* Direito e Justiça, v.XII, 1998, t.I, p.331 ss., para a influência do regime probatório na prossecução de certos objectivos substanciais.

[13] Sobre esta qualificação, com posições divergentes, cfr. Ac.Trib.Rel. Lisboa, de 4 de Janeiro de 1978, CJ, 1978, I, p.25 ss., Ac.STJ, de 6 de Julho de 1978, BMJ, n.º 279, p.190 ss., *maxime*, p.194 s., Ac. STJ, de 3 de Outubro de 1980, BMJ, n.º 300, 1980, p.419 ss., o Ac. Trib.Rel.Porto, de 23 de Outubro de 1984, CJ, 1984, IV, p.232 ss..

*Grosso modo*, o transportador só não responderá, se mostrar que o dano proveio de um facto que lhe não seja imputável; e, em diversos diplomas, encontraremos listas de factos que exonerarão o transportador, desde que este prove que o dano destes proveio.

É, pois, através desta presunção da responsabilidade do transportador que se conseguirá a desejada protecção do lesado. Àquela virá associada uma particular regulamentação do jogo probatório, muitas vezes, assente num rol de factos que actuarão como causas de exoneração da responsabilidade do transportador. Provando o nexo de causalidade entre esses factos e os danos ocorridos, reverte-se a presunção de responsabilidade, se bem que ao carregador ainda reste a faculdade de provar que, não obstante subsista tal nexo, o transportador não deixou de concorrer com a sua culpa para o dano. Note-se, contudo, que a prova de que actuou com a diligência de um *bonus portitor*, nem sempre tem de ser oferecida pelo transportador no mesmo momento do *iter* probatório.

Por outro lado, a fim de não desencorajar a actividade transportadora, e tendo em conta as agruras naturais e técnicas que envolvem estes fenómenos, opta-se geralmente por limitar o montante da indemnização devida pelo transportador (além da influência que de tal limitação advenha também para a possibilidade de construir uma adequada protecção no plano da acvtividade dos seguros).

Concluindo, poderemos decantar da disciplina uniforme dos transportes internacionais dois princípios orientadores (apesar das diferenças que se vão verificando hoje, sobretudo, em matéria de transporte aéreo): o princípio da responsabilidade (presumida) do transportador e o princípio da limitação da responsabilidade. Geralmente, a estes princípios não deixa de se juntar a faculdade de pacticiamente derrogar a disciplina imperativa (nacional ou internacional), desde que em sentido favorável ao interessado na carga (*in favorem domini mercium*).

Verificamos que, deste modo, será o transportador a suportar uma parte considerável do risco do transporte, devendo, nomeadamente, responder em caso de danos provenientes de causa ignota. É certo que será precisamente o transportador a auferir um notável benefício da sua actividade, mas não será o único. Logo, perceber-se-á a tentativa de equilíbrio prosseguida pelas normas internacionais, assim distribuindo os ricos pelos vários intervenientes, mas tentando, paralelamente, tornar económica e socialmente viável e florescente uma actividade propícia para a vida social e internacional. Daí que se possa afirmar que tais princípios acabem por assentar numa preocupação pública, procurando-se a protecção do bem comum, mesmo num plano internacional (não se esqueça como sobressaem neste domínio as fontes internacionais e o esforço de unificação jurídico-material).

Por outro lado ainda, é este um ramo em que se torna patente o modo como as alterações técnicas podem influir sobremaneira na própria alteração do regime normativo, nomeadamente, no que tange à responsabilidade do transportador e, assim, à particular distribuição dos riscos proposta. Assim, por exemplo, a evolução dos meios de transporte, que se tornaram mais sofisticados, exigindo uma perícia profunda e especializada para o seu manuseamento, a qual vai distanciando, mais e mais, o passageiro e o carregador da actividade que o devedor presta, ao ponto de não poder sequer dar instruções em relação a certos aspectos dessa actividade, em razão do seu desconhecimento científico e técnico daquilo que ela implica e provoca. Assim também, *et pour cause*, a crescente incapacidade de o passageiro ou o carregador interferirem no curso dos acontecimentos. Essa incapacidade ou dificuldade de interferência atinge o seu ponto máximo no transporte aéreo, pelo que foi precisamente nesse domínio que, desde cedo, a culpa náutica deixou de ser uma causa de exoneração do transportador, passando este a suportar o risco pela imperícia meramente técnica dos actos do pessoal encarregue de fazer a navegação, diferentemente do que ainda acontece no domínio marítimo de mercadorias[14] (caso em que, todavia, para a manuenção da culpa náutica como causa de exclusão da responsabilidade, poderá contar o longo período de grande distância que separa o próprio transportador do meio de transporte, para além de, no transporte marítimo, ser mas frequente que o transportador contratual não tenha uma frota própria).

Um outro exemplo desta influência técnica sobre os juízos normativos pode ser encontrado no tratamento dado ao transporte no convés. Este, se, num primeiro momento, era considerado particularmente arriscado, sendo subtraído ao regime imperativo uniforme, sempre que fosse feito com o assentimento do carregador, depois, com a criação de navios adequados e com a diminuição técnica do risco, nos mais recentes acordos internacionais, passou a ficar sob a alçada do normal regime imperativo do transporte marítimo. Ou seja, outrora, ao transportador era consentido limitar mais livremente a sua responsabilidade, salvo se transportasse no convés sem a aquiescência do carregador, já que o grande risco era amplamente consabido.

Tende-se para uma equilibrada distribuição dos riscos próprios da aventura que é o transporte, rodeado, como é, pelas venturas e desventuras dos elementos naturais e técnicos.

Perante o regime previsto nos vários diplomas internacionais, fala-se de uma tendencial "objectivação" da responsabilidade do transportador que assume essa obrigação de resultado[15].

---

[14] Exceptuando, todavia, o caso do novo regime da Convenção de Hamburgo de 1978, que já não prevê esta causa de exoneração.

[15] O agravamento do regime de responsabilidade do transportador, seja, desde logo, porque passa a responder pelos danos derivados de causa desconhecida (consequência da mencionada "presunção de responsabilidade"),

Por outro lado, a actividade transportadora associa-se frequente, senão mesmo obrigatoriamente (por imposição do direito interno), a um ou vários contratos de seguro, sendo certo que mesmo este se torna possível porque o transportador gozará de um tecto máximo para o montante que deverá pagar a título de indemnização[16].

**6.** *A especialidade das regras de conflitos em matéria de transportes e de acontecimentos de mar.* Note-se ainda que a especialidade física e técnica do transporte de pessoas e de mercadorias, a par da envergadura e das particularidades dos meios técnicos que servem para o transporte[17], nomeadamente dos vários meios de transporte, bem como as especiais circunstâncias dos acontecimentos ou sinistros marítimos, foram levando a uma correspondente especialidade, também das normas de conflitos, tanto em sede de conflitos de jurisdições, como no domínio do conflito de leis, e assim, tanto nos sistemas nacionais, como nos regimes internacionais.

Trataremos *infra* das regras especiais de conflitos de jurisdições, quando nos ocuparmos dos vários regimes especiais da responsabilidade do transportador. Vamos agora deter-nos sobre as regras de conflitos especiais que reconhecem a lei competente para regular, ora o contrato, ora os direitos reais sobre os meios de transporte, porquanto tal especialidade se reflecte no momento do juízo conflitual de proximidade das leis relativamente às

---

seja porque se vão elevando os limites indemnizatórios (*quantum respondeatur*), é também conseqência do apuramento dos meios técnicos, que se tornam mais adequados a uma viagem mais célere e mais segura.

É este ainda um sintoma daquele carácter especial da actividade transportadora que haverá consequências sobre a evolução do respectivo regime.

[16] O que, por outro lado, poderá impelir o carregador ou o interessado na carga a celebrar um contrato de seguro suplementar.

[17] Amiúde sujeitos a regimes especiais de direito das coisas.

situações privadas internacionais deste domínio. Por isso, sem embargo de estarmos perante contratos ou direitos que se inscrevem nos géneros das obrigações ou dos direitos reais, ser-lhes--ão retirados, para originarem conceitos-quadro autónomos que reclamarão especiais elementos de conexão.

Quanto aos direitos reais sobre veículos, o n.º 3 do art.46.º do Código Civil, sendo uma norma de conflitos, aponta a competência da lei do país da matrícula para dispensar o regime da constituição e transmissão dos direitos reais sobre meios de transporte. Em geral, esta norma acabará por coincidir com as regras especiais nesta matéria.

Assim, acerca dos direitos reais sobre navios: o art.488.º do Código Comercial, o qual, expressamente, não foi revogado pela norma revogatória do DL n.º 201/98, de 10 de Julho[18], que, todavia, introduziu, pelo seu art.11.º, uma norma conforme com aquela, reconhecendo a competência da lei da nacionalidade do navio – *lex vexilii* [19] [20] – para reger os direitos reais sobre o mesmo

---

[18] Pela especialidade do art.488.º, poderia entender-se que o mesmo não havia sido revogado pelo art.46.º, n.º 3, do Código Civil.

[19] Tálvez se possa sustentar esta designação, apesar de não ser unânime (assim, Albert EHRENZWEIG propunha *lex bandi* – *Private international law,* Leyden, Nova Iorque, 1967, p.196 ss., p.219, n.17). Nesse sentido, cfr. Pe.D.Raphael BLUTEAU, *Vocabulário Português e Latino,* Lisboa, MDCCXII, v.II, p.31, mostrando o sentido do vocábulo bandeira; L.QUICHEAT, A.DAVELUY, *Dictionnaire Latin-Français,* Paris, 1916, p.1485; F.TORRINHA, *Dicionário Português-Latino,* Porto, 1939, p.830; Ad.REINACH, *Vexillum, i, in* Dictionnaire des Antiquités, dir. Ch.Darenberg, E.SAGLIO, Paris, 1875, v.IX, p.776 s..

[20] Cfr., a propósito deste tema, M.SCERNI, *op. cit.,* p.27 ss.; M.GIULIANO, *La nazionalità della nave come criterio di collegamento nel diritto internazionale privato italiano,* RDIPP, 1965, p.415 ss.; G.MORELLI, *Elementi di diritto internazionale privato,* Nápoles, 1986, p.44 ss.; E.DU PONTAVICE, P.CORDIER, *op. cit.,* p.54

Esta espécie de prosopopeia que dota o navio de atributos pessoais (e até de personalidade judiciária, em certos casos – cfr. *infra,* e n.º 2 do art.28.º, do DL n.º 52/86, de 21 de Outubro) é já tradicional, pretendendo mostrar como um Estado está disposto a estabelecer um vínculo permanente com essas «*porzioni di territorio statuale*», na expressão usada por Rolando QUADRI (*Le navi private nel diritto internazionale*, Milão, 1938, p.37 ss., juntando que «*la nazionalità della nave non è altro che una qualificazione giuridica della comunità viaggiante ai fini della sottoposizione di questa alla potestà di governo dello Stato della bandiera*»). De metáfora falava o celebrado Antonio SCIALOJA, *caput scholæ* de Nápoles.

São várias as normas que aludem a esta nacionalidade, a qual acaba autorizando o navio a arvorar o pavilhão do país da nacionlidade, para além de mostrar como o navio se submete a uma certa soberania territorial – cfr.art.278.º do Código Penal e Disciplinar da Marinha Mercante de 1943, e o art.24.º do Código Civil, bem como os arts.27.º, 28.º da Convenção das Nações Unidas sobre o Direito do Mar, de 1982. Assim, internamente, o n.º 1 do art.3.º, do D.L.n.º 201/98, de 10 de Julho, determina que se consideram «nacionais os navios cuja propriedade se encontra registada em Portugal», conferindo a nacionalidade o direito ao uso da Bandeira Nacional – cfr., também, al. a) do n.º 1 do art.120.º do Regulamento Geral das Capitanias (D.L. n.º 265/72, de 31 de Julho). Mas também a recente proposta de Regulamento, do Parlamento Europeu e do Conselho, para a unificação de regras de conflito em matéria de responsabilidade extracontratual, no seu art.18.º, a fim permitir a concretização de certas conexões eleitas nas respectivas regras de conflito, determina que «são assimilados ao território de um Estado [...] [u]m navio que se encontre em alto mar, registado ou com uma autorização ou documento análogo, por este Estado ou em seu nome, ou que, na falta de registo, de autorização ou de documento análogo, pertença a um cidadão desse Estado».

Entende-se geralmente que a nacionalidade dos navios, como aquela das pessoas físicas e das pessoas morais, será determinada por um critério de atribuição unilateral, cada país definindo assim as condições para que um navio tenham a sua nacionalidade. Logo, sempre que essa nacionalidade, enquanto conceito normativo, surja como a conexão conflitualmente relevante, esta deverá ser preenchida recorrendo aos dados normativos que na *lex causæ* determinem os requisitos da nacionalidade, através do que soi designar-se de «referência pressuponente *ad aliud ius*», tal como sucede para a concretização do elemento de conexão nacionalidade, em relação às pessoas físicas (isto é, as normas estrangeiras seriam omadas como meros pres-

## 38     *Direito dos Transportes*

supostos *facti*, cuja verificação é condição para que se desencadeie uma consequência normativa ditada pela nossa lei, ou seja, pela *lex fori* – cfr. D.Isabel DE MAGALHÃES COLLAÇO, *Lições de direito internacional privado*, II, 1959, p. 207 ss.; *Da qualificação em direito internacional privado*, Lisboa, 1964, p.118 ss., referindo-se à designação de BETTI, «reenvio "pressuponente" ou "integrante"»; J.BAPTISTA MACHADO, *Lições, cit.*, p.82 ss.; e ainda, G.MORELLI, *op. cit., loc.ult.cit.*; M.GIULIANO, *op. cit.*, p.427 s..

Note-se, contudo, que nem sempre a atribuição da nacionalidade coresponderá a um contacto factualmente espesso, ou, como se tem dito, a um *genuine link* – são as chamadas "pavilhões de conveniência" (*"pavillons de complaisance"*, *"flags of convenience countries"*, *"bandiere di compiacenza, convenienza"* ou *"ombra"*). Nem sempreo laço existente será "real" ou "efectivo" (assim, Mario GIULIANO contrapunha o vínculo «reale», à *«una mera etichetta giuridica, un vuoto nome !!!»*). Assim, já o o n.º 1 do art.91.º, da Convenção de Montego Bay, refere que «[t]odo o Estado deve estabelecer os requisitos necessários para a atribuição da sua nacionalidade a navios [...] e para o direito de arvorar a sua bandeira», esclarecendo que «[o]s navios possuem a nacionalidade do Estado cuja bandeira estejam autorizados a arvorar», e tão-só mencionando que «[d]eve existir um vínculo substancial [*«genuine link»*] entre o Estado e o navio» (assim também, já o art.5.º da Convenção de Genebra, de 29 de Abril de 1958, sobre o alto mar – cfr.R.RODIÈRE, *Les tendances, cit.*, p.399 s. —, e ainda a Convenção das Nações Unidas sobre as condições de registo dos navios, de 7 de Fevereiro de 1986, que liga à noção de nacionalidade a persistência de contactos reais, perceptíveis quanto à propriedade do navio ou quanto à tripulação, e que chega a impor que um representante do proprietário resida no país do pavilhão – cfr.E.DU PONTAVICE, P.CORDIER, *op. cit.*, p.54, n.2). Mas, se assim é, sempre que estejamos confronados com um navio que arvore um pavilhão de um país com o qual não tem qualquer outro contacto real ou efectivo, sempre se poderá perguntar se o que a lei desse país entende por nacionalidade de um navio apresenta o conteúdo e os contornos capazes de preencher a conexão nacionalidade das nossas regras de conflitos, isto é, interrogros-emos sobre se a noção da potencial *lex causae* é equiparável ao conceito de nacionalidade exigido pela norma portuguesa, se apresenta as características necessárias e suficientes para, à luz dos valores prosseguidos pela regra de conflitos portuguesa, desencadear a competência dessa lei estrangeira –

(esta regra de conflitos em matéria de direitos reais sobre navios, sendo geral, deverá naturalmente decair perante eventuais normas de conflitos especiais, como aquela relativa à hipoteca que citamos *supra*). O n.º 3 do art.488.º esclarece expressamente que a conexão em causa é móvel, devendo, em caso de alteração de nacionalidade, o estatuto competente sucessivo aceitar a titularidade e o conteúdo dos direitos reais conforme se achavam regulados pelo estatuto anterior, passando a regulá-los a partir de então, isto é, a partir da mudança da concretização da conexão relevante; o estatuto posteriormente competente como que aceitará o *status quo,* tal como se encontrava definido pela lei anteriormente competente[21]. Este preceito não é repetido no diploma de 1998, mas trata-se de uma orientação geral aplicável às conexões móveis, atendendo aos princípios de justiça que no direito internacional privado regem o problema da sucessão de estatutos (isto é, o princípio da não transactividade e o correspondente princípio da não retroactividade – *tempus regit actum*: os factos constitutivos haverão de ser regulados por uma lei que com eles se encontre em contacto, espacial e temporalmente).

Mas já o art.14.º, 2 do DL n.º 96/89 de 28/III, alterado pelo DL n.º 393/93 de 23/XI, sobre a lei aplicável à hipoteca de navios, no âmbito do registo internacional da Madeira, que, oferecendo mais um exemplo do relevo do princípio da autonomia

---

note-se, a mais disso, que, de acordo com o regime de 1998, a atribuição da nacionalidadde depende de, pelo menos, se haver registado a propriedade entre nós.

[21] O que não tolhe que se possam levantar particulares problemas de transposição ou substituição, na medida em que a nova *lex causæ* não conheça o direito adquirido ou constituído à luz do anterior estatuto competente, ou não o conheça com idêntico conteúdo, o que poderá levar a uma eventual compressão do dieito real em causa, à necessidade da prática de um eventual acto posterior para que a sua titularidade se mantenha (segundo um certo tipo de adptação das duas ordens jurídicas envolvidas), ou, mesmo, à supressão do direito.

em direito internacional privado, permite que as partes escolham a lei aplicável à hipoteca, ou a um direito equivalente[22].

Neste domínio, convém ainda ter presente quanto dispõem certos diplomas internacionais, quanto ao reconhecimento múto de direitos sobre veículos, desde que constituídos ou adquiridos regularmente ao abrigo da lei de um dos Estados signatários. Deste modo, por exemplo, a Convenção de Bruxelas para a unificação de certas regras relativas aos privilégios e hipotecas marítimas[23], de 1926, celebrada no âmbito do Comité Marítimo Internacional, dita, no seu art. 1.°, a aplicação da lei do Estado da nacionalidade do navio (que será, em princípio, o Estado da matrícula do navio) às questões relativas a hipotecas, *mortgages* e penhores sobre navios, na medida em que impõe aos demais Estados signatários o reconhecimento dos direitos definidos de acordo com a *lex vexilii*, contanto que o navio pertença também a um Estado contratante[24].

No mesmo sentido, a Convenção de Genebra relativa ao reconhecimento internacional de direitos sobre aeronaves, de 19 de Junho 1948, designa a lei do país da matrícula como lei competente para regular a constituição e transferência de direitos reais e de certos direitos pessoais de gozo sobre aeronaves, pois

---

[22] Assim se pretendeu expressamente marcar a autonomia (que, metodologicamente, sempre seria de sustentar) do conceito-quadro em face do homólogo conceito do direito material interno, de acordo com o critério de interpretação auónoma que se deve postular para a regra de conflitos, atendendo à teleologia e às valorações próprias do direito internacional privado. A extensão do conceito-quadro há-de ser encontrada pela ponderação do juízo conflitual da norma, que se precipita na relação que se estabelece entre o conceito-quadro e o elemento de conexão.

[23] Matéria entre nós regulada nos arts.574.° ss. do Código Comercial.

[24] A par dito, a Convenção prevê ainda uma discplina uniforme imperativa para a graduação dos privilégios creditórios, admitindo que os Estados acrescentem outros, desde que não venham bulir com a graduação aí imposta (e que envolve os privilégios, as hipotecas, os *mortgages* e os penhores).

que os demais Estados contratantes reconhecerão os direitos assim criados ou transferidos à luz dos preceitos daquele Estado.

No domínio obrigacional, também podemos encontrar certas disposições especiais. Quanto ao contrato de transporte e ao contrato de fretamento, hoje, recorreremos às regras de conflitos da Convenção de Roma, de 1980 [25] – cfr. arts. 3.º, 4.º, n.º 1, 4 e 5, 5.º, 7.º, 8.º, 9.º e 10.º [26] –, e já não, em princípio, às correspondentes disposições do Código Civil.

Tratando-se de um transporte internacional de pessoas (que não caiba no âmbito de aplicação material das convenções de direito uniforme), deveremos recorrer ao sistema conflitual português para determinar o ordenamento competente, no caso, ao art.3.º da Convenção de Roma de 1980, sobre a lei aplicável às obrigações contratuais, que permite às partes a escolha (expressa ou tácita) da lei competente. Como as partes não façam esta *professio iuris,* recorreremos aos n.º 1 e 2 do art.º 4.º, aquele enunciando o princípio da proximidade, concretizado pelo n.º 2, pelo que competente será a lei do local da residência ou do estabelecimento do transportador. Todavia, caso o juiz entenda existir uma outra lei com um contacto mais estreito, poderá aplicá-la, ao abrigo da cláusula de excepção aberta do n.º 5 do art.4.º. Neste caso, porém, terá uma sorte de ónus de contrafundamentação, a fim de prosseguir o preciso objectivo normativo deste preceito, que lhe permite afastar a conexão supletiva do

---

[25] Lembramos que, também neste domínio, como sucedeu quanto ao conflito de jurisdições em matéria civil e comercial, está em preparação um Regulamento comuitário que unificará as regras de conflitos no âmbito contratual. Mas, como também aconteceu para a Convenção de Bruxelas, de 1968, relativamente à competência internacional dos tribunais dos Estados membros, em matéria civl e comercial, isso não significará necessariamente que a Convenção de Roma deixe de vigorar, pois que, em princípio, tal Regulamento, a surgir, não vinculará a Dinamarca.

[26] Cfr. *infra.*

n.º 2, isto é, aquele objectivo que mira ao valor da protecção das fundadas expectativas das partes e da certeza do direito aplicável, como corolários da justiça universal, enquanto recebida valorativamente no pricípio da proximidade em direito internacional privado – a não ser assim, perderia o seu sentido, a concretização da conexão operada pelo n.º 2, em relação ao genárico princípio enunciado no n.º 1.

Quanto às designadas *package tours*, elas já caberão na previsão do art. 5.º, porquanto ja estaremos perante um contrato celebrado com consumidores (cfr. n.º 5 deste preceito). Neste caso, interfere um objectivo normativo de natureza material, traduzido na protecção da parte considerada mais fraca, o consumidor (*favor personæ*). Assim, preenchendo-se as condições do n.º 2, ficará a liberdade das partes limitada, na medida em que, podendo embora eleger a lei competente, esta não tolherá ao consumidor o patamar mínimo de protecção que haveria de auferir à luz da sua *lex domicilii*, pelo menos, daquele que seria ditado pelas normas imperativas desta lei, que tenham por precípuo objectivo, precisamente, a protecção do consumidor. Se, por outro lado, as partes não escolherem a lei competente, então, a conexão supletiva já será a residência do consumidor, com vista à aplicação que lhe seja particularmente familiar, a lei do seu abiente quotidiano (*Umweltsrecht*).

Isto valerá, obviamente, para todos os tipos de transporte, qualquer que seja o meio de comunicação utilizado, mas já não no que tange ao transporte internacional de mercadorias. Para estes, na falta de escolha de lei, a conexão relevante será a do n.º 4 do art.5.º, que consistirá uma cumulação de, pelo menos, duas conexões (*in casu*, agrupamento de conexões relevantes). Competente, então, será a lei do país da residência, ou do estabelecimento, do transportador, se esse local coincidir com o projectado local do carregamento ou do desembarque das mercadorias, ou com o local da residência, ou do estabelecimento, do carregador. Se não ocorrer uma tal coincidência de conexões relevantes, então, não restará ao juiz senão concretizar, ele próprio, a conexão mais significativa, à luz do n.º 1 do art.5.º, sem embargo de o julgador poder recorrer à dita cláusula de excepção do n.º 5, mesmo que, *in casu*, se encontrem as conexões indicadas pela regra de conflitos especial do n.º 4. Note-se, por fim, que, tentando resolver um eventual problema de qualificação, a Convenção incluiu expressamente no n.º 4 do art.4.º, os fretamentos por viagem, atendendo à sua proximidade em relação ao contrato de transporte, *proprio sensu*.

Já num domínio que poderá envolver obrigações extracontratuais[27], também cumpre realçar algumas regras de conflitos especiais. Desde logo, o art.650.º do Código Comercial, sobre a lei aplicável às avarias grossas ou comuns escolhe a lei do porto onde a mercadoria restante for entregue[28]. Contudo nesta matéria

---

[27] Todavia, será curial notar que as partes de um contrato de transporte sempre poderão acordar contratualmente certas condições na mira de regular as consequências de eventuais avarias grossas ou comuns. De outra banda, nada impede que a actividade material de salvação resulte de um vínculo contratual.

[28] Trata-se de uma das conexões possíveis, que associa este fenómeno ao do enriquecimento sem causa, pelo paralelismo das razões que neste podem levar à escolha da lei do local do enriquecimento, sobretudo considerando que os interessados empobrecidos poderão estar dispersos em diversos países. Uma outra conexão possível seria a do pavilhão, que, podendo ser mais previsível, nem sempre corresponde a um contacto real ou forte. Outras conexões foram sendo propostas: a que aponta para a própria *lex fori*, enquanto lugar da real regulamentação das consequências da avaria grossa, ou a que, acessoriamente, liga a avaria à própria *lex contractus*, conseguindo-se uma lei previsível, única para todos os carregadores, e que ainda poderá resultar da autonomia das partes. Assim, por exemplo, a jurisprudência francesa veio defendendo a aplicação da lei do porto de entrega da mercadoria, enquanto porto onde a mercadoria sobejante está definitivamente salva; já em Itália, o art.11.º do *Codice della Navigazione* elege a lei do pavilhão. Cfr. H.BATIFFOL, P.LAGARDE, *Droit International Privé,* II, Paris, 1983, p.255; A.LEFEBVRE D'OVIDIO, G.PESCATORE, L.TULLIO, *Manuale di Diritto della Navigazione,* Milão, 2000, p.821.

é ususal que as partes do contrato de transporte marítimos escolham o regime das Regras de York e Antuérpia[29] (essa cláusula de escolha poderá ser inserida no conhecimento de carga[30]), o que, uma vez mais, dá origem à *vexata quæstio* sobre o valor de uma tal referência a um tal corpo de regras uniformes, mormente, em se não tratando de uma convenção inter-estatal. Todavia, a tendência dominante verá nessa referência uma mera referência material de incorporação, o que significará que só valerá se for permitida pela *lex causæ*, ou na medida em que as normas uniformes não colidam com preceitos imperativos da lei competente.

Já quanto à abalroação, estando no âmbito das obrigações exracontratuais, em que assume particular relevo a tradicional regra bartoliana que aponta para a *lex loci delicti commissi*, tem de se distinguir consoante ocorra, ou não, em alto mar, *rectius,* em áreas não sujeias a uma soberania. Assim o art.674.º do Código Comercial: como se dê em portos ou águas territoriais, as obrigações decorrentes de abalroação serão reguladas pela *lex loci*, já se ocorrer no mar alto, aplicar-se-á a *lex vexilii communis*, e, se as embarcações arvorarem pavilhões distintos, então, aplicar-se-ão distributivamente as leis das diversas nacionalidades, cada navio «sendo obrigado nos termos da lei do seu pavi-

---

[29] Tiveram os seus precedentes nas Regras de Glasgow de 1860 (criadas numa conferência sob os auspícios da *National Association for the Promotion of the Social Science*), nas de Londres, de 1862, e de York, de 1864, e foram elaboradas na Conferência de Antuérpia de 1877, e votadas na sua estampa mais completa, na conferência de Liverpool, de 1890, no âmbito do que viria a ser a *International Law Association*, que apareceria em 1895, resultando da transformação da *Association for the Reform and Codification of the Law of Nations*, também inglesa. A conferência de revisão de 1948-50, como a de 1974, viriam a ser promovidas pelo Comité Marítimo Internacional. A última versão é de 1994.

Cfr. A.BRUNETTI, *op. cit.,* p.35 ss.; E.DU PONTAVICE, P.CORDIER, *op. cit.,* p.475 s.; A.LEFEBVRE D'OVIDIO, G.PESCATORE, L.TULLIO, *op. cit.,* p.634 s..

[30] *«General average to be settled according to the York and Antwerp Rules».*

lhão». Todavia, e como uma regra de conflitos distributiva pode acabar por suscitar uma aplicação cumulativa, a regra acautela esta possibilidade, fixando um limite máximo para a indemnização, pelo que cada navio não receberá mais do que lhe seria permitdo pelas regras materiais da respectiva nacionalidade.

Finalmente, deveremos considerar o art.690.º do Código Comercial, sobre a lei aplicável à salvação e à assistência, norma que, todavia, foi expressamente revogada pelo DL n.º 203/98, de 10 de Julho, sem que, no entanto, este diploma forneça uma nova regra de conflitos[31]. Segundo essa regra de conflitos, as obrigações emergentes de salvação ou assistência nos portos, rios e águas, seriam reguladas pela lei do lugar onde ocorresse, e, em se dando em alto mar, regeria a *lex vexilii* do navio salvador ou assistente. Estas seriam as leis competentes para determinar o chamado salário da salvação ou da assistência, contudo, como norma especial em matéria marítima, pode entender-se que o conceito-quadro deve ser visto de modo amplo, incluindo todas as questões que se prendam a tais obrigações, e que, de certo modo, concorram para aferir do montante da remuneração, acabando também essa lei por determinar as condições de ilicitude dos actos praticados pelo salvador ou assistente, e, assim, o padrão de diligência exigível.

---

[31] Em não se considerando que houve um *lapsus calami*, a salvação e a assistência (mau grado o uso nacional, o diploma de 1998 preferiu concitar ambos os fenómenos sob a desisgnação de salvação) serão reguladas pelas leis indicadas pelas regras de conflitos gerais do Código Civil (*v.g.*, as normas relativas à gestão de negócios ou ao enriquecimento sem causa – atendendo aos problemas de qualificação que, em particular, nestes domínios extracontratuais, se poderão levantar –, convocando também a clásusula de excepção fechada do n.º 3 do art.45.º, como vem sendo proposto entre nós, e que levaria a aplicação da lei nacional comum dos navios, por exemplo), ou da Convenção de Roma de 1980 (sempre que exista uma relação contratual), salvo se o caso for abrangido pelo âmbito de aplicação da Convenção de Bruxelas sobre a salvação e a assistência, de 1910.

# CAPÍTULO I
## O contrato de transporte

## §1.º – O contrato de transporte em geral

> Sumário: O contrato de transporte em geral: as partes e o objecto. Consideração das obrigações dele derivadas. Alusão à relação deste contrato com outros contratos (*v.g.*, os contratos de compra e venda – a venda "praça-a-praça", a questão da transferência do risco e os *Incoterms* –, de depósito, de trabalho, de seguro, mútuo-crédito documentário). Referência à noção de transportador (remissão) e a diversas actividades ligadas ao transporte (intermediários vários, o "transitário-comissário" e o "transitário-transportador", os agentes de navegação, as agências de viagens e turismo) – a complementaridade social.

> Bibliografia: CUNHA GONÇALVES, Luís da, *Comentário ao código comercial português,* II, Lisboa, 1918, 392 ss.; FERREIRA DE ALMEIDA, Carlos, *O contrato de transporte no Código Civil,* Revista dos Tribunais, n.º 87, p.147; RAPOSO, Mário, *Sobre o contrato de transporte de mercadorias por mar*, Boletim do Ministério da Justiça, n.º 376, Maio, 1988, *Transporte e fretamento – algumas questões,* Boletim do Ministério da Justiça, n.º 340 (Novembro/1984).

**7.** *Noção de conrato de transporte e conteúdo obrigacional.* Pode dizer-se que o contrato de transporte será aquele contrato mediante o qual uma das partes (o transportador) se compromete/obriga, perante outrem (que poderá ser o passageiro ou o carregador/expedidor) a fazer deslocar fisicamente (por si ou recorrendo aos seviços de outrem, por cuja prestação responderá) – transportar – pessoas ou coisas (pessoas com suas bagagens ou volumes de mão, ou mercadorias) de um lugar para outro (o que, evidentemente, incluirá a viagem com retorno) – cfr. o antigo n.º 1 do art.366.º, do Código Comercial.

No caso do contrato de transporte de mercadorias, uma terceira personagem poderá surgir, o destinatário das fazendas, sempre que este não seja o próprio carregador, que, por si ou através de um mandatário, celebrou com o transportador o contrato. Nesse caso, os efeitos do contrato serão "trilaterais", por isso que só este semblante "trilateral" poderá proteger convenientemente a posição do destinatário e permitir ao contrato servir a sua função económico-social, correspondendo com justeza ao desiderato das partes que o celebram e do próprio destinatário "(co)envolvido"; veremos mais tarde de que modo.

Passemos agora ao objecto deste contrato, reflectindo sobre a sua estrutura interna, e sobre os direitos e deveres que derivam do vínculo negocial, e ainda sobre as prestações devidas pelo transportador.

Como dever, ou obrigação, essencial, principal ou típico do transportador, teremos a deslocação física de pessoas ou coisas (fá-lo pessoalmente ou por intermédio de outrem). Uma certa corrente doutrinal inclui entre os deveres principais a designada obrigação de protecção e de segurança, inerente ao transporte em geral, contradistinguindo-a da custódia, *proprio sensu*, também no que toca a esta classificação. Segundo este aviso, então, aquela obrigação seria essencial, porquanto o transportador sempre estaria obrigado a velar pela segurança dos passageiros (velando por eles, instruindo-os e adequando os espaços), como pela segurança das coisas (bagagens ou mercadorias). Mesmo no caso do transporte de coisas, essa obrigação de protecção permaneceria essencial e distinta da custódia, só surgindo esta última quando houvesse transferência da detenção material das mercadorias ou bagagens para o transportador (o que não é necessário, embora seja a prática habitual)[32].

Já segundo outro entendimento, entre os deveres, ou obrigações, acessórios, contar-se-á a vigilância sobre as pessoas e coisas transportadas, velando o transportador pela sua segurança (este dever de segurança vem sendo arrolado entre os deveres de protecção – a responsabilidade por perda e avaria das mercadorias ou por danos corporais poderá resultar, quer da violação de dever de realizar correctamente a prestação principal de transporte, *v.g.*, por erro técnico, por vício de equipamento/veículo, ou da violação do dever de segurança das pessoas ou de custódia das mercadorias), e sobre coisas que tragam à mão – este dever progredirá na medida em que regrida a possibilidade física de os passageiros interferirem sobre os engenhos que permitem a viagem, o que se reflectiu, normativamente (seja nas convenções internacionais, seja nas leis internas, seja ainda no plano jurisprudencial), na diminuição dos casos de exoneração da responsabilidade do transportador ou no agravamento do regime desta para com o transportador –, devendo aquelas, além do bom senso, respeitar os comportamenos e as regras descritos pelos dependentes do transportador.

Soi ainda incluir-se entre os deveres acessórios, e de modo mais pacífico, o transporte de bagagens, a conservação das mesmas, o dever de custódia das bagagens e das mercadorias entregues (podendo haver – e só neste caso se falará em rigor de custódia, subsitindo nos demais casos a obrigação geral de protecção –

---

[32] *Vide* G.Romanelli, *Il trasporto aereo di persone*, Pádua, 1966, p.21 ss., 44 ss.; G.Mastrandrea, *L'obbligo di protezione nel trasporto aereo di persone,* Pádua, 1994, p.1 ss., 53 ss..

ou não transferência da detenção material das coisas transportadas, mas, em regra, haverá, pelo que ficará o transportador a detê-las materialmente (posse *alieno nomine*), e conservando o interessado na carga a sua posse, eventualmente representada por um título de crédito, um título representativo da mercadoria – *v.g.*, o conhecimento de carga no transporte marítimo de coisas) –, a entrega da mercadoria no destino a quem tenha direito de a exigir, e no estado em que a haja recebido ou nas condições descritas *in chartula*, em se tratando o documento de transporte de um título de crédito.

Já na categoria dos chamados deveres acessórios de conduta, poderíamos indicar, *v.g.*, o de informar o carregador de vício da mercadoria, notado pelo transportador durante o percurso, pois que pode o carregaor preferir descarregar mercadoria antes do termo da viagem, recorrendo ao direito de contra-ordem.

**8.** *O regime interno do contrato de transporte.* No que tange ao regime que, internamente, o há-de acudir, importa notar que o contrato de transporte poderá ser acto comercial ou civil. Segundo o critério proposto pelo Código Comercial, importará primeiro apurar a sua natureza, isto é, qualificá-lo, porquanto disso resultará a convocação da disciplina respectiva.

Voltaremos a este ponto. Por ora, chegará notar a escassez das normas que, no direito comum, versam especialmente sobre o transporte ou sobre factos que a ele andem associados.

É sabido que para os danos ocorridos por causas relativas a veículos terrestrre, deveremos convocar o regime da responsabilidade objectiva dos arts.500.º ss. do Código Civil (também aplicável a acidentes causados no domínio ferroviário – cfr. art. 508.º,3). Aliás, hoje, na sequência da Directiva comunitária 90/232/CEE, o regime de responsabilidade estende-se ao transporte gratuito (contratual ou não – amigável ou de cortesia), tendo sido concomitantemente estendido o alcance do seguro obrigatório (cfr. a alteração do art.504.º, introduzida pelo DL n.º 14/96, de 6 de Março).

No âmbito da estatuição deste preceito, não encontramos as mercadorias que não sejam transportadas junto da pessoa em causa (neste caso já estaríamos, eventualmente, perante um contrato de transporte, mercantil, ou até meramente civil, independentemente da presença de eventuais ilícitos de mera ordenação social, ou até criminais, pelo incumprimento de normas de segurança pública), nem as pessoas referidas pelos n.º 2 e 3 do art.495.º e pelo n.º 2 do art.496.º (estas só serão indemnizadas se houver culpa do condutor)[33].

Para regular o ressarcimento de tais danos, haverá ainda a possibilidade de aplicar o regime de responsabilidade objectiva do produtor (cfr.art.1.º e 13.º do D.L. n.º 383/89 de 6/XI), em caso de defeitos do veículo.

E, intercorrendo uma relação de comissão, convocável será igualmente o regime da responsabilidade objectiva do comitente no ineresse de quem esteja a ser utilizado o veículo.

Para proteger o crédito do transportador, a lei civil também prevê um caso especial de retenção na al.a) do n.º 1, do art.755.º.

Além daquele regime de responsabilidade objectiva, devemos considerar o regime aplicável ao eventual contrato existente. Em se tratando de transporte comercial, hoje, recorreremos sobretudo a legislação avulsa[34].

---

[33] M.J.ALMEIDA COSTA, *Direito das obrigações*, Coimbra, 1989, p.533.

[34] Quanto às agências de viagem, deve referir-se que foi introduzido um regime que levou à objectivação da sua responsabilidade (nomeadamente, das agências vendedoras e das agências organizadoras, por contraponto com as agências meras intermediárias) – cfr. art.39.º do DL n.º 209/97, de 13 de Agosto, alterado pelo DL n.º 12/99, de 11 de Janeiro.

# §2.º – Caracterização dogmática

Sumário: Enquadramento dogmático de direito comum do contrato de transporte (o recurso a certas figuras contratuais cuja estrutura institucional possa servir as funções deste contrato). O contrato de transporte enquanto *locatio operis faciendi*. O contrato de transporte no direito civil e no direito comercial. Contradistinção em face de figuras juridicamente afins ou socio-economicamente vizinhas (o mandato, a empreitada, o fretamento, a prestação de serviços do transitário).

Bibliografia: CUNHA GONÇALVES, Luís da, *Comentário ao código comercial português,* II, Lisboa, 1918, p.392 ss.; CALVÃO DA SILVA, J., *Crédito documentário e conhecimento de embarque*, CJ, 1994, I; ALMEIDA COSTA, Mário Júlio de, MENDES, Evaristo, *Transporte marítimo. Conhecimento de carga,* Direito e Justiça, v.IX, t.I, 1995; RAPOSO, Mário, *Estudos sobre o novo direito marítimo* – realidades internacionais e situação portuguesa, Coimbra, 1999, p.135 ss..

**9.** *Caracterização do contrato de transporte enquanto* species *da prestação de serviços.* O contrato de transporte é um contrato, em princípio, bilateral, sinalagmático (D.50,16,19: *ultro citroque obligatio*) e comutativo. Diferentemente de quanto sucede para o fretamento, trata-se de um contrato consensual, não tendo de ser celebrado por uma forma especial. Também será consensual, numa outra acepção, por se não tratar de um negócio real *quoad constitutionem*, isto é, a perfeição do contrato de transporte dependerá tão-só do encontro das vontades das partes, não dependendo de um ulterior acto material, e isto será assim mesmo no caso do transporte de mercadorias, sendo porém certo que o carregador poderá responder acaso não entregue a mercadoria no momento previamente aprazado e no local designado.

O contrato de transporte, como a prestação de serviços em geral, tanto pode ser oneroso, como gratuito, distinguindo-se este do transporte amigável ou de cortesia[35].

Tendo como causa, *hoc sensu*, o cumprimento de um particular escopo socio-económico, ele, na verdade, será uma *species* da prestação de serviços (cfr.arts.1154.º ss. do Código Civil) – da *locatio operis faciendi*, por contraposição às demais categorias pandectísticas da *locatio rei* e da *locatio operarum* (conquanto não deixe de ser aventada a classificação do mesmo, pelo menos, em certos casos, como *species* da *locatio rei*, e assim, mesmo para o direito romano[36]). Todavia, o Código Civil não se ocupa deste contrato nominal e sistematicamente, como sucede, por exemplo, no Código Civil italiano de 1942[37] e, de resto, como sucedeu no nosso Código Comercial de 1888.

De acordo com o art. 2.º e 366.º deste último, o contrato de transporte corresponderia a um acto mercantil sempre que a obrigação de transportar (pelo «condutor» – o *conductor*) fosse assumida por um profissional dotado de uma organização de meios empresarial. O pressuposto subjectivo era aqui necessário, como se sabe, para a caracterização de um acto objectivamente

---

[35] Quanto ao regime da responsabilidade objectiva no transporte terrestre, também para este último caso, *vide* J.M.ANTUNES VARELA, *op. cit.*, p.696 ss..

[36] Cfr., para o direito romano, L.TULLIO, *I contratti di charter party*, Pádua, 1981, p.22 ss.; e, negando a hipótese de contrato misto, coenvolvendo também uma *locatio rei*, seja por o transportador oferecer a disponibilidade física e técnica do veículo, seja quando se coloca à dsposição um particular espaço, *v.g.*, um particular compartimento ou cabine, G.ROMANELLI, *Il trasporto aereo di persone*, Pádua, 1966, p.17 ss.

[37] Em Itália, para o transporte marítimo, já se convocará o *Codice della Navigazione*, de 30 de Março de 1942.

comercial (o que não tolherá o relevo de certas normas do Código Civil, mesmo em sede de regulamentação de transporte terrestre). E líquida era igualmente a classificação do transporte aéreo como comercial, ainda que recorrendo, em tempos, a aplicação analógica do art.366.º[38]. Já o transporte marítimo não aparece referido neste preceito, porquanto a ele o Código dedicaria o Livro III sobre o comércio marítimo (cujos arts. 485.º a 562.º foram já revogados, com a excepção da regra de conflitos do art. 488.º).

Mesmo depois da revogação do art.366.º, cremos que, pelo menos, em certos casos, poderá ser de manter esta orientação, atendendo, desde logo, a que o DL n.º 239/2003, de 4 de Outubro, só quis revogar as normas dos arts.366.º a 393.º, no que tocasse especificamente ao transporte rodoviário (e, portanto, não enjeitou, mesmo para o transporte rodoviário, o conteúdo nomativo destes preceitos que apresentasse carácter geral em relação a todos os transportes), como à definição subjectiva do transportador que se vai dando (ou pressupondo) nas leis avulsas relativas ao transporte, algumas das qais vêm revogando as correspondentes normas do Código Comercial – assim, se os diplomas relativos ao transporte marítimo não exigem, para a sua aplicação, que o transportador seja uma empresa, já a citada lei de 2003, inclui essa qualidade na definição do seu âmbito de aplicação material (subjectiva).

Deve ainda notar-se que os diplomas relativos ao transporte revogaram certas partes do Código Comercial, numa altura em que ia subsistindo a norma do art.366.º, que continha a definição dos casos em que o contrato de transporte assumiria carácter comercial. Assim, tais diplomas vigoravam pressupondo tal norma, como que a incorporando na demarcação do seu âmbito material.

Por qualquer moivo, que ainda não conseguimos decifrar, o diploma de 2003, relativo ao transporte terrestre de mercadorias, houve por bem revogar tal norma, parecendo que nos iria deixar

---

[38] A.FERRER CORREIA, *op. cit.*, p.79.

sem uma genérica qualificação do transporte mercantil, apesar de manter o requisito subjectivo de identificação deste acto de comércio objectivo, mas agora confinando-o a um tipo de transporte, o transporte rodoviário de mercadorias interno. Contudo, se aquela norma revogatória se atém à parte do conteúdo normativo desses preceitos intendida especialmente para o transporte rodoviário e à parte que, agora, colida com os preceitos do novo diploma, então poderemos aventar que a definição geral do art.366.º não decaiu[39].

Na verdade, quando os diversos diplomas nacionais que se ocupam do acesso ao transporte, regular ou irregular que seja, ditam como condição para o exercício dessa actividade que o sujeito em causa, o "transportador", seja um comerciante ou uma entidade que explore uma empresa comercial, não se referem senão ao que se costuma apelidar de "transportador real ou *de facto*" (*actual carrier*), nada parecendo dizer sobre o transportador contratual, isto é aquele que, perante outrem, assume a obrigação de deslocar pessoas e/ou coisas. Este transportador é dito contratual, por ser a contraparte do contrato de transporte, celebrado com quem tem interesse nessa deslocação física, já o transportador real será o que activamente desenvolve a realidade dessa deslocação (o que poderá suceder através de um subcontrato de transporte); mas o transportador contratual, podendo ser, ou não, o transportador *de facto*, igualmente, poderá ser, ou não, uma entidade comercial[40 41]. Normalmente, contudo, o transportador (contratual ou de facto) será um comerciante.

---

[39] O que não deixa de surpreender e inquietar é o modo como, apesar de tudo, o art.366.º foi jogado no interior dessa norma revogatória.

[40] *Vide* A.FERRER CORREIA, *op. cit.*, p.50 ss.; V.LOBO XAVIER, *Direito Comercial – Sumários das lições ao 3.º ano jurídico,* edição policopiada, Coimbra, 1977-78, p.50 ss.; J.M.COUTINHO DE ABREU, *Curso de Direito Comercal,* I, Coimbra, 2002, p.40 ss., *maxime*, p.46, nota 19.

[41] Restando ainda a questão da possibildade de aplicação das normas destes diplomas (comerciais) avulsos, também a um transporte meramente

**10.** *A posição do destinatário e a qualificação do contrato de transporte como contrato a favor de terceiro.* Deve, agora, merecer a nossa atenção a regulamentação da posição do destinatário da mercadoria, que, em não coincidindo com o expedidor

---

civil, pelo menos, desde que *eadem ratio*, e, portanto, sempre que os interesses comerciais que essas normas visam proteger, ao informarem o respectivo conteúdo, não precludam a convocação das mesmas para um contrato que não seja comercial. De outro modo, restar-nos-iam tão-só as normas do Código Civil relativas aos contratos em geral e à prestação de serviços, em especial (para além, claro está, das regras sobre responsabilidade objectiva, relativas a veículos terrestres, bem como do regime das cláusulas contratais, sempre que convocável).

O transportador, não tendo de realizar o transporte através de veículos que explore directamente, não tem de ser um comerciante ou uma empresa comercial. Já quem directamente explore os meios de locomoção, pelo menos, regularmente, haverá de ser comerciante, regularmente inscrito. A legislação avulsa que, sobretudo desde 1986, vem revogando os preceitos do Código Comercial relativos ao transporte e ao fretamento (*v.g.*, arts.366.º ss., 538.º ss.), não exige que o transportador seja uma companhia ou comerciante; daí que se levante a hipótese de aplicação de tais normas também a um contrato meramente civil. Todavia, os diplomas que regulam a actvidade transportadora regular já qualificarão os sujeitos em causa como comerciantes.

Na verdade, e na senda do *Codice Civile* de 1942, talvez este seja um dos domínios em que se torna mais palpável a tendência para a unidade civil--comercial, ou, de outro modo, como também pretendeu mostrar o *Codice della Navigazione* de 1946, talvez se possa falar de uma outra autonomia ou especialidade, a do próprio direito dos transportes, ao que não será alheio o facto de estarmos perante um ramo jurídico, sobretudo quando pensamos no direito marítimo, que foi sendo mais imune, quer às mutações históricas (na realidade, a superação da distância foi pondo problemas jurídicos constantes e idênticos ao longo dos séculos, mau grado certas inovações técnicas hajam introduzido novas *nuances* problemáticas), quer às diferenças sociais que foram subsistindo entre as nações, votando-se à realização das necessidades de um particular tipo de actividade, destinada, *ab initio*, a desenvolver-se em vários ambientes nacionais e enfrentando problemas físicos e técnicos igualmente específicos.

da mesma, virá introduzir no desenho contratual uma alteração estrutural, se quisermos que o contrato sirva fielmente quanto apraz à sua função socio-económica.

Não é demais encarecer a importância deste ponto, e o escarmento da vida económica bem a sublinha. A função sócio--económica deste contrato reclama para o destinatário um título que lhe permita exigir do transportador o cumprimento da prestação de transporte, agora que, eventualmente, as fazendas até lhe pertencem (pense-se no caso em que o transporte se segue a uma compra e venda), e são para o carregador algo do passado, algo de que já prescindiu. Mas não apenas neste caso em que é mais transparente a necessidade do destinatário. O transportador, note-se, obriga-se também a "reentregar" a coisa recebida no estado em que a recebeu das mãos do carregador. Ora esta reentrega não cumprirá tão-só um interesse do carregador, interessado na carga é também o destinatário, tanto mais assim se considerarmos que o risco poderá correr por sua conta (por confronto com o carregador) – como sucede nas vendas *FOB* e *CIF*[42], bem como *ex vi* do art. 797.º do Código Civil, sempre que este seja convocável (daí a interessante designação gaulesa de *dette non portable*).

Estendeu-se entre nós, a este propósito, o ensejo de vestir o contrato de transporte de mercadorias com a estrutura do contrato a favor de terceiro. O mesmo sucedeu na doutrina italiana, mau grado mais recentes escritos o enquadrarem na moldura da

---

[42] Diferentemente do que sucede com os *Incoterms* do grupo *D* (*DAF, DES, DEQ, DDU, DDP*), que, quando aplicados a uma venda internacional, deslocarão para o vendedor o risco do transporte. Lembramos que os *Incoterms* são siglas que fixam as condições da compra e venda, por referência à interpretação internacionacional uniforme que dessas expressões é feita, interpretação essa recolhida num documento da Câmara de Comércio Internacional.

delegação (*delegazione*)[43]. Já a parte da doutrina gaulesa, aprouve vestir o contrato de transporte com a roupagem de uma particular estrutura "trilateral"[44], não inteiramente coincidente com o regime da "*stipulation pour autroui*" (regulada esta nas normas dos arts.1119.º a 1121.º do *Code Civil* – e deve notar-se que o regime francês não é idêntico aos regimes pátrio e italiano).

Em torno da relação de transporte, poderão gravitar muitos intervenientes, além das partes do contrato. Atendendo à distância, são múltiplos os comissários, mandatários ou representantes que se poderão encontrar de permeio, para além da já aludida distinção entre transportador contratual e transportador real. Identificar com precisão as obrigações assumidas por cada um e o contrato em que cada um destes sujeitos se encontra envolvido, não é empresa fácil, como fácil não será, amiúde, localizar tais intervenientes. Tal multiplicidade de relações jurídicas e de intervenientes não deixam, contudo, de laborar à roda do contrato de transporte, e, mais precisamente, em torno da actividade

---

[43] Assim, G.Silingardi, *Contratto di trasporto e diritti del destinatario*, Milão, 1980, p.33 ss., p.63 ss., n.30, 81 ss., 97 ss.; G.Romanelli, G.Silingardi, *Trasporto terrestre, cit.*, p.11 s., *Trasporto nella navigazione, cit.*, p.4 s., percorrendo também as diversas propostas que foram sendo avançadas. Gabriele Silingardi recorre a uma estrutura contratual, também de feição trilateral, à semelhança do contrato a favor de terceiro, e que acabou por não ser nominativamente recebida no Código Civil: a delegação. Entende o Autor que, consoante prevaleça económica e socialmente o interesse do destinatário ou do expedidor, no cumprimento da prestação do transportador, e, assim, consoante seja dominante economicamente a relação de valuta ou a relação de provisão, então, respectivamente, estaríamos confrontados, no contrato de transporte, ora com uma delegação passiva de pagamento, ora com uma delegação activa de pagamento.

Sobre a delegação, *vide* A.Vaz Serra, *Contratos a favor de terceiro, contratos de prestação por terceiro*, BMJ, n.º 51, 1955, p.50 ss., *Delegação*, BMJ, n.º 72, 1958, p.97 ss.; P.Rescigno, *Delegazione (diritto civile)*, Enc.dir., XI, p.929 ss..

[44] R.Rodière, *op. cit.*, p.25 ss..

transportadora, a fim de dar completa satisfação aos interesses dos envolvidos, e, no centro do espiral de interesses, encontraremos três sujeitos, sempre que se trate de um transporte de mercadorias: o carregador, o transportador e o destinatário, o primero celebrando com o segundo um contrato de transporte, na mira de também satisfazer um interesse de que é titular o terceiro. Cientes de que este não será o único cenário possível, convirá, ainda assim, estudá-lo, pois que é este que levanta um particular problema que reclamará solução jurídica, contendendo com o enquadramento deste contrato no âmbito de uma categorização dogmática, a qual assiste à procura do respectivo regime.

Trata-se, pois, de averiguar perante quem há-de responder o transportador, considerando o semblente trilateral do contrato de transporte, sobretudo, claro está, na hipótese de o destinatário não coincidir com o carregador ou expedidor. De outro modo, e atendendo a que, tanto o carregador, como o destinatário, têm um interesse sobre a carga e sobre o seu destino, convém indagar sobre se algum direito assiste ao destinatário e com que fundamento jurídico, pois que ao carregador já acudirá a veste de contraparte do transportador no contrato de transporte (se a contraparte for o próprio destinatário, será ele também o carregador ou expedidor, ainda que haja comprado a um terceiro distante as mercadorias).

Uma outra premissa convirá para delinear o campo da indagação que nos ocupa. Só nos interessará agora o caso em que não haja sido emitido um título representativo da mercadoria negociável, como soi acontecer em muitos dos transportes marítimos (conhecimento de carga), pois que, sendo emitido tal documento de transporte, a posição do destinatário será regulada, *ope legis*, imperativamente. Neste caso, passaria o destinatário a ser tratado como um terceiro portador do título com os direitos que decorressem do regime imperativo aplicável ao título, resultando os seus direitos do próprio título de crédito (*ex chartula*) – claro que, perante o carregador, contraparte do contrato de transporte, o transportador sempre poderia invocar as condições *ex contractu*.

Mas, sempre que não intercorra a emissão de um título representativo, cumprirá fundamentar a posição e os direitos do destinatário. Na verdade, o enquadramento dogmático do contrato de transporte permitir-nos-á encontrar um regime que seja congenial aos seus fins económico-sociais. Ora a realização desta função social passará, em boa medida, por assegurar o nascimento de um direito do destinatário desde a celebração do contrato, e por garantir o direito de contra-ordem ou de revogação do carregador.

Entre as teorias aventadas[45] acerca da natureza deste contrato, com o fito de emprestar um regime que desenhasse convenientemete a posição jurídica do destinatário, podemos ver arroladas as que viam associadas ao contrato de transporte uma cessão de créditos (o expedidor cederia o seu crédito ao destinatário-cessionário) e uma novação subjectiva[46], ou uma representação (fosse o carregador representante do destinatário no contrato, ou este representante daquele no momento da aceitação ou reclamação dos bens expedidos[47]), ou ainda uma gestão de negó-

---

[45] Cfr. G.Ripert, *Droit maritime, cit.*, II p.167; R.Rodière, *Traité, cit.*, II, p.26; M.Iannuzzi, *Del trasporto, in* Commentario del codice civile, dirigido por Antonio Scialoja e Giuseppe Branca, arts.1678.º -1702.º, Roma, 1961, p.144 ss.; S.M.Carbone, *Contratto, cit.*, p.375, n.53; G.Romanelli, *Efficacia probatoria della polizza di carico,* DM, 1986, p.621ss.; G.Romanelli, G.Silingardi, *Trasporto terrestre, cit.*, p.11 s., *Trasporto nella navigazione, cit.*, p.4 s.. E ainda, W.Tetley, *Marine cargo claims, cit.*, p.187, 203 ss., n.155, 267; e, no âmbito da *common law* Scrutton, *op. cit.*, p.35 ss.; Carver, *op. cit.*, p.67s..

[46] Cfr.A.H. da Palma Carlos, *O contrato de fretamento no Código Comercial português,* Lisboa, 1931, p.177 ss..

[47] É claro que nada impede que o vendedor da mercadoria actue, perante o transportador, como mandatário do destinatário, por exemplo, se se

cios (o transportador seria encarado como *negotiorum gestor* relativamente aos interesses do destinatário).

Mas, para garantir a aquisição *ab initio*, pelo destinatário, do direito à entrega da mercadoria (com a consequente mensurabilidade do dano, tendo em vista a particular posição económica do destinatário, sempre que se admita uma tal perspectivação do dano), bem como para assegurar o direito de contra-ordem do carregador, parecerá que não seremos desiludidos pelo desenho estrutural do contrato a favor de terceiro – tese que vem sendo profusamente defendida na doutrina pátria[48] [49], como alhures[50].

---

tratar de uma venda *fob*, mas neste caso o destinatário-representado/mandante acabaria sendo também o carregador, contraparte do contrato de transporte. E, de outra banda, nada impedirá que o carregador-vendedor represente o transportador, celebrando com o destinatário o contrato de transporte, mas ainda aqui, mais uma vez, o destinatário acabaria coincidindo com o carregador.

[48] Cfr. L.Cunha Gonçalves, *Comentário, cit.*, II, p.395ss., 425ss., 451ss., E III, p.240ss, 285s.; e, ainda, Azevedo Matos, *Princípios, cit.*, II, p.39ss., falando, todavia, de um direito *ex titulo*. E ainda, V.Serra, *Contratos a favor de terceiro, contratos de prestação por terceiro*, BMJ, n.º 51, 1955, p.35, n.15, 46 s., *maxime,* 54 s., n.53, 54, 55, p.52 ss., 75 ss. J.M.Antunes Varela, *Direito das obrigações, cit.*, I, p.372 ss.; e ainda,segundo nos pareceu, D.Leite de Campos, *Contrato a favor de terceiro*, Coimbra, 1980, p.113 ss., *maxime*, p.117 ss.; N.M.Castello-Branco Bastos, *Da disciplina, cit.*, p.179 ss., nota 284.

[49] Cfr., na nossa jurisprudência, sobre a posição do destinatário e sobre a obrigação de pagamento do frete, geralmente não reconhecendo a obrigação de pagamento do frete pelo destinatário, o Ac.STJ, de 25 de Janeiro de 1972, BMJ, n.º 213, 1972, p.263 ss., o Ac.STJ, de 27 de Maio de 1980, BMJ, n.º 297, 1980, p.376 ss., o Ac.STJ, de 4 de Maio de 1993, proc.n.º 082668, o Ac.STJ, de 8 de Junho de 1993, proc. n.º 083670, o Ac. Trib.Rel. Lisboa, de 31 de Outubro de 1991, CJ, 1991, IV, p.194; já em sentido algo divergente, ainda que em *dictum*, Ac. STJ, de 17 de Janeiro de 1995, proc. n.º 086098.

[50] Cfr. C.Vivante, *Trattato di diritto commerciale*, IV, Milão, 1916, p.652ss., *maxime* 704ss., e 719ss.; D.Danjon – *Traité de droit maritime*, II,

E, se o figurino do contrato a favor de terceiro nos satisfizer, lembrando que já a ele se recorreu para evitar as desvantagens de outros figurinos estruturais, como a cessão de créditos, a novação, a representação, então, talvez se torne desnecessário prosseguir a busca, ou, até, aventurarmo-nos a desenhar novos enquadamentos dogmáticos, ou estruturas *ad hoc*. Mas, se nos acostarmos ao regime do contrato a favor de terceiro, parece que encontraremos uma estrutura institucional suficiente, isto é, uma resposta satisfatória para que o contrato cumpra a função social que dele se pretende, e, do mesmo passo, conseguiremos garantir a cobertura normativa adequada aos propósitos dos três sujeitos envolvidos (nomeadamente, os que se ligam ao direito do destinatário à entrega das mercadorias, que deverá surgir *ex novo* e autónomo no seu património, ao seu direito à reparação, em caso de perda, avaria ou demora bem assim como ao direito de contra-ordem do expedidor, que, a fim de proteger também os interesses do transportador, deverá permanecer como parte do contrato, sem que intercorra uma novação subjectiva – cfr. arts. 443.º ss. do Código Civil).

Senão vejamos. Por um lado, à luz do n.º 1 do art.444.º, do Código Civil[51], o direito do destinário derivará directamente do

---

Paris, 1926, p.609 s., n.1 de p.610 (*contra*, G.Ripert, *op. cit.*, p.162 ss.); A.Asquini, *Trasporto di cose (contratto di)*, Nss.Dig.it., XIX, p.576 ss., *maxime*, p.579 ss., 588 ss., e mais recentemente, S.Zunarelli, *Lezioni, cit.*, Bolonha, 2000, p.84 s.; S.Busti, *Contratto di trasporto aereo, in* Trattato di diritto civile e commerciale, dirigido por Antonio Cicu, Francesco Messineo e Luigi Mengoni, Mlão, 2001, p.379 s., rejeitando também a teoria da delegação proposta por Gabriele Silingardi, e p.570 s., n.371, reconhecendo idêntica natureza ao subtransporte, em que se manteria o terceiro beneficiário inalterado.

[51] Sobre o contrato a a favor de terceiro, *vide* A.Vaz Serra, *Contratos a favor de terceiro op. cit.*, p.29 ss.; Pires de Lima, Antunes Varela, *Código civil anotado*, II, Coimbra, 1997, p.424 ss. J.M.Antunes Varela, *Direito das*

contrato de transporte, não sendo necessário qualquer pacto posterior ou simultâneo (e conquanto, de um poto de vista económico, possa estar o contrato de transporte intensamente ligado à relação de valuta que o suscita). E assim se reforça a desejada segurança deste interveniente e do tráfico, em geral. Na verdade, será titular de um direito, independentemente de o aceitar, pelo que não só pode reclamar as mercadorias, ou exigir a indemnização correspondente (e pode mesmo o prejuízo ser medido levando em conta a situação do destinatário), como mais tranquilamente poderá projectar a sua futura actividade.

Por outro lado, como vem sendo proposto, ainda que segundo formulações algo distintas, tal preceito não obstará a que o exercício desse direito fique sujeito a uma condição e a um termo[52]: a condição de que o expedidor não exerça o direito de contra-ordem ou de revogação, e o termo correspondente à duração da viagem (ou, em caso de perda da mercadoria, total ou parcial, o tempo de duração suposto ou habitual para uma viagem desse tipo).

Em prol desta segurança, e da autonomização do direito do destinatário, abonará ainda o art.449.º, não lhe sendo oponíveis excepções fundadas em qualquer outra relação que una o esti-

---

*obrigações, cit.,* I, p.372 ss.; M.J.ALMEIDA COSTA, *Direito das Obrigações, cit.,* p.289 ss.. Cfr., ainda, F.MARTINS *Direito comercial marítimo,* Lisboa, 1932, p.221; K.LARENZ, *op. cit.,* p.242 ss.; G.ROMANELLI,G.SILINGARDI, *Trasporto terrestre, cit.,* p.11..

[52] Cfr. Cesare VIVANTE (*Trattato, cit.,* IV, p.652ss., *maxime* 704ss., e 719ss.; A.ASQUINI, *op. cit.,* p.576 ss., *maxime,* p.579 ss., 588 ss..; K.LARENZ *Derecho de obligaciones,* II, Madrid, 1959 (tradução de Jaime Santos Briz), p.247; M.IANNUZZI, *Del trasporto, in* Commentario del codice civile, dirigido por Antonio SCIALOJA e Giuseppe BRANCA, arts.1678.º -1702.º, Roma, 1961, p.150 ss.; G.ROMANELLI, G.SILINGARDI, *Trasporto terrestre, cit.,* p.11 s., *Trasporto nella navigazione, cit.,* p.4 s.; L.CUNHA GONÇALVES, *Comentário, cit.,* II, p.431 s.; J.M.ANTUNES VARELA, *Direito das obrigações,* I, Coimbra, 1989, p.384.

pulante ao promissário, ainda que se mantenham oponíveis as excepções assentes no transporte.

Já quanto à exigência de adesão do n.º 3 do art.447.º, ela sempre poderá ser feita tacitamente através do acto de reclamar a entrega da mercadoria, exigindo a disponibilidade física das mesmas[53].

De outra banda, a posição do carregador-promissário. Também aqui, a estrutura inatitucional do contrato a favor de terceiro parece supeditar suficientemente a função desejada. Como parte do contrato, ele conservará um direito, cujo cumprimento pode exigir ao transportador (n.º 2 do art.444.º). E, no ínterim, isto é, até à adesão, poderá revogar a promessa, o que realiza a forma habitualmente intendida para o transporte, segundo a qual o expedidor deverá ser titular de um direito de contra-ordem, que se poderá traduzir na alteração do destino ou do destinatário da mercadoria, permitindo-se, destarte, a negociabilidade dos bens, mesmo durante a viagem (cfr. n.º 1 do art.448.º). Ao abrigo da liberdade contratual, nada impedirá, outrossim, que o direito de revogar cesse em momento anterior à adesão (ou, até, que o promissário não conserve qualquer direito ao cumprimento da prestação, como, de resto, se poderá acordar que a adesão se possa verificar antes da chegada da mercadoria – a tal ponto é ostensiva a maleabilidade desta estrutura contratual, conquanto os termos supletivos do Código não deixem de corresponder aos

---

[53] «Todavia, poder-se-á dizer, além disso, que a aceitação das mercadorias pelo destinatário, à chegada, precludirá a faculdade de revogação, num momento em que, aliás, foi já satisfeito o direito do carregador, enquanto parte no contrato de transporte (como se o direito de contra-ordem estivesse, ele-próprio, sujeito a uma condição extintiva, pelo menos, em se entendendo que o poder de revogação cessaria antes mesmo da comunicação da adesão ao promissário, à luz da nossa lei).»

*In* Castello-Branco Bastos, Nuno, *Da disciplina*, cit. (em itálico), p.179 ss., nota 284.

termos mais habitualmente desejados na pática negocial). Acresce que, sendo também titular do direito a exigir a prestação de transporte, o carregador sempre a poderá exercer, acaso o destinatário recuse as fazendas (cfr. n.º 2 do art.447.º ).

Mantendo-se a posição contratual do carregador até ao cumprimento do contrato, mesmo depois da chegada e aceitação das mercadorias[54], também o transportador contra ele poderá reagir, por exemplo, para se ver pago (mas, ainda neste caso, cumpre averiguar as condições acordadas pelas partes). Mas, e sempre salvaguardando a autonomia das partes da relação de provisão, o desenho dogmático-legal da estipulação a favor de terceiro também não permitirá obtemperar que o transportador não poderá exigir do destinatário o pagamento do frete[55].

---

[54] Cfr. R.RODIÈRE, *Traité, cit.*, II, p.26.

[55] Na verdade, não se contraria o prncípio de justiça geral *alteri obligare non potest*, na medida em que a obrigação do pagamento do frete, ou até de outras prestações, não é imposta, mas antes será livremente aceite pelo destinatário, o qual, de resto, sempre poderá recusar a mercadoria, não aderindo, desta feita, ao contrato de transporte, enquanto contrato a favor de terceiro.

«O Autor [Cesare VIVANTE] esclarecia ainda que, para o exercício de tal direito, segundo a regra *solve et repete*, deveria pagar os créditos ligados à mercadoria.

[...]

Mas condicionado também no seu exercício, uma vez que, pretendendo o destinatário dispor materialmente das coisa, passando a detê-las, deverá pagar os débitos que a elas se ligam: «*il diritto è esercitabile solo verso l'adempimento delle prestazione dovute al vettore*». Tratar-se-ia, quanto a esta prestação, não de uma prestação *in obligatione,* em atenção à posição do beneficiário no contrato a favor de terceiro, mas de uma pretação *in conditione (pari passu* ou *"zug um zug"*).

Cfr.A.ASQUINI, *op. cit.,* p.576 ss., *maxime*, p.579 ss., 588 ss.. *Vide*, também, M.IANNUZZI, *op. cit.,* p.144 ss.; G.ROMANELLI, G.SILINGARDI, *Trasporto terrestre, cit.,* p.11 s., *Trasporto nella navigazione, cit.,* p.4 s.

[...]

É certo, porém, que a satisfação do direito do destinatário poderá im-

## Nuno Manuel Castello-Branco Bastos

Finalmente, tem-se entendido que não é de exigir que o interesse do promissário seja de natureza patrimonial, o que

---

plicar o cumprimento das prestações devidas ao transportador, pois que, na realidade, a aceitação das mercadorias arrasta uma adesão aos termos do contrato de transporte. Não se viola, assim, o princípio *pacta tertiis nec nocent nec prosunt/res inter alios acta nec nocere nec prodesse potest* (pois é certo que, neste desenho, *invito non datur beneficium*), uma vez que, mesmo entendendo-se que se está aqui em presença de uma obrigação, e não de um ónus (sobre estas distintas propostas, *vide,* G.Silingardi, *op. cit.,* p.97 s.; *vide,* ainda, a propósito do portador do conhecimento, T.Ascarelli, *L'astrattezza nei titoli di credito,* RDC, 1932, I, p.415 s., n.4), a obrigação do destinatário não prorromperá imediatamente do contrato de transporte, mas tão-só da adesão do destinatário (que, de resto, não tem por que ser expressa verbalmente), momento em que o terceiro «se torna titular *definitivo* do direito que o contrato lhe conferiu» – «*berechtigende Vertrag*» (J.M.Antunes Varela, *op. cit.,* p.387). *Vide* A.Asquini, *op. cit.,* p.590. Cfr. também, a propósito das prestações do destinatário, D.Leite de Campos, *op. cit., loc. cit.*.

Na verdade, disse-se já que o transportador gozaria perante o destinatário de uma excepção, no caso de não pagamento, com a índole de *exceptio non adimpleti contractus*. Sintomática parecerão, pois, os meios de tutela que o nosso ordenamento põe à disposição do transportador perante o destinatário. À semelhança do que já previa o art.390.º do Código Comercial ([o] transportador não é obrigado a fazer a entrega dos objectos transportados ao destinatário enquanto este não cumprir aquilo a que for obrigado»), também o art.21.º do D.L. n.º 352/86, de 21 de Outubro, determina que o «transportador goza do direito de retenção sobre a mercadoria para garantia dos créditos emergentes do transporte».

Cfr. L.Cunha Gonçalves, *Comentário, cit.,* II, p.258, III, 452, M.Iannuzzi, *op. cit.,* p.162 ss., *maxime* 164s..

Como já vimos, para Alberto Asquini, que podemos contar entre os corifeus do contrato a favor de terceiro, o pagamento das prestações conectadas com as mercadorias, e que não terão de se resumir ao frete, apareceria como uma condição do exercício efectivo do direito do destinatário à entrega das mesmas. No entanto, este Autor construía mais de espaço esta ligação. Revê no pagamento dos créditos mencionados o esquema da delegação *solvendi* ou *dandi* passiva (pelo que, em última análise, o carregador-delegante não fica liberto da sua obrigação, se o destinatário-delegado não satisfizer o crédito do transportador-delegatário), pelo que estaríamos, sempre que

igualmente convirá ao desenho das relações entre o exedidor-promissário e o destinatário-beneficiário, pois que não é necessário, para que um transporte seja acordado, que o carregador esteja ligado ao consignatário por um contrato bilateral oneroso.

---

o destinatário devesse pagar, perante «*una vera delegazione (autorizzazione) di pagamento, inserita come condizione nella stipulazione a favore del destinatario*».»

*In* Castello-Branco Bastos, Nuno, *Da disciplina, cit.,* (em itálico), p.179 ss., nota 284.

Cfr. ainda A.Pesce, *Il trasporto internazionale di merci,* Turim, 1995, p.114, n.70.

# §3.º – Espécies de transporte

> Sumário: Transporte simples. Transporte sucessivo: transporte com subtransporte, transporte com reexpedição, transporte cumulativo. Transporte combinado ou multimodal – o operador de transporte multimodal e as regras uniformes CNUCED/CCI. Os diferentes regimes de responsabilidade e os diferentes documentos de transporte (os documentos FIATA e BIMCO, o conhecimento de carga directo ou *through bill of lading*).

> Bibliografia: CUNHA GONÇALVES, Luís da, *Comentário ao código comercial português,* II, Lisboa, 1918, 392 ss.; RAPOSO, Mário, *Transporte e fretamento – algumas questões,* Boletim do Ministério da Justiça, n.º 340 (Novembro/1984), *Estudos sobre o novo direito marítimo –* realidades internacionais e situação portuguesa, Coimbra, 1999.

**11.** *Classificação do contrato de transporte quanto à via de comunição e ao objecto.* Em razão da via de comunicação atravessada, podemos distinguir os transportes terrestre, ferroviário, marítimo, aéreo, e em águas interiores (fluvial e lacustre). Além destes, hoje, já se pode considerar igualmente o transporte espacial.

Atendendo ao objecto transportado, podemos listar o transporte de pessoas e o transporte de coisas (de bagagens, enquanto operação acessória, e de mercadorias). A distinção, não importando uma alteração da espécie transporte, e, logo, não alterando a natureza da relação contratual, sempre levará a consequências no desenho das obrigações emergentes (*v.g.*, obrigação de vigiar

70          *Direito dos Transportes*

sobre a incolumidade de pessoas e a custódia de mercadorias[56]), considerando a presença do passageiro a bordo e a sua proximidade relativamente às operações de transporte, e, considerando, com isso e além disso, as possibilidades de interferência do passageiro, que assim estará obrigado a uma particular colaboração[57] (na verdade, o transportador assume outras obrigações, para lá do dever de deslocar fisicamente um certo *quid*, ora, estas diferenças factuais entre o transporte de pessoas e o transporte de coisas poderão influir sobre a consideração das outras obrigações em causa como sendo de meios ou de resultado, reverberando também sobre o regime da responsabilidade[58]).

**12.** *Classificação em razão do número de transportadores. O transporte complexo. O transporte com múltiplos transportadores.* Desconsiderando, por ora, a frequente intervenção de um intermediário (transitário[59] ou agente, *forwarding agent, spedizionere*), vamos arrolar algumas espécies de transporte complexo, em razão do número de transportadores envolvidos e das vias atravessadas ou dos meios de transporte utilizados.

E também não trataremos agora da eventual distinção entre transportador contratual e transportador de facto, que sucederá

---

[56] *Vide* A.Lefebvre D'Ovidio, G.Pescatore, L.Tullio, *Manuale di Diritto della Navigazione,* Milão, 2000, p.506 s..

[57] *Ibidem.*

[58] Cfr. L.Mengoni, *Obbligazzioni di «risultato» e obbligazzioni «di mezzi»,* RDC, v.LII, 1954, I, p.185 ss.; G.Romanelli, *Il trasporto aereo di persone,* Pádua, 1966, p.44 ss., *maxime,* 48 s. e n.27; G.Mastrandrea, *L'obbligo di protezione nel trasporto aereo,* Pádua, 1994, p.2 ss., 53 ss.; Mercadal, Barthélémy, *Droit des trnsports terrestres et aériens,* Paris, 1996, p.396 s..

[59] Sobre a intervenção deste e do agente de navegação, cfr. Ac.STJ, de 26 de Outubro de 1978, BMJ, n.º 280, 1978, p.256 ss., Ac.STJ, de 27 de Novembro de 1995, CJ/STJ, 1995, V, p.210 ss..

por motivos vários, desde logo, porque o transportador, pelo contrato de transorte, não se obriga a realizar, ele próprio, a deslocação física, antes podendo encarregar outrem de efectuar o transporte, ainda que conserve perante o carregador a qualidade de devedor da prestação[60]. O transportador contratual poderá não ter meios para realizar o transporte, ou poderá não ter meios suficientes para acudir a todos os transportes que aceitou realizar[61].

Assim, a par do transporte simples efectuado inteiramente por um único transportador, teremos diferentes tipos de transportes complexos. Comecemos por analisar a hipótese do transporte sucessivo, isto é, aquele em que intervenham diversos transportadores para diferentes segmentos do percurso (independentemente de se tratar de um transporte que atravesse diferentes vias de comunicação).

Para além da possibilidade de o carregador celebrar diferentes e autónomos contratos de transporte com diferentes transportadores para as distintas fases do percurso, o transporte com transportadores sucessivos pode apresentar diversas sub-espé-

---

[60] Do exposto decorre, pois, a fungibilidade da prestação de transporte, a qual sempre poderá ser afastada por convenção das partes. Neste sentido, cfr. os arts. 1156.º, 1165.º, 264.º, do Código Civil, segundo os quais a prestação de serviços (*genus* de que o transporte é *species*) é fungível, o antigo art.367.º do Código Comercial, e ainda o art.12.º do DL n.º 352/86, de 21 de Outubro, sobre a importância da identificação do navio que há-de realizar efectivamente o transporte marítimo, ou, pelo menos, acerca da identificação, das características e condições que o navio há-de exibir.

[61] Ou então, repartiu-se, por motivos técnicos ou comerciais, ou para uma maior agilidade do tráfego, as rotas ou as quotas de actividade transportadora, não obstante acontecer que, em certos casos (por exemplo, no domínio do transporte aéreo), o passageiro ou o carregador tenham meios para se aperceber de que o transportador contratual não realizará *de facto* o transporte, e mesmo para saber de antemão quem será o transportador factual.

cies, (que, naturalmente, encontraremos sobretudo no domínio do transporte de mercadorias)[62] [63].

Vejamos alguns destes casos.

Transporte com subtransporte: neste, o transportador inicial assumirá para com o transportador (ou transportadores) sucessivo(s) a posição de expedidor, pois que é ele quem celebra com este(s) os contrato(s) de transporte para o percurso(s) sbsequente(s). O transportador inicial assumiu, por conseguinte, a obrigação correspondente a todo o percurso acordado como expedidor inicial, respondendo pelos danos ocorridos em qualquer das fases do trajecto[64].

Transporte com reexpedição ou "serviço de correspondência"[65]: neste, o transportador celebrará com o transportador subsequente o novo contrato, só que actuando por conta do carregador, enquanto mandatário (ou até transitário). Já se vê que, nesta espécie, o transportador responderá tão-só pelos danos sobrevindos na parte do trajecto inicial.

Transporte cumulativo: neste, encontraremos um contrato unitário que unirá um carregador a diversos transportadores,

---

[62] Apesar de se aludir a uma fase inicial do percurso acordada com um transportador, também dito inicial, qualquer dos transportes complexos que mencionamos podem surgir num estádio intermédio ou no estádio final do percurso pretendido pelo carregador para as mercadorias.

[63] Para uma regulamentação especial do transporte sucessivo, cfr. art.34.º ss. CMR e o art.30.º da Convenção de Varsóvia.

[64] Mas, reconhecendo a possibilidade de o interessado na carga demandar directamente o subtranportador, já não com fundamento em responsabilidade delitual, mas recorrendo à teoria da eficácia externa das obrigações, *vide* Ac. STJ, de 25/X/1993, BMJ, n.º 430, p.455.

[65] *Vide* A. Asquini, *Trasporto di cose (contratto di)*, Nss.Dig.It., XIX, p.597 s.. Cfr., todavia, em sentido não inteiramente coincidente, antes descrevendo-o como podendo também corresponder ao subtransporte, L.Cunha Gonçalves, *Comentário ao código comercial português*, II, Lisboa, 1918, p.397 s., 445.

obrigando-se cada um a realizar uma ou mais fases do percurso integral. Salva estipulação das partes em contrário, podemos deparar-nos, nesta modalidade, com um regime de responsabilidade solidária ou, pelo menos, com um regime adequado à pluralidade de devedores de uma obrigação indivisível (uma sorte de solidariedade mitigada ou impura), não obstante possam existir normas imperativas que, para cada um dos tipos de transporte (em razão da via de comunicaçao e, logo, atendendo a quanto prescreva a disciplina interna ou internacional em cada caso), regulem especialmente a responsabilidade[66] – cfr. art.1.º CIM, art.34.º ss. CMR e arts. 1.º, n.º 3 e 36.º da Convenção de Montreal. Geralmente, ainda que não necessariamente, um único documento de trasporte acompanhará este transporte, e com as condições nele inscritas acabarão por concordar todos os transportadores sucessivos, tendo, contudo, oportunidade para apor as reservas que se lhes antolhem.

É costume dizer que, nesta modalidade, e mau grado venha a ser dividido em diversas fases, cuja execução ficará a cargo de diversos transportadores, o transporte, na sua globalidade, é encarado como uma prestação unitária, o que é conhecido de todos os transportadores da cadeia[67]. Tratar-se-á, por conseguinte, de

---

[66] Assim, *v.g.*, o Código Civil italiano só prevê um regime de responsabilida solidária para o transporte cumulativo de coisas (art.1700.º ), mas já não assim para o transporte cumulativo de pessoas (art.1682.º ), o que era explicado por só no transporte surgir a obrigação de custódia, com a entrega da coisa ao transportador, assim se distanciando esta do expedidor, e por, inversamente, no transporte de pessoas, ser muito mais relevante a cooperação do credor, o qual, de certo modo, poderia sempre *in loco* fazer um certo "controlo" da prestação. Cfr. G.ROMANELLI, *op. cit.*, p.51, n.35.

[67] Como refere Silvio BUSTI, pode mesmo suceder que um transporte com subtransporte se venha a converter num transporte sucessivo de tipo cumulativo, desde que a isso aquiesçam o transportador principal e o(s) subtransportador(es) – BUSTI, Silivio, *Contratto di trasporto aereo, in* Trattato di diritto civile e commerciale, dirigido por Antonio CICU, Francesco MESSINEO e Luigi MENGONI, Mlão, 2001, p.410 e 571, *ad notam.*

# 74 *Direito dos Transportes*

uma obrigação indivisível[68], obrigando-se os vários transportadores sucessivos à realização do persurso na sua totalidade.

Será ainda curial ter presente que um vínculo cumulativo (que, como anotava Silvio BUSTI, não se confundirá com os «transportes cumulados», isto é, uma cumulação ou sequência de distintos transportes para diferentes fases do percurso, seja porque o transportador principal subcontrata, seja porque se verifica uma reexpedição, *proprio sensu*) pode originar-se por modos diferentes[69]. Assim, poderá *ab initio* surgir um contrato celebrado com uma pluralidade de transportadores que assumem a obrigação de prover ao transporte na sua totalidade. Mas já se defendeu que essa configuração contratual poderá ser acordada apenas em momento posterior, com o assentimento do próprio carregador[70]. E poderá ainda suceder que os transportadores subsequentes vão aceitando essa obrigação em momento posterior, aderindo, por exemplo, às condições ligadas a um único documento de transporte (*v.g.*, um documento de tipo "directo") – como refere Silvio BUSTI, tudo se passando como se os transportadores sucessivos aderissem «à proposta "aberta" do expedidor [...] comunicada [...] pelo transportador precedente na qualidade de *nuncius* [71] [72]».

---

[68] Cfr., *inter alia*, A.Asquini, *op. cit.*, p.598; G.Romanelli, *op. cit.*, p. 78, 176 s.; B.Mercadal, *op. cit.*, p.151 s.; A.Pesce, *op. cit.*, p.237 ss..

[69] Cfr. S.Busti, *op. cit.*, p.409 s..

[70] Daí que, por exemplo, uma cadeia de subtransportes se possa converter num verdadeiro transporte cumulativo (cfr. *supra*), contanto que todos os transportadores envolvidos se mostrem dispostos a ficar vinculados a uma obrigação unitária e indivisível – *vide* S.Busti, *op. cit.* p.410.

[71] S.Busti, *op. cit., loc. cit.*.

[72] Embora nada pareça impedir que actue como um representante ou como mandatário do expedidor.

**13.** *Segue: o transporte combinado (ou "multimodal").*
Quando o transporte implicar o recurso a diferentes meios de transporte, destinados a vias de comunicação também diferentes, estaremos perante um transporte combinado ou multimodal, o qual, *hoc sesu*, envolverá diferentes transportadores, ainda que, como de resto poderá suceder em todos os transportes sucessivos, um dos transportadores possa assumir o encargo de realizar (*scl.* fazer realizar) o transporte completo[73]. Na verdade, no que toca ao transporte misto ou combinado, ele poderá integrar-se em qualquer das espécies de transporte com pluralidade de transportadores.

Encontraremos diferentes regimes de responsabilidade, de acordo com as obrigações assumidas pelo transportador e consoante haja ou não um único contrato e um único documento de transporte. É precisamente no âmbito de um transporte com pluralidade de transportadores, em que possamos deparar tão-só com um vínculo contratual, que surgirá um conhecimento de carga directo, *through bill of lading*[74] – que poderá, na verdade,

---

[73] Devemos ainda considerar a intervenção do transitário (mero comissário do carregador ou verdadeiro transportador, no sentido de que assume contratualmente a obrigação do transporte) ou de um "operador de transporte multimodal" (OTM) – note-se que as empresas transitárias desenvolvem funções múltiplas e assaz variadas, aparecendo o transitário sob as vestes de mandatário, transportador, OTM. Por isso, a indagação da sua função, *ergo*, da sua obrigação contratual ante o interessado na carga, é uma questão que dependerá da própria indagação dos factos e acordos relevantes em cada *fattispecie* (em geral, a prova da posição contratual assumida pode passar por uma atenta investigação das circunstâncias do contrato, das notas trocadas entre as partes durante a negociação e da prática negocial anterior dos sujeitos envolvidos).

[74] Assim, a contraparte do expedidor poderá ser uma frente de transportadores – Cfr. M.ANDRADE, *Teoria geral da relação jurídica,* Coimbra, 1987, Livraria Almedina, pág.38.. Cfr. G.ROMANELLI, G.SILINGARDI, *Trasporto, II-Nella navigazione marittima e aerea, cit.,* pág.2 e s., *Titoli rappresentativi di merci,* Enciclopedia Giuridica, p.9, que, todavia, lembram ser raro o caso de respon-

servir de documento para titular qualquer tipo de transporte com pluralidade de transportadores, em qualquer das modalidades descritas, apresentando a vantagem de, à partida, fornecer ao carregador um único documento correspondente ao inteiro trajecto, e que, estando isento de reservas, facilmente lhe permitirá negociar a mercadoria[75].

Este tipo de transporte, organizado desde o início (*de bout en bout* ou "porta-a-porta") assistiu a um incremento notável após a II Guerra Mundial, como também aconteceu com o próprio transporte rodoviário, mercê do fenómeno da contentorização. Havia-se encontrado um recipiente capaz de ser mais facilmente embarcado nos diversos meios de transporte, sem que as trasladações da mercadoria atrasassem significativamente o transporte. De resto, não é por acaso que a Convenção sobre o transporte de mercadorias por estrada só aparecerá em 1956, e já se ocupará no seu art.2.º do chamado transporte combinado, embora na modalidade designada de transporte sobreposto (sem que haja ruptura de carga).

Para o transporte combinado[76], vem-se convergindo num sistema de responsabilidade em rede (*réseau, network*). Neste

---

sabilidade solidária, no âmbito do transporte marítimo de mercadorias. Ora, não se tratando de um "transporte cumulativo", poderá a *through bill of lading* dar cobertura a um transporte com subtransporte ou a um transporte com reexpedição (neste, o transportador anterior apenas celebrará um novo contrato com o transportador sucessivo, por conta do carregador). Este título, mercê da inexistência de um consolidado regime uniforme internacional (apesar das regras unniformes da CCI), poderá ainda associar-se a verdadeiros transportes mistos ou combinados, isto é, transportes que atravessam distintas vias de comunicação.

[75] Assim, S.ZUNARELLI, *Lezioni di Diritto della Navigazione,* Bolonha, 2000, p.160 s..

[76] Este pode ser desenhado como um verdadeiro transporte "porta--a-porta", sem embargo de se dever notar que este não terá de andar associado a um dos *Incoterms* da categoria "D", através dos quais o vendedor se compromete a fazer chegar as fazendas ao estabelecimento do comprador,

sentido vão a Convenção das Nações Unidas, de 24 de Maio de 1980, sobre o transporte multimodal, as regras uniformes CNUCED/CCI (UNCTAD/ICC) e os documentos de transporte combinado que circulam contendo contratos tipificados[77]. É precisamente esta a via seguida na Convenção, como, de resto, seria trilhada pelas regras uniformes da Câmara de Comércio Internacional. Mas isto apenas quando seja identificado o segmento de transporte em que ocorreu a causa do dano. A não ser assim, ambos os diplomas se preocupam em criar um regime de responsabilidade unitário para o operador de transporte multimudal

---

assumindo o risco do perecimento das coisas durante a viagem, pois que estes fixam as condições do contrato celebrado entre vendedor e comprador, num venda internacional ou "praça-a-praça", em nada afectando directamente regulação jurídica do transporte. Trata-se de contratos distintos. Sucede, porém, que, sempre que o vendedor-carregador se haja obrigado a contratar o transporte, nas condições deste deverá ter em conta as obrigações que assumiu perante o comprador-destinatário, mas isso não é mais do que a esperada influência que a relação de valuta surte sobre a relação de provisão.

[77] *V.g.*, o COMBIDOC (*Combined Transport Document*), editado pela BIMCO-*Baltic and International Maritime Conference*, em 1977, e revisto e actualizado pelo MULTIDOC 95, já se baseando nas regras uniformes CNUCED/CCI, também editado pela BIMCO, com base nas regras uniformes CCI/CNUCED, o COMBICONBILL (*Negotiable Combined Transport Document/Bill of Lading*), adoptado pela BIMCO, em 1971, e que já aplica ao transporte combinado um regime fundado nas Regras de Haia-Visby, ou o FBL (*Fiata Bill of Lading- Negotiable FIATA Multimodal Transport Bill of Lading*), editado pela FIATA-*The International Federation of Freight Forwarder's Association*, que também se funda nas regras uniformes, os documentos que cobrem o transporte mar-ar. Note-se que, segundo as Regras Uniformes CNUCED/CCI, o documento de transporte multimodal poderá ser negociável, caso em que assumirá também a função de título representativo das mercadorias (para além daquelas de prova do contrato e de recibo das fazendas). Se os documentos mais antigos se aproximavam mais do desenho do projecto de convenção sobre o transporte combinado UNIDROIT/CMI e da Convenção de Genebra de 1980 (citada em texto), os mais recentes colhem inspiração nas Regras de Haia-Visby e nas Regras Uniformes CNUCED/CCI.

(OTM), a Convenção de 1980 baseando-se, *grosso modo*, na Convenção de Hamburgo de 1978, e as regras uniformes CCI na Convenção de Bruxelas de 1924[78]. Mas, assim também, o art.2.º da Convenção CMR e o art.31.º da Convenção de Varsóvia – esta norma mantém-se no art.39.º da Convenção de Montreal de 1999), impondo ou permitindo a aplicação a cada fase do percurso das normas e Convenções próprias de cada tipo de transporte ou via de comunicação.

Desta sorte, para cada fase do trajecto reserva-se a aplicação do regime de resposabilidade que lhe é próprio. As normas imperativas uniformes ou internas são assim aplicáveis a cada segmento do percurso, e, assim, por exemplo, a Convençao de Bruxelas à fase marítima, a de Varsóvia e, agora, a de Montreal àquela aérea, a CMR à parte terrestre da viagem. E o mesmo poderá suceder no transporte de pessoas.

Assim será, pelo menos, sempre que se apure em que segmento do percurso ocorreu a causa do dano sofrido. Na verdade, nada impede que o primeiro transportador (ou o designado "operador de transportador multimodal"[79])[80] assuma a responsabili-

---

[78] Cfr. M.REMOND-GOUILLOD, *Droit maritime*, Paris, 1993, p.391 ss.; B.MERCADAL, *op. cit.*, p.332 ss..

[79] Designação sugerida pelo IDIT-*Institut du Droit International des Transports*.

[80] Já quando é emitido um conhecimento de carga directo (*Through Bill of Lading*), é frequente assumir o primeiro transportador a responsabilidade apenas por uma das fases do percurso, por exemplo, aquela marítima, obrigando-se tão-só, a encontrar transportadores para as demais fases do transportes, a título de mandatário do carregador. Todavia, o armador que emita este conhecimento, embora possa não responder pela fase não marítima do transporte, já não poderá limitar a sua responsabilidade no que toca à fase marítima, pois que está sujeito ao regime imperativo da Convenção de Bruxelas de 1924 (naturalmente, sempre que se trate de um transporte subsumível ao campo de aplicçaõ espacial e material da mesma, ou quando a aplicção da disciplina uniforme for convencionada pelas partes, e, neste caso, desde que não colida com o regime imperativo da *lex contractus*, isto é, da

dade pela totalidade do transporte, respondendo de acordo com o regime próprio da via de comunicação em que haja ocorrido o facto que origine o prejuízo, e sem prejuízo de poder depois agir contra o transportador que, realmente, realizou essa parte do transporte, sempre que se estabeleça a responsabilidade do mesmo. Mas, ainda assim, a responsabilidade será regulada de acordo com os regimes imperativos correspondentes a cada fase do transporte (a cada tipo de transporte ou via de comunicação).

Como já vimos, vem-se aludindo, também, à figura do operador de transporte multimodal (OTM) e à disciplina prevista para este tipo de transporte e para este operador, pelas regras uniformes CNUCED//CCI (UNCTAD/ICC), criadas pela CCI em 1973, e revistas em 1975 e, depois, novamente, agora com a colaboração da CNUCED, em 1991 (publicações CCI n.º 481)[81]. Aqui, o operador de transporte multimodal é visto como a parte do contrato que se obriga a fazer transportar a mercadoria, que percorrerá um trajecto combinado, envolvendo diferentes vias de comunicação e, provavelmente, diferentes transportadores *de facto*.

---

lei nacional competente segund o direito internacional privado do foro). Neste caso, então, este documento não receberá as regras uniformes CNUCED/CCI, diferentemente do que sucede com a maioria dos documentos de transporte combinado.

[81] Assim, *v.g.*, o o n.º 4 do art.6.º, destas Regras, determina que «[*w*]*hen the loss of or damage to the goods occurred during one particular stage of the multimodal transport, in respect of which an applicable international convention or mandatory national law would have provided another limit of liability if a seperate contract of carriage had been made for that particular stage of transport, then the limit of the MTO's [mulitmodal transport operator] liability for such loss or damage shall be determined by reference to the provisions of such convention or mandatory national law*».

**14.** *Actividades e contratos relacionados com a actividade transportadora. O transitário.* Claro que outras personagens podem intervir na organização de um transporte, tanto mais se considerarmos que a distância forçará as partes "principais" a recorrer a representantes, mandatários, comissários, em suma, a "intermediários", que, por exemplo, melhor conheçam praças distantes e os transportadores que aí operam, bem como os respectivos tarifários de frete, e estejam em condições de mais expeditamente celebrar os necessários contratos de transporte. Entre tais actores, uns estarão mandatados pelo carregador, outros pelos próprios transportadores (sendo, eventualmete, seus verdadeiros representantes).

É também neste cenário, mais do que povoado, que se insere a intervenção do transitário como "arquitecto de transporte". Note-se, porém, que podem ser distintos os papéis que o transitário pode desempenhar, ora de mero comissário, ora de verdadeiro transportador (contratual, ainda que não necessariamente efectivo). O seu papel só poderá rigorosamete identificado atendendo ao conteúdo das obrigações que contratualmente assuma, ainda que profissionalmente se identifique como transitário. Podem, assim, ser apontados vários índices para a precisa identificação do papel de transitário, como sejam, a discricionaridade que possa ter na sua actuação, concedida por quem o contratou, o tipo de correspectivo prestado pelo carregador, o facto de ter emitido documentos de transporte e o modo como os emitiu (se em nome próprio, se *alieno nomine*), e, precipuamente, o estrito conteúdo de quanto se obrigou a prestar ao expedidor (saber se se comprometeu a transportar ou a realizar o transporte, por meios próprios ou alheios, ou, por outro lado, se tão-só s obrigou a celebrar o contrato de transporte, ou, de outro modo, a organizá-lo, praticando os necessários actos jurídicos para que ele aconteça) – cfr. DL n.º 255/99, de 7 de Julho, sobre a actividade transitária, revogando o DL n.º 43/83, de 25 de Janeiro.

Não significa a nova regra de responsabilidade deste diploma de 1999 (art.15.º) que se tivesse querido abolir o contrato de prestação de serviços do transtário, tal como era habitualmente delineado, pelo qual este actuaria como mandatário e como prestador de serviços, comprometendo-se a celebrar os contratos necessários para que o transporte se realizasse, sem pr isso assumir, ele próprio, a obrigação própria do transportador; poderia, outrossim, assumir a obrigação de praticar ceros actos materiais que se não traduzissem na deslocação física da mercadoria.

E, por isso e porque não é ele o transportador, mas mero mandatário ou representante, sempre a posição de transportador será envergada por aquele com quem o transitário acabou por contratar, na sequência das instruções do carregador-mandante/representado. E também por isso, o expedidor sempre poderá exigir do transportador o cumprimentoda sua prestação e a devida idemnização em caso de dano, pois que, perante ele, não será o transitário a ocupar a posição contratual de transportador.

Claro está que, tanto ao abrigo do regime de 1983, como ao abrigo deste de 1999, o transitário será também o próprio transportador, sempre que assuma directamente o compromisso de transportar as mercadorias, por meios próprios ou recorrendo a outrem para o exercício material da deslocação da carga[82]. Saber se o transitáro celebrou com o expedidor um verdadeiro contrato de transportes haverá de depender da averigução da vontade das partes e do conteúdo convencional do contrato, podendo ainda auxiliar-nos certos indícios que rodeiam as relações entre o expedidor e o transitário, ou até as relações deste com o transportador efectivo das mecadorias, a quem o mesmo haja recorrido.

---

[82] Cfr., *inter alia*, Acs. STJ de 17 de Novembro de 1994, de 18 de Abril de 1996, de 11 de Março de 1999, de 17 de Maio de 2001, de 15 de Maio de 2003 e de 25 de Setembro de 2003.

Ao ditar para o transitário um regime de responsabilidade que o leva a responder como responderia o transportador, qualquer que tenha sido o objecto do contrato que ele celebrou com o expedidor, talvez a lei tenha querido obviar, precisamente, às muitas dificuldades que amiúde se levantam no momento de determinar qual foi a obrigação assumida pelo transitário, se a própria de um mandato, actuando como transitário-comissário, se aquela de um verdadeiro transportador, actuando como transitário-transportador; e, assim, acabou por se reforçar a protecção concedida ao carregador perante o emaranhado de intervenientes que envolvem a realidade do transporte. No fundo, porém, sempre que o transitário não tenha assumido a origação de transportar, então, acabará por responder objectivamente pelos actos praticados por outrem, acabando por se aumentar a porção de risco que o transitário deverá suportar neste domíinio de actividade social. E, destarte, se acabou por aproximar o regime do transitário da-quele que governa a prática do *commissaire de transport* francês (enquanto distinto do *transitaire*, cuja disciplina é mais próxima daquela prevista pelo diploma anterior, que, no que tange ao regime geral da sua responsabilidade[83], também irmanava o nosso transitário, *v.g.*, ao *spedizionere* italiano e ao *transitario* espanhol).

Podemos ainda arrolar outros intervenientes e itermediários na organização do transporte, como, além de comissários[84] ou

---

[83] Mau grado o *transitaire* não seja livre na organização do transporte, ficando sujeito a instruções mais estritas do expedidor; todavia a mesma entidade poderá desenvolver ambas as funções. Cfr. Acs. STJ de 10/V/1998, BMJ, n.º 377, p.461, e de 6/III/2003, *in* http://www.dgsi.pt.

[84] Note-se que o *commissionaire de transport* francês, talvez não corresponda inteiramente ao transitário português ou espanhol, ou ao *spedizionere* italiano, estando submetido a um regime singular, por exemplo, na medida em se responsabiliza perante o carregador como se fora o transportador, apesar de também ser incumbido de "arquitectar" o transporte "porta-a-porta" – já, por outro lado, o *transitaire* poderá aparecer como um mero

mandatário do expedidor, e, tal como o *spedizionere*, apenas responde por culpa no cumprimento da obrigação de cumprir os actos jurídicos para que o transporte se realiza, nomeadamente, responde pela não conclusão do contrato de transporte. Cfr. B.MERCADAL, *Droit des transports terrestres et aériens,* Paris, 1996, p.9 ss.. Esta figura chegou a ser importada pelo Código de 1833, contrapondo-se ao corretor de transporte, este sendo um mero intermediário e o comissário de transportes contratando em seu próprio nome. Cfr. L.CUNHA GONÇALVES, *op. cit.*, p.398 s., justamente lembrando a garantia prometida pelo comissário, enquanto verdadeiro comissário *del credere*. Mas, segundo parece decorrer do n.º 1 do art.15.º, do DL n.º 255/99, de 7 de Julho, nada tolhe que o transitário possa actuar à guisa de comissário de transporte, tudo parecendo depender das condições pactuadas – ou, de outro modo, tudo poderá depender de o transitário assumir ou não as vestes de verdadeiro transportador contratual. Este último caso, e portanto a possibilidade de o transitário assumir as vestes recuperadas do comissário de transporte, conquanto seja o regime que parece decorrer do novo diploma, não parece tolher que, ainda assim, uma empresa transitária possa obrigar-se como se obrigava o transitário do DL n.º 43/83, de 25 de Janeiro, ou seja, comprometer-se-ia apenas a actuar como intermediário, a praticar todos os actos necessários para a realização do transporte, mas sem se responsabilizar pelos danos deste resultantes, isto é, actuaria, por exemplo, como mandatário e/ou representante do expedidor – todavia, neste caso, o acordo com o cliente não se fará mediante mera adesão às condições gerais aprovadas pela APAT. Tratar-se-ia tão-só de uma outra função da empresa transitária, que não parece contrariar o seu objecto funcional, para além de não vermos razões para não deixar esse espaço à liberdade negocial, tanto mais que, em geral, as empresas transitáias não ocupam uma posição monopolísitica. A não ser assim, e adoptando a actividade transitária, *stricto sensu*, conforme foi renovadamente definida no diploma de 1999, acabará por ser responsabilizado, como que objectivamente, ou como se fora o transportador contratual perante o expedidor – quiçá não se pudesse ter alterado a designação da função, recuperando a figura gaulesa do comissário de transporte, ao invés de apenas importar o seu regime, eventualmente para a prever ao lado da função do transitário, *stricto sensu*, mais próxima da do antigo corretor de transportes, conforme era previsto pelo diploma de 1983.

Mas, de outra banda, sempre que o *spedizionere*, por exemplo (como sucederia, de resto, com o transitário português, à luz do regime de 1983), prepostos "inominados" vários, os agentes de navegação, ou consignatários dos navios (cfr. DL n.º 76/89, de 3 de Março), os agentes de viagens (cfr. DL n.º 209/97, de 13 de Agosto), os *brokers* ou corretores de transportes.

---

assuma perante o expedidor a obrigação de transportar, assume também, perante este, a qualidade de transportador (contratual) – daí que se aluda ao *spedizionere-vettore*.

# CAPÍTULO II
## O transporte rodoviário de mercadorias

Sumário: Disciplina interna. Disciplina internacional uniforme. A responsabilidade do transportador. Os documentos de transporte.

Bibliografia: CUNHA GONÇALVES, Luís da, *Comentário ao código comercial português,* II, Lisboa, 1918, 392 ss.; SÁ CARNEIRO, Responsabilidade civil e criminal por acidentes de viação, Revista dos Tribunais, n.º 81, p.195 ss.; FERRER CORREIA, António Arruda de, *Lições de direito comercial,* v.I e III, Coimbra, 1975; FERREIRA DE ALMEIDA, Carlos, *O contrato de transporte no Código Civil,* Revista dos Tribunais, n.º 87, p.147; ALMEIDA COSTA, Mário Júlio de, *Direito das obrigações*, Coimbra, n.º 30.2.1., 48.2, 52 (*maxime,* 52.1, 52.2, 52.2.4.), 94; ANTUNES VARELA, João de Matos, *Direito das obrigações,* I, Coimbra, 1998, p.418 ss., 678 ss.; PROENÇA, Alfredo, *Transporte de mercadorias por estrada,* Coimbra, 1998.

## §1.º – Disciplina interna

**15.** *O regime interno e o seu âmbito de aplicação.* Quanto ao transporte rodoviário de mercadorias, deveremos apelar para o recente DL n.º 239/2003, de 4 de Outubro, o qual contém um regime quase idêntico ao da Convenção de Genebra de 1956 (CMR), sem embargo de nos conseguir deixar algumas perplexidades. Mas estudá-lo-emos *infra*, a propósito do regime da responsabilidade e dos documentos de transporte.

86 *Direito dos Transportes*

Desde logo, por qualquer motivo, empenhou-se o legislador em definir o contrato interno, e, no art.1.º e no n.º 1 do art.2.º, fez questão de sublinhar que o diploma se aplicava tão-só ao transporte interno, mas acabou dizendo mais do que queria. Temos de concluir assim, se acharmos que ainda há redenção para este diploma. Não parece que fosse intenção do legislador transformar as normas deste diploma em normas espacialmente autolimitadas, que restringissem o seu campo de aplicação, de modo a não serem aplicadas a um transporte internacional, tanto mais que o diploma é quase uma cópia da Convenção CMR, precisamente das normas que foram pensadas para um contrato dotado de elementos de estraneidade. Para mostrar que o diploma não se sobreporia às normas internacionais, isto é, que não se aplicaria a um contrato que coubesse no âmbito de aplicabilidade espacial da Convenção de Genebra, bastava o art.8.º da Constituição e a boa doutrina. Mas é outrossim óbvio que este diploma seria de aplicar, sempre que em Portugal se devesse julgar um litígio que tivesse por objecto um contrato de transporte rodoviário de mercadorias que não coubesse no âmbito de competência espacial da Convenção, e para o qual, segundo o sistema conflitual português[85], competente viesse a ser precisamente a lei portuguesa, qual *lex contractus*. A não ser assim, que normas aplicar? Tão-somente as normas de direito comum sobre a prestação de serviços, eventualmente, *ad absurdum*, complementadas com outros diplomas que se ocupem do transporte, por exemplo, daquele marítimo? Certamente que não.

---

[85] Incluindo as regras de conflitos da Convenção de Roma citadas *supra*.

## §2.º – O âmbito de aplicabilidade da disciplina internacional uniforme

**16.** *O âmbito de aplicação espacial da CMR.* A Convenção de Genebra de 1956 (CMR), tal como a Convenção de Varsóvia sobre o transporte aéreo, de 1929, sofreu a influência normativa da Convenção de Berna, sobre o transporte ferroviário internacional de mercadorias (CIM), de 1890. Esta pioneira da era das unificações de direito substantivo foi objecto de oito revisões, até que, por altura da terceira, em 1924, em Berna, foi também assinada a Convenção sobre o transporte ferroviário internacional de passageiros (CIV), que entraria em vigor em 1928. Por fim, em 1980, viriam a ser aglomeradas num sistema conjunto, através da Convenção COTIF, que conteria dois grupos de regras uniformes, as RU-CIM e as RU-CIV. Esta convenção viria também criar, dotando-a dos respectivos Estatutos, uma organização internacional que superintendesse ao cumprimento das regras uniformes, a OTIF, e que se destinaria a render a antiga União de Berna, criada logo em 1890[86].

A CMR destina-se somente a disciplinar os contratos de transporte que sejam internacionais. A internacionalidade, ou a

---

[86] Cfr. B.Mercadal, *op. cit.,* Paris, 1996, p180 s.. O sistema COTIF, que já sofreu várias revisões, mesmo para o adequar ao direito comunitário, fornece ainda regras sobre o transporte de mercadorias perigosas (RID), o transporte em contentores (RICo), o transporte em *wagon-lit* (RIP – *sic*), e o transporte urgente (RIEx).

estraneidade, do contrato, como sucede nas demais convenções que estudaremos, será um requisito da aplicação/aplicabilidade da sua disciplina. Estas convenções, pretendendo resolver/evitar o problema do conflito de leis, têm em mira um particular escopo de unificação jurídico-substantivo, pelo que as suas serão normas de direito internacional privado material. Assim, há-de tratar-se de um transporte em que o local de carregamento e de entrega acordados contratualmene se encontram em países diferentes. Para a definição desta internacionalidade, interessarão, pois, os locais previstos pelas partes para estes efeitos, o que se pecebe, quando se considera a teleologia normativa destas convenções, na medida em visam garantir a previsibilidade do direito e a segurança jurídica das partes, partilhando assim destes objectivos próprios do direito internacional privado; e é por isso também que se empenham em estender, tanto quanto possível, o esforço da unificação normativa, a qual também se subordina funcionalmente à prossecuçao desses objectivos formais. Deixar de aplicar a CMR, só porque a entrega acabou por ocorrer no país de onde haviam partido as mercadorias, ao contrário do que havia sido projectado, seria contrariar a expectativa fundada das partes na aplicação da disciplina material uniforme, pois que se deveria, então, recorrer ao sistema conflitual, a fim de escolher a lei interna competente. E convenha-se em que o local da entrega efectiva sempre poderá diferir do que haja sido acordado, em virtude das mais variadas vicissitudes, ora porque o veículo venha a ter problemas técnicos, preferindo o interessado na carga a entrega em local diferente, ora porque o carregador, *v.g.*, por qualquer motivo relacionado com a relação de valuta que o une ao destinatário, exerce o seu direito de contra-ordem, alterando o local de entrega.

Por outro lado, servindo o princípio da não-transactividade, e porque seria injusto aplicar a CMR a um contrato que não se ligasse ao espaço geográfico dos Estados signatários, pois que as partes jamais poderiam contar com essa disciplina, então exige ainda o art.1.º que, pelo menos, um dos locais mencionados se situe no território de um Estado parte. Esta será a conexão que, desencadeando a competência espacial da disciplina uniforme da CMR, uma vez verificada *in casu*, também imporá inderrogavelmente a sua aplicação. Trata-se de uma conexão objectiva, ainda que subjectivamente definida, pois que, como dissemos, só interessará a previsão contratual desse local, pelas partes. Mas, de outra banda, nenhum relevo espacial terão as conexões subjectivas, *stricto sensu*, isto é, a nacionalidade ou a residência das partes do contrato.

O âmbito de aplicabilidade espacial e imediato da CMR vem recortado pela conexão que origina a competência do regime convencional, apresentada, assim, logo no art.1.º. Essa aplicação será, pois, imperativa e inderrogável, prevalecendo sobre o direito interno dos Estados contratantes, mesmo sobre o respectivo direito de conflitos, como resulta dos arts.4.º e 41.º /CMR.


**17.** *O âmbito de aplicação material da CMR.* Analisemos, agora, o seu âmbito de aplicação material (art.1.º). O contrato ficará sujeito à Convenção desde que apresente os requisitos materiais de aplicação (para além do requisito da internacionalidade e da conexão espacial ao território dos Estados signatários, isto é, o lugar previsto do carregamento ou o lugar previsto de destino, pelo menos, um deles deverá ser situado num dos Estados contratantes). A espécie contratual abrangida por esta disciplina encontra-se definida no art.1.º: deverá ser um contrato de mercadorias por estrada oneroso, não se incluindo os envios postais já regulados internacionalmente, os transportes funerários e os transportes de *démanagement*.

Acresce que, apesar da diatribe que este preceito suscitou, e que particularmmente ocupou a jurisprudência italiana, o transporte rodoviário, assim definido, ficará sujeito ao regime da convenção, mesmo que se não cumpre quanto exige a al. k) do n.º 1, do art.6.º, segundo a qual, na declaração de expedição, se deveria referir que o transporte por ela titulado deveria, precisamente, «ficar sujeito ao regime estabelecido por esta Convenção a despeito de qualquer cláusula em contrário»[87]. Na verdade, não fazer depender a aplicação do regime uniforme desta menção é quanto exige a natureza inderrogável do regime, isto é, será a conseqência necessária da imperatividade desta disciplina internacional – cfr., aliás, o art.4.º (princípio da consensualidade[88]), que prevê a alicação da CMR, mesmo na ausência de documento escrito, e o art.7.º, n.º 3 (que, expressamente, prevê o caso da não menção da sujeição ao regime da CMR, ligando-lhe mesmo uma particular consequência jurídica) –; de outro modo, perderia sentido a natureza imperativa do regime, pois que ao transportador bastaria omitir tal menção para se lhe furtar, eventualmente, aproveitando da sua posição económica ou acidentalmente mais forte, e, ainda que a falta de menção se pudesse reconduzir à real vontade de ambas as partes, acabariam por se não realizar os objectivos públicos e/ou equitativos que os Estados visaram com a celebração da Convenção[89].

---

[87] Esta indicação é já feia quando com geralmente acontece, o formulário impresso da declaração de expedição apresente, no canto superior esquerdo, a menção realçada e em maiúsculas «CMR».

[88] Cfr. Acs. STJ de 17 de Maio de 2001 e de 24 de Junho de 2003.

[89] Nas palavras de Angelo Pesce, «[i]l contemporamento degli interessi privati e collettivi nel trasferimento delle merci e nei rapporti ad esso collegati è, come più volte posto in evidenza, la fonte delle regole uniformi in materia di trasporto internazionale delle merci» – Il trasporto cit., p.205 s., ad notam. E a persistência de um interesse público, isto é, a ligação da actividade de transporte à realização do bem comum, acaba também por nos desvendar o princípio da justificação dessa que é a apregoada tendência para a objectivação da responsabilidade neste domínio, a qual, em geral, como juristas e moralistas já sublinharam, tem de estar supeditada em exigências de justiça de tipo distributivo.

Já o diploma de 2003, coicidindo *grosso modo*, nesta definição do âmbito material de aplicação (art.2.º, n.º 1 a 4), não exige, porém, que se trate de um contrato oneroso, pelo que se deverá também aplicar ao transporte gratuito (enquanto este se distingue daquele meramente amigável ou de cortesia), ainda que, no domínio de uma empresa de transportes este seja raro, posto que não necessariamente contrário ao princípio da especialidade do fim social da pessoa colectiva em causa.

Por fim, a CMR estende o seu âmbito material em dois sentidos: a outras prestações a que o trasportador se obrigue, nomeadamente, a cobrança do preço da mercadoria transportada (art.21.º; o mesmo sucedendo internamente, no art.8.º do Decreto-Lei que vimos citando) e a certos aspectos relativos ao transporte complexo combinado ou multimodal, desde que a mercadoria não seja descarregada do veículo terrestre que é transportado a bordo de outros meios de transporte (art.2.º ), ditando um regime especial para este caso, dito de transporte(s) sobreposto(s)[90]. Para estes casos prevê-se a já mencionada disciplina em rede, ficando cada parte do trajecto sujeita ao regime próprio do respectivo meio/via de comunicação, ainda que as várias partes do percurso, atravessando diversas vias, sejam realizadas pelo mesmo transportador.

---

[90] Cfr. *supra*. Sobre os *transports superposés*, cfr. J.PUTZEYS, *Le contrat, cit.*, p.94 ss..

## §3.º – A responsabilidade do transportador

**18.** *Os regimes da responsabilidade e da prova. Os danos indemnizáveis.* Passemos agora ao estudo do regime da responsabilidade do transportador na Convenção CMR, para depois o confrontarmos brevemente com o regime do DL n.º 299/2003, de 4 de Outubro.

A responsabilidade do transportador pressuporá sempre a ocorrência de um dano, traduzido na deterioração dos bens ou na sua perda, parcial ou total, ou noutro tipo de prejuízo provocado pela demora na entrega (a qual também pode originar a avaria ou o perecimento dos bens). A fim de conseguir a respectiva indemnização, deverá o interessado na carga provar que sofreu qualquer destes danos, para além de poder exigir a entrega da mercadoria, enquanto cumprimento natural da prestação do transportador. Este, como vimos, não se obriga apenas a deslocar as fazendas, mas também a entregá-las no destino, cumprindo a obriação acessória de custódia, isto é, obriga-se a consigná-las no preciso estado em que as recebeu. Além disso, o cumprimento completo da sa obrigação incluirá a realização do transporte no prazo acordado, ou então num prazo razoável.

Havendo dano, seguir-se-ão as regras probatórias da Convenção, que, através de orientações adjectivas, visam, no fundo, realizar o objectivo substantivo que se traduz num certo equilíbrio dos interesses de quantos se envolvem no transporte.

Provada que seja a verificação do dano, acto contínuo, surge, sobre o transportador, e a favor do interessado na carga, uma

94         *Direito dos Transportes*

presunção de responsabilidade (arts.17.º, 1, e 18.º, n.º 1)[91] [92]. Aliás, o transportador responderá por quaisquer actos praticados, no âmbito funcional da realização do transporte, por todos os seus prepostos, comissários, representantes ou mandatários, isto é, responde pelos actos de todos a quantos recorra para que o transporte aconteça, sendo esta uma regra que se mantém em todos os domínios dos transportes (cfr. art.3.º /CMR, art.10.º e n.º 2 do art.17.º do DL n.º 239/2003[93]) – que é, aliás, *ius receptum* no domínio do direito privado, em geral. Vem isto a significar também que o primeiro transportador, seja ele um mero transportador contratual, seja ele também um transportador real ou efectivo que se limita a realizar uma parte do trajecto rodoviário, responderá pelos danos que emirjam em partes do percurso realizadas por um transportador sucessivo, no âmbito de um subtransporte[94]. Já no que tange ao tranporte sucessivo cumulativo, veremos *infra* que lhe é dispensado um regime especial[95].

Poderá, então, o transportador reverter esta presunção e, findo o processo probatório, exonerar-se da responsabilidade que lhe havia sido presuntivamente assacada. Mas, em certos casos, tudo se passará como se esta reversão da presunção de responsabilidade fizesse emergir uma presunção, ainda ilidível, de irresponsabilidade[96].

---

[91] Cfr. *supra*.

[92] Cfr., *inter alia*, Acs. STJ de 27 de Setembro de 1994, também para uma distinção entre força maior e caso fortuito, de 11 de Março de 1999, de 20 de Maio de 2003 e de 25 de Setenbro de 2003.

[93] E era assim também *ex vi* do §único do art.367.º e do n.º 1 do art.377.º, do Código Comercial.

[94] A prpósito do subtransporte no dominio do transporte rodoviário, cfr. Ac. STJ de 25 de Outubro de 1993, BMJ, n.º 430, p.455 ss..

[95] Para as categorias do transporte sucessivo, cfr. *supra*.

[96] Mesmo no caso das causas liberatórias do n.º 2 do art.17.º, ao interessado na carga sempre assistirá a faculdade de provar que, não obstante tais

O regime de exoneração da responsablidade surge-nos, assim, nos arts.17.º e 18.º da CMR. Esta exoneração, ou, em certos casos, em primeira linha na ordem probatória, o mero afastamento da presunção de responsabilidade, poderá fazer-se, seja provando as causas liberatórias do n.º 2 do art.17.º, seja recorrendo aos designados factos liberatórios (*faits libératoires*), ou causas privilegiadas de liberação, do n.º 4 da mesma disposição. Estamos sempre perante factos que carecem de prova por parte do transportador, mas o objecto da prova exigível será diferente nos dois casos.

Senão vejamos. De acordo com o n.º 2 do art.17.º e com o n.º 1 do art.18.º, o transportador liberar-se-á da sua responsabilidade, uma vez que tenha provado o nexo causal concreto entre o dano e qualquer dos factos arrolados: «falta do interessado, uma ordem deste que não resulte de falta do transportador, um vício próprio da mercadoria», ou casos de força maior (*vis maior*), no sentido de factos irresistíveis, em si e nas respectivas consequências para as mercadorias – as causas liberatórias reconduzem-se, pois, às clássicas categorias do facto de terceiro, do vício do objecto e da força maior. Todavia, sempre ao interessado na carga restará a faculdade de "contraprova". Pelo que o transportador só se liberará inteiramente (art.17.º, n.º 5) se conseguir provar que os danos provieram desses factos e só desses factos, sem embargo de se poder acolher a presunções de experiência (*præsumptiones hominum*), a fim de concluir tal prova.

---

factos hajam causado os danos em causa, ainda assim o transportador não usou da diligência exigível, por exemplo, para evitar ou minorar as consequências danosas. Isto será assim com a possível excepção da última causa exoneratória (espécie de causa *omnibus*), pois que, para que esta permita afastar a presunção de responsabilidade, exige-se, à partida que ela seja também capaz de exonerar completamente o transportador, na medida em que se alude, não só à irresistibiidade dos factos geradores dos danos, como também à inevitabilidade das consequências lesivas – e, assim, mesmo do ponto vista da ordem do fornecimento dos elementos probatórios (*order of proof*).

Contudo, se, de permeio, tiver havido negligência do transportador, por exemplo, ao lidar com as consequências de alguns desses factos, acabará por responder, na medida em que a sua negligência haja contribuído para os danos[97].

Já no que toca aos designados *faits libératoires*, indicados no n.º 4 do art.17.º, com o regime dos n.º 1 a 4, do art.18.º, o transportador contará com um regime de prova mais favorável. Provando tais factos e a mera relação abstracta de causalidade entre os danos verificados (isto é, entre aquele tipo de danos) e aqueles tipos abstractos de factos, o transportador gozará de uma presunção de causalidade, revertendo-se igualmente a presunção de responsablidade, pois que, *ictu oculi*, é perceptível que tais factos geram, habitualmente, os danos em causa[98].

Ao interessado na carga restará provar a ausência de um nexo de causalidade concreta, isto é, *in casu*, ou, exixtindo este, a concorrência da negligência do transportador. Só refutando esta prova, a existir, é que, por fim, o transportador ficará exonerado da sua responsabilidade. Por conseguinte, é a propósito deste preceito que se poderá falar com propriedade de uma reversão da presunção de responsabilidade do transportador (que, assim, dá lugar a uma presunção de irresponsabilidade).

Na lei de 2003, encontramos um regime muito próximo deste. Quanto às causas liberatórias usou-se uma fórmula mais sintética (art.18.º, n.º 1); quanto aos factos liberatórios (n.º 2 do art.17.º ), cujos riscos andam associados a certos tipos de danos, limitou-se o rol da CMR, eliminando os factos das als. a), d) e f) do n.º 4, do art.17.º da CMR. Todavia, e porque o legislador

---

[97] Cfr., *v.g.*, o Ac. STJ de 20 de Maio de 2003, a propósito de um incêndio, que ocorrera na sequência de um outro e que destruira a carga transportada, e sobre o dever de vigilância.

[98] Note-se, porém, as particularidades do regime dos n.º 3 a 4 do art.17.º.

interno, neste ponto, preferiu não transcrever quanto dispõe a CMR, impor-se-á uma interpretação *cum grano salis* da estatuição do n.º 2 do art.17.º, no sentido de a fazer coincidir com o que acabámos de expor. Na verdade, segundo a letra da lei interna, bastaria ao transportador a prova de que os danos concretamente verificados são damos habitualmente resultantes dos riscos provocados pelos factos aí enunciados, para que se operasse a exoneração da sua responsabilidade, ainda que, de facto, os danos ocorridos não houvessem concretamente resultado desses factos. Já a CMR, uma vez provado o referido nexo de causalidade abstracto, apenas faz emergir, a favor do transportador, uma presunção de que os danos realmente provieram de certos factos consabidamente arriscados. Parece pois que o diploma interno, declarativamente interpretado, propõe um regime de prova demasiadamente suavizado, impedindo mesmo ao interessado na carga a prova de que o dano, afinal, havia provindo de outra causa, ou de que houve uma paralela negligência do transportador. Uma tal suavização em nada parece servir os propósitos normativos do diploma, na medida em que este se empenha em realizar um certo equilíbrio na distribuição dos riscos da viagem. A mais disso, se considerarmos que, amiúde, o legislador se limitou a transcrever as orientações da CMR, querendo criar um regime interno, senão mimético, pelo menos, muitíssimo próximo daquele internacional, não nos repugnará encontrar a solução para a interpretação dessa estatuição no modelo da lei interna, isto é, na CMR; a não ser assim, e considerando que no mais se segue o regime internacional, estaríamos defronte de um desequilíbrio insuperável no plano da regulação da responsabilidade do transportador, em benfício deste (quando aliás é patente e consabido o intuito de protecção do interessado na carga que perpassa os diversos regimes dos transportes, tanto os regimes internacionais, como aqueles nacionais, como, de resto, a disciplina que, internamente, vem sendo dispensada a outros meios de transporte). Em suma, poder-se-ia mesmo sugerir que, quiçá se por *lapsus calami*, ficou por introduzir no regime interno a disposição do n.º 2 do art.18.º da CMR[99].

A alternativa que parece restar para interpretar a norma do n.º 2 do art.17.º do diploma de 1999, de modo a não provocar esse extremo abrandamento do regime probatório, tendo em conta que aí se não exige a prova da irresistibilidade, ínsita no conceito empregue no n.º 1, seria a de ver nesse preceito a exigência da prova de um nexo causal concreto entre os riscos enumerados e os danos causados, diferentemente, portanto, do que dispõe a CMR. Mas tanto equivaleria a exigir a prova da irresistibilidade da produção dos danos em causa, e/ou a sua atri-

---

[99] No que toca aos transportes, emular ou copiar os diplomas internacionais vem sendo uma prática corrente, em diversos países, justificada com o fim da máxima uniformização e coadjuvada pela já aludida identidade dos interesses e das necessidades deste domínio problemático nos diversos países, apesar da diverrsidade das circunstâncias nacionais. Contudo, sempre que a cópia ou a transposição dos preceitos internacionais é incompleta, corre-se o sério risco de lhe alterar o sentido normativo, mesmo sem querer, pois que, na verdade, o modelo a seguir no direito interno não há-de ser cada preceito, mas o sistema que vigore internacionalmente, e que, acaso o legislador interno tenha intenções normativas divergentes, poderá ser alterado, completado ou corrigido – nas palavras de S.Francisco de Sales, «a ordem produz a conveniência e a proporção, e a conveniência no todo constitui a beleza». Mas, mesmo quando o legislador concorda quase inteiramente com o regime internacional, como queira evitar a sua previsão através de uma remissão material *ad aliud ius* (como sucede no DL n.º 352/86, relativo ao transporte de mercadorias), ainda assim, não poderá esquecer a dimensão sistemática do modelo que quer seguir. Ademais, por isso que a sua função é sempre normativamente criativa e constitutiva, sempre terá de transpor para o sistema interno o regime internacional, e não meramente pô-lo aí, particularmente, quando não quiser acolher na sua integridade o sistema de direito uniforme, ou quando for necessária uma adequação ao sistema interno; e quando concordar com o regime internacional então terá de cuidar para que ao transpô-lo, nesse "trans-porte", não fiquem pelo caminho peças do sistema transportado, senão ver-se-á, à chegada, com uma mercadoria seguramente avariada, *ergo*, uma outra realidade.

buição a acto do interessado na carga, o que tornaria o regime probatório don.º 2 idêntico àquele previsto no n.º 1. E, se assim fosse, que motivo justicaria a individualização num preceito próprio dos factos aí arrolados, sobretudo se eles não mais seriam senão uma enumeração das causas liberatórias sinteticamente descritas no n.º 1, associados a um idêntico regime probatório? Além disso, nem a letra do preceito depõe a favor desta interpretação, quando se afirma que a responsabilidade «fica ainda excluída», e não «fica designadamente excluída».

Quanto à demora, importa que se prove o dano, o qual poderá ser físico, ou não, isto é, deve entender-se que a Convenção quis responsabilizar o transportador, também pelos danos indirectos, patrimoniais (*economic losses*) ou não[100] (isto mesmo deriva do art.23.º, n.º 5, senão, *a contrario*, do n.º 1 do art.17.º).

---

[100] Embora se possa discutir sobre se, para a ressarcibilidade destes danos indirectos, não será exigível que se cumpra a condição de que os mesmos sejam razoavelmente previsíveis para um transportador normalmente diligente, embora a Convenção não aluda a esta condição que, afinal, se traduziria o designado *test of forseeability*, evitando que o mesmo respondesse em certos casos – ter-se-ia em conta que amíude o transportador desconhece as circunstâncias económico-sociais dos intervenientes, sobretudo do destintário, mesmo sem pensar no caso de contra-ordem, em que a mercadoria acabaria por seguir para destino diferente do inicialmente acordado. Contudo, compreender-se-á que se prescinda deste teste, e portanto da abstracta previsão subjectiva da adequação do facto lesivo a certo tipo de danos (previsibilidade esta que acaba por ficar a depender do conhecimento que o transportador tenha ou deva ter das circunstâncias concretas do lesado, ou das circunstâncias previsíveis deste), que seria de esperar de um transportador razoavelmente diligente, se se tiver presente que a segurança do mesmo acaba por ser acautelada pela imposição do limite indemnizatório, fixado no preço do transporte para o caso de danos provenientes de demora.

Reconheça-se, porém, que, em princípio um tal teste só virá a precludir a responsabilidade em caso de demora, relativamente a danos ligados a circunstâncias realmente excepcionais.

Mas, antes de mais, importa saber qual a noção de demora relevente para os efeitos indemnizatórios da Convenção. De acordo com o art.19.º, haverá demora quando o tempo do transporte ultrapassa o prazo convencionado, e, não havendo sido acordado qualquer prazo, quando ultrapassa o tempo que demoraria um transportador razoavelemnte diligente, tendo em conta as circunstâncias concretas do caso (o que não tolhe que o padrão de aferição ainda seja abstracto). Mas, neste derradeiro caso, teremos de distinguir entre um transporte de carga completa e aquele de carga parcial ("grupagem"). No primeiro, o período temporal de referência para a demora há-de ser tão-só o tempo que um transportador diligente empregaria na viagem, já, no segundo caso, o período de referência há-de incluir, além dessa, uma outra parcela, a saber, o tempo que, em momento anterior, tembém um transportador diligente, levaria a reunir cargas que completassem a lotação do veículo.

Subsiste ainda um ulterior pressuposto para que o interessado possa exercer o seu direito à indemnização em caso de demora, qual ónus que deverá cumprir se quiser exigir judicial e civilmente a sua pretensão. Assim, *ex vi* do n.º 3 do art.30.º, o titular do direito à indemnização deverá enviar uma reclamação escrita durante os vinte e um dias subsequentes ao momento em que a mercadoria haja sido entregue ao destinatário.

Claro que, como a demora não pode ser indefinida, se a entrega não ocorrer nos trinta dias após o termo do prazo acordado, ou nos sessenta dias após a entrega da mercadoria pelo expedidor, o interessado na carga poderá dar as fazendas por perdidas. E, se, entretanto, reaparecerem, poderá optar entre conservar a indemnização por demora ou receber as mercadorias, prestando o que devesse em virtude do transporte e repetindo a indemnização que haja já percebido em consequência da demora (cfr. art 20.º ). Esta opção ficará contudo subordinada a um ónus, que o interessado na carga, no momento em que recebeu o ressarcimento pela perda das mercadorias, haja pedido por escrito para ser avisado se, no ano subsequente, os bens viessem a aparecer (art.20.º, n.º 2 e 4).

Do regime da responsabilidade da CMR, partindo-se da presunção de responsabilidade do transportador, que apenas será alijada nos casos aí expressamente indicados, na esteira do que se vem fazendo para os vários regimes uniformes, deve concluir-se que sempre o transportador responderá pelo dano derivado de causa ignota[101]. Na verdade, resulta do regime probatório exposto que, para se liberar, sempre o transportador haverá de demonstrar qual a causa do dano, para então mostrar que a mesma lhe não é imputável, *rectius*, que a mesma preenche uma das causas de exclusão de responsabilidade enunciadas[102]. E nem se obtempere dizendo que, no caso das causas de liberação privilegiada do n.º 4 do art.17.º, ao transportador só incumbe a prova de um nexo causal abstracto, pois que, mesmo aí, essa prova só será bastante se o interssado na carga não contrapuser prova de inexistência de um vínculo causal concreto *in casu*, pois que, se conseguir realmente convencer que o dano afinal não proveio de um dos riscos arrolados nessa norma, segue-se que ao transportador só restará refutar esta prova. Mas não a conseguindo afastar ou não conseguindo demonstrar que o dano proveio de outra causa liberatória, ainda neste caso, poderemos acabar confrontados com um dano de causa ignota, pelo qual ainda responderá o transportador.

Uma vez mais, a lei de 2003 prevê um regime muito semelhante, diminuindo os prazos previstos, já que tinha em vista um

---

[101] E é esta nota apontada como uma das marcas da objectivação, *lato sensu*, do regime da responsabilidade do transportador, nos diversos domínios do transporte.

[102] Ainda que, como dissemos, para estabelecer esta ligação etiológica se possa socorrer de presunções de experiência.

transporte interno[103]. Todavia, no caso de não ser feita uma declaração especial de interesse na entrega (cfr. *infra*), os lucros cessantes, *a contrario*, não parecem ser indemnizáveis se forem consequência da demora, diferentemente do que sucede na CMR, segundo a qual tal declaração é apenas condição para que se ultrapasse o limite indemizatório[104], mas não da definição do objecto do ressarcimento, isto é, dos danos indmnizáveis[105]. Na verdade, no n.º 2 do art.20.º, o legislador, no mesmo período, começando por dizer que a indemnização é devida, como se prove o prejuízo, parecendo incluir qualquer prejuízo, introduz, de seguida, uma oração condicional, que, enquanto prótase de sentido excepcional, deveria conter uma excepção, mas que, afinal, vem confirmar quanto se acabara de afirmar na oração subordinante, já que somente se esclarece que, no caso de tal declaração existir, então, o interessado poderá também exigir o ressarcimento por lucros cessantes[106]; ora, o lucro cessante não é mais do que um tipo de prejuízo ou dano.

---

[103] Claro que, se, por raro acaso, a lei portuguesa viesse a ser a *lex contractus* de um contrato de transporte internacional, esses prazos haveriam de ser considerados à luz da teleologia do diploma, e poderiam ser alvo de correcção, atendendo à extensão geográfica do transporte *sub iudice*.

[104] CUNHA GONÇALVES, na vigência do Código Comercial, via aqui a possibilidade de fixar uma pena convencional, mas não só (*op. cit.* p. 437). Note-se, a este propósito, que a declaração de interesse especial, não tendo rigorosamente uma função compulsória ou punitiva, mas ainda uma função compensatória, na medida em que tão-só faz alijar o limite indemnizatório e, no caso de perda ou avaria, alargar o domínio de danos objecto de indemnização, nada parece impedir que as partes concordem num cláusula penal, *proprio sensu*, na medida em que se admite que os regimes uniformes dos transportes, sendo imperativos e de ordem pública, admitem, de acordo com a sua teleologia, também protectora, uma derrogação *in favorem domini mercium*.

[105] Cfr. B.MERCADAL, *op. cit.*, p.133.

[106] Para que a frase ganhe um sentido, aquele que, segundo crenos foi pretendido, talvez pudesse rezar assim, se se pretender manter o conjnto dos

Mas, a alusão a este interesse especial na entrega causa-nos uma ulterior perplexidade. Na verdade, se, como afirma o n.º 2 do art.20.º, em caso de demora, o fundamento da responsabilidade pelos lucros cessantes é a declaração desse interesse especial, e se, por outro lado, como resulta do art.7.º, essa declaração só acontecerá no caso de se convencionar um prazo para a entrega, daí dever-se-á concluir que, de acordo com a disciplina interna, a demora só originará a exigibilidade civil da indemnização por lucros cessantes, se se acordar um prazo para a entrega, e, no caso de não ocorrer tal acordo, não terá o transportador de indemnizar. Todavia, uma tal conclusão normativa, não só se afasta do regime internacional uniforme, para já não aludir ao que se passa noutras legislações nacionais hodiernas, como parece contrariar a teleologia do regime (internacional e interno), da qual faz parte o objectivo de dispensar ao interessado uma certa protecção, conquanto esta deva ainda ser equilibrada. Mais ainda. A ser assim, cremos que poderá ficar desprovida de efeito útil a previsão de responsabilidade por lucros cessantes, em caso de demora, já que, sendo esta apenas justificada no caso de se acordar um prazo, bastará ao transportador não se prestar a tal acordo, para, à partida, se ver livre de qualquer responsabilidade por lucros cessantes, fundada na demora. O transportador só terá de prescindir do aludido suplemento de preço, o que, convenha--se, parecerá uma contrapartida assaz débil perante o sacrifício assim suportado pelo carregador, agora despojado da faculdade de requerer um ressarcimento pelo *lucrum cessans* que o atraso haja causado, sempre que um prazo não seja acordado. Por estes motivos, *de iure condendo*, talvez se pudesse suprimir a segunda parte do n.º 2 do art.20.º.

---

vocábulos escolhido por este legislador: «[q]uando o interssado demonstrar que dela [da demora] resultou um prejuízo, salvo no que toca ao prejuízo que se traduza em lucros cessantes e de que seja apresentada prova, que só será devido quando exista uma declaração de interesse especial na entrega».

Finalmente, não se prevê a necessidade de fazer qualquer reclamação escrita, como, estranhamente, se não prevê um prazo limite para a demora, a partir do qual se possa considerar a mercadoria como perdida – e note-se que a opção não será indiferente, atendendo aos distintos limites indemnizatórios para os casos de demora e de perda. É certo que o Código Comercial (cfr. art.382.º) também nada previa neste sentido, mas entendia--se que, sendo a demora excessiva e perdendo-se o interesse na entrega das fazendas, o preço do transporte faria parte das perdas e danos indemnizáveis (o que corresponde ao actual limite indemnizatório em caso de demora, mas é apenas um limite, podendo não corresponder ao valor da mercadoria perdida, além de que, à luz do Código Comercial, seriam aida ressarcíveis outros danos, mesmo no caso de demora)[107]. Mas, tendo presentes as particulares exigências de segurança que este sector de actividade protesta, essa seria uma razão mais para que o legislador, por ocasião da revogação das normas precedentes, aproveitasse para esclarecer o ponto[108], eventualmente, aproximando o nosso regime do regime internacional, e não nos deixando com a hipótese de recorrer ao direito comum, nomeadamente, ao art.808.º do Código Civil.


**19.** *O limite indemnizatório.* Como já vimos, a bem do equilíbrio prosseguido pelos regimes uniformes dos transportes, fazendo parte da equitativa ou distributiva repartição dos riscos inerentes ao transporte, mesmo enquanto actividade necessária

---

[107] Cfr. L.CUNHA GONÇALVES, *op. cit.,* p.436 ss., *maxime,* p.438.

[108] Além disso, o legislador, diferentemente do que fez para os casos de perda e avaria, decidiu tratar da demora enquanto fundamento de responsabilidade na norma em que trata da respectiva limitação. O art.17.º, conquanto a epígrafe seja geral, só trata de dois dos fundamentos da responsabilidade.

para a realização do bem comum, é usual estabelecer um limite para o montante indemnizatório exigível. A CMR não é excepção e os tectos indemnizatórios são estipulados pelos art.23.º e 25.º. Deveremos considerar dois diferentes *plafonds*, consoante respeite a uma indemnização devida por perda ou avaria, ou a uma indemnização por demora. No primeiro caso, convém precisar que, diferentemente do que sucede em caso de demora, o objecto passível de ressarcimentos limita-se ao prejuízo físico ou material sofrido pelas próprias mercadorias, como resulta já da primeira parte do n.º 1, do art.17.º. A indemnizaçao corresponderá então à diferença de valor da mercadoria, sendo o padrão de referência o valor da mesma no dia e no local da entrega ao transportador, segundo a cotação da mesma na bolsa, ou, se esta não existir, haver-se-á em conta o preço corrente desse mercado, ou então, considerar-se-á «o valor corrente das mercadorias da mesma natureza e qualidade». Todavia, no caso de perda total ou parcial, este valor terá como patamar máximo o valor indicado no n.º 3 do art.23.º: 8,33 direitos de saque especial (definido pelo FMI) por quilograma de peso bruto em falta, em caso de perda total ou parcial[109].

Este limite acaba por ser também aplicável ao caso de avaria, porquanto, de acordo com o 25.º, a indemnização devida por avaria corresponderá à depreciação que a mesma provocar sobre os bens, tendo em conta as regras para avaliação da perda, já mencionadas, contanto que não ultrapasse o que seria devido em caso de perda. Assim, sendo a avaria de uma parte economicamente separável da coisa, a indemnização não poderá ultrapassar o que seria devido no caso da perda dessa parte (perda parcial). Sendo a avaria relativa a toda a carga, não ultrapassará o que seria de prestar em caso de perda total. Logo, o montante devido

---

[109] Note-se que o cálculo do valor devido se reporta ao momento em que a mercadoria é recebida pelo transportador, já a conversão em moeda nacional será feita segundo o câmbio da data do julgamento.

por avaria não poderá superar o que seria devido em caso de perda, sempre com o limite máximo indicado para o caso de perda.

A estes valores acrescem os montantes já pagos pelo transporte, pelos direitos de aduana e por despesas várias inerentes ao transporte, que deverão ser repetidos. Esta repetição far-se-á na proporção da perda verificada.

Por outro lado, se estiverem em causa danos provindos da demora, então, o tecto será o preço do transporte, já não ocorrendo a repetição destes montantes (arts.23.º, n.º 4).

Internamente, rege o art.20.º da lei de 1999 e o *plafond* relativo à demora é o mesmo. Já quanto à perda e à avaria, fixou-se o tecto de dez euros por quilograma de peso em falta (*sic*). Sucede porém que no caso de avaria poderá não faltar qualquer grama, aliás, pode até haver peso a mais! Mais uma vez seremos tentados a integrar o diploma de acordo com o regime que lhe serviu de modelo, mau grado se lhe não faça nenhuma remissão expressa. A alternativa seria considerar que a referência à avaria não passa de um *lapsus calami*, caso em que, todavia, não nos restaria qualquer norma que previsse o limite indemnizatório para o caso de avaria.

Quanto ao critério nacional para o cálculo da desvalorização das fazendas, segundo o art.23.º, considerar-se-á o preço corrente do mercado. E que fazer se a carga não tiver um preço corrente, porque, por exemplo, não há mercado corrente para ela? É certo que o n.º 4 do art.2.º exclui do âmbito material do regime interno as cargas sem valor comercial, contudo, pode um bem ter valor comercial e para ele não existir um mercado habitual ou corrente.

De outra banda, não nos diz o preceito o momento a que se deve reportar o cálculo da depreciação, e, portanto, em que momento deve ficar fixado o padrão valorativo de referência pecuniária.

Que fazer então, relativamente a estas duas omissões? Resta-nos sempre, é certo, o recurso ao direito comum. Todavia, segundo o regime especial dos transportes, na senda do que acontece internacionalmente, faz-se uma avaliação abstracta destes danos físicos ou materiais[110]. E quanto ao momento a que se ligue o padrão de avaliação, a seguirmos o direito comum pátrio, também poderemos chegar a uma solução diferente daquela que foi prevista na CMR, modelo da lei de 2003[111].

**20.** *A decadência do limite indemnizatório.* Convém agora reparar nos casos em que poderá decair esse limite do montante indmizatório. A possibilidade de superação dos limites indemnizatórios poderá assentar em dois tipos de fundamentos, um liga--se ao acordo das partes, o que se percebe, considerando o intuito de protecção do interessado na carga e que permite a derrogação da disciplina uniforme em seu favor, outro tem que ver com a conduta do transportador.

O acordo das partes permitirá um valor indmnizatório superior ao *plafond* em dois casos (cfr. arts.24.º e 26.º[112]). Assim, o

---

[110] Cfr.n.º 2 do art.566.º do Código Civil.

[111] *Ibidem.* Não obstante este resultado vir a coincidir com a interpretação mais curial do anterior art.384.º do Código Comercial. Mas, se essa era a *mens legislatoris*, para que dúvidas não sobrassem, teria bastado mantê-lo em vigor, com a possível excepção do §2.º.

[112] Estas possibilidades de superação do *plafond de valeur* ainda se inserem no premeditado plano de equilíbrio das posições do transportador e do interessado na carga, no propósito de justa distribuição dos riscos envolvidos, arrastando a simultânea cautela dispensada à segurança e à previsibilidade das partes. Na verdade, se, de uma banda, se concede que se ultrapasse o limite indemnizatório, de outra, o transportador, não só fica ciente do real valor das fazendas, ou do particular interesse que as mesmas têm no cenário económico-social do(s) interessado(s) na carga, como, além disso, aufere a contrapartida do aumento do frete (a expressão frete ligando-se mais tradi-

limite relativo aos danos oriundos de perda (total ou parcial) ou avaria poderá ser desconsiderado, sempre que, mediante um suplemento de preço, o expedidor prefira mencionar na declaração de expedição o preciso valor da mercadoria. Só fará sentido proceder deste modo se esse valor exceder o limite imperativo, e, sendo assim inserido no documento de transporte esse valor excedentário, então passará a ser esse o montante indemnizatório máximo (art.24.°).

Já o segundo caso, ainda fundado na vontade dos contraentes, poderá fazer desaparecer a limitação imperativa da indemnização, quaisquer que sejam as causas dos danos ocorridos, e, portanto, vale, mesmo para os prejuízos decorrentes da demora, mas, ainda assim, só se houver um prazo previamente acordado. Logo, *ex vi* do n.° 1 do art.26.°, sempre contra um aumento do preço, poderá o expedidor fixar um juro especial, que, traduzindo um interesse especial na entrega, será mencionado na declaração. Nesse caso, se a normal indemnização, a coberto dos limites indemniztórios já referidos, for insuficiente para perfazer a compensação dos danos ocorridos, ficará o transportador obrigado a indemnizar além do limite indemnizatório, mas só até atingir o valor suplementar desse juro (n.° 2 do art.26.°). Esta regra pode ser aplicada, repetimos, aos danos relativos à perda ou à avaria, e ainda àqueles provocados pelo desrespeito da duração convencionada para o transporte. Mas ocorre dizer que, aludindo o n.° 2 do art.20.° a um dano suplementar, independente da definição dos danos que são objecto de ressarcimento feita pelo n.° 1 do art.20.° para o caso de perda ou avaria, será curial entender que, havendo menção do juro especial e consequente incremento no preço do transporte, neste caso, o interessado na carga já poderá exigir também uma compensação pelos danos

---

cionalmente ao domínio marítimo, como que por antonomásia, vem sendo usada para designar qualquer preço correspectivo do transporte).

Cfr. A.Pesce, *op. cit.*, p.192 ss..

patrimoniais indirectos e por danos não patrimoniais que se liguem causalmente aos danos físicos sofridos pela mercadoria, diferentemente do que, em geral, dispõe o art.23.º.

Uma vez mais, a disciplina interna só insere as orientações do regime uniforme até certo ponto (arts. 6.º, 7.º e 20.º, n.º 2). Todavia deixa por dizer qual a consequência da menção do «valor do interesse especial na entrega». Mais do que isso, considerando que, como afirma o seu o n.º 1, o preceito do art.20.º não prejudica o disposto no art.7.º, uma interpretação declarativa levar-nos-ia a concluir que esse valor do interesse especial substituiria o *plafond* de dez euros por quilo. Mas um tal resultado interpretativo deverá ser evitado ou corrigido, atendendo à teleologia do regime, por isso que, a ser assim, a declaração de valor especial acabaria por poder corresponder a uma cláusula de limitação da responsabilidade, já que esse valor poderá ser inferior ao montante do art.20.º. E, mais ainda, pasme-se, uma limitação da responsabilidade querida pelo interessado na carga! Deve assim ser restingido o sentido literal do art.7.º, no sentido de ver nesse valor tão-só uma parcela a acrescer ao motante enunciado, ora no n.º 1 do art.20.º para o caso de perda ou avaria, ora no n.º 2 do art.20.º, para o caso de demora[113].

Mas, além disso, o etendimento literal do diploma poder-nos-á levar a um ulterior desfavor para o interessado na carga,

---

[113] Assim, ainda que, mesmo *de lege lata*, acerca do art.7.º, sempre se possa dizer que talvez pudéssemos chegar à mesma solução se entendêssemos ter havido um outro *lapsus calami*. Pois, se o legislador tivesse usado o artigo indefinido em vez do artigo definido, isto é, onde se lê «do interesse especial» (sublinhado nosso), se se devesse ler «de um interesse especial», embora sem grande clareza, talvez pudéssemos mais  facilmente chegar à conclusão de que o valor desse particular interesse acrescia ao valor apontado pelo art.20.º (e assim, mesmo no plano do que tradicionalmente soi apelidar-se de interpretação declarativa).

com mais uma mercê a favor do transportador. Sucede que, ao invés do que faz o n.º 2 do art.26.º da CMR, o preceito do art.7.º, ao não declarar a sua independência em face do n.º 1 do art.17.º, que define os tipos de danos ressarcíveis em caso de perda ou avaria, fica preso a esta definição do objecto da indemnização. Por conseguinte, diferentemente do que prescreve o regime uniforme[114], mesmo no caso de menção do interesse especial na entrega e do consequente aumento do preço devido pelo transporte, ainda assim, não poderá o interessado na carga vir reclamar judicialmente qualquer compensação por danos patrimoniais indirectos (*economoic loss*) ou por danos não patrimoniais (ou seja, pelos designados *consequential losses*, em geral).

E, aliás, não se chega a vislumbrar o motivo por que a declaração do interesse especial na entrega provoca o ressarci-

---

[114] Para, uma vez mais, não nos delongarmos a considerar o que sucede na legislação interna de outros países, em matéria de transporte rodoviário. Mas, por exemplo, em França, recorrendo-se mesmo ao direito comum (art.1148.º do *Code Civil*), a tendência tem sido no sentido de ir além do regime uniforme, permitindo que, até na ausência da declaração de quaquer interesse especial na entrega, certos danos indirectos sejam objecto de indemnização, mesmo em resultando da perda ou da avaria. Cf. B.Mercadal, *op. cit.*, p.131 ss..

Já em Itália, é certo que, à luz do art.1696.º do *Codice Civile*, o transportador não teria de indemnizar quaisquer danos indirectos, no entanto, por outro lado, não eram previstas limitações leagais para o valor do ressarcimento. Mas já a Lei n.º 450/1985 veio a prever a possibilidade de superar as limitações relativas à indemnização (que ela própria veio introduzir) através de acordo prévio dos contraentes. E esta orientação veio a ser confirmada pela Lei m.º 162/1993. Aliás, o afastamento da lei de 1985 em relação ao regime uniforme veio a suscitar não poucas dúvidas, dando azo a divergentes decisões jurisprudenciais, com o que sempre poderia sofrer a segurança e a certeza de quantos estão envolvidos nestas actividades. E as diatribes foram ao ponto de provocar a intervenção da *Corte Costituzionale*, com uma sentença de 1991, a fim de corrigir o desequilíbrio que a lei introduzira em detrimento do interessado na carga. Cfr. G.Romanelli, G.Silingardi, *Trasporto terrestre, in* Enciclopedia Giuridica Trecanni, Trasporto, I, p.15 ss..

mento dos lucros cessantes em caso de demora (pelo menos, sempre que um prazo haja sido convencionado), já não desencadeando idêntica consequência para os casos de perda ou avaria. E, segundo cremos, só esta assimetria seria motivo bastante para nos persuadir a interpretar restritivamente o n.º 1 do art.17.º, permitindo, destarte, que a circunscrição aí desenhada dos danos passíveis de indemnização só seja de seguir quando não seja declarado o valor do interesse especial na entrega[115].

**21.** *Segue: o dolo e os comportamentos equiparáveis.* Como começámos por dizer, o limite indemnizatório pode ainda ser afastado com fundamento numa particular conduta do transportador. Assim, de acordo com n.º 1 do art.29.º, da CMR, o transportador jamais poderá beneficiar das normas relativas ao *onus probandi*, à exclusão e à limitação da responsabilidade, se os danos provierem de uma conduta dolosa ou praticada com uma culpa que a *lex fori* faça equivaler ao dolo.

Vemos, portanto, que se preclude ao transportador a faculdade de se valer de quaisquer das normas sobre responsabilidade, desde que o interessado na carga prove que houve dolo ou negligência que lhe equivalha, de acordo com a lei material do país do foro.

Ao determinar que a culpa equivalente ao dolo seja definida pela *lex fori*, tem sido geralmente entendido que a Convenção

---

[115] Claro que se poderia aventar uma eventual integração do diploma em causa, para diversas questões a que vimos aludindo, recorrendo aos usos de comércio, hoje profusamente agarrados ao regime uniforme internacional. Contudo, não só esses usos, por vezes, mais não são hoje do que a obediência a normas precritivas de fonte internacional, mormente no âmbito de contratos internacionais, como, sobretudo, o legislador nacional, através de uma fonte prescritivamente volitiva, decidiu impor um regime legal, que não deveria ser desconsiderado, desde que se não possa rechaçar a legitimidade da sua fonte, o seu propósito de servir o bem comum e a justiça do seu conteúdo.

faz uma remissão material *ad aliud ius*, cabendo ao direito interno do foro resolver essa questão e decidir se se deve equiparar um certo tipo de negligência ao dolo, para estes efeitos, e que tipo de negligência será esse.

Não é este o único entendimento possível, mas, como quer que esta remissão deva ser entendida[116], será curial averiguar o que se passaria se coubesse à lei interna portuguesa resolver esta questão.

À luz do sistema português, e considerando, seja o art.494.º do Código Civil, seja quanto vem sendo defendido na doutrina

---

[116] Como já dissemos noutro local, temos, porém, dúvidas de que esta seja a solução mais avisada, seja à luz do intuito unificador dos regimes uniformes, que tem em mira, não só a uniformidade de valoração das situações internacionais, mas igualmente uma certa disciplina substantiva acordada pelos Estados contratantes, por ser a que foi considerada mais adequada para os respectivos ambientes sociais, seja à luz da previsibilidade do direito aplicável. Para melhor satisfazer estes objectivos, evitando o designado *forum shopping*, isto é, a busca do país cuja lei material, neste pontto, mais favorável se revelasse ao autor, talvez se pudesse entender esta remissão, já não como uma remissão *ad aliud ius* polivalente, *proprio sensu* (*rinvio dicchiarativo*), mas antes, ou como uma remissão material circunscrita aos ordenamentos materiais signatários da Convenção (*rinvio selettivo*, ou uma sorte remissão para um "composto normativo desinencial"), ou então, por exemplo, por se considerar que as soluções internas dos Estados signatáros podem ainda divergir, mostrando-se difícil para um juiz de um Estado terceiro optar por uma delas (se acaso, chegasse à aplicação da CMR, por exemplo, porque o seu sistema conflitual atribuía competência à lei de um dos Estados signatários), como uma remissão para a *lex fori*, no seu todo, e, logo, também dirigida ao seu sistema conflitual, pelo que a resolução da questão em causa seria entregue à *lex contractus*, isto é, à lei indicada como competente pelo sistema conflitual do foro.

Sobre este problema, *vide* MALINTOPPI, Antonio, *Les rapports entre le droit uniforme et droit international privé*, Récueil des Cours, 1965, III, p.76 ss., 187 ss.; J.BAPTISTA MACHADO, *Âmbito, cit.*, p.300 ss., 393, n.1, *Lições, cit.*, p.70 ss..; P.IVALDI, *Diritto uniforme dei trasporti e diritto internazionale privato*, Milão, 1990, p.131 ss.,

pátria a propósito da interpretação dos arts.800.º e 809.º [117], também do Código Civil, parecerá de sustentar o tradicional brocardo *culpa lata dolo æquiparatur (comparatur)*, à semelhança do que sucede em vários países signatários[118] (motivo este que nos levará a expandir o grau de uniformidade normativa, mesmo neste ponto, em que a CMR não decidiu). Destarte, segundo a nossa lei interna uma conduta do transportador praticada com culpa grave faria também decair o limite indemnizatório, além de lhe barrar o acesso às demais normas sobre responsabildade e sobre o regime probatório.

Aliás, isto deveria ser assim, se não tivesse acontecido o que veremos de seguida.

A lei portuguesa de 2003, afasta-se novamente do que vem sendo a tendência normativa das convenções internacionais, tanto na CMR, como nas quejandas, relativas a outros meios de transportes. A única Convenção que, como a nossa lei, só prevê a decadência do limite em caso de dolo é a de Bruxelas sobre o

---

[117] *Vide* J.Azeredo Perdigão, *O princípio da autonomia da vontade e as cláusulas limitativas da responsabilidade civil,* ROA, a.VI, 1946, n.º 3 e 4, p.25 ss.; A.Vaz Sera, *"Culpa do devedor ou do agente",* BMJ, n.º 68, Julho//1957, p.64 ss., *"Cláusulas modificadoras da responsabilidade. Obrigação de garantia contra responsabilidade por danos a terceiros",* BMJ, n.º 79, Outubro/1958, p.105 ss., 122 ss.; J.G.Pinto Coelho, *"A responsabilidade civil",* cit., p.7, M.Andrade, *Teoria geral das obrigações, cit.,*p.344; F.Pessoa Jorge, *A limitação convencional da responsabilidade civil,* BMJ, n.º 281, 1978, p.5 ss.; C.A.Mota Pinto, *Teoria geral do direito civil,* Coimbra, 1989, p.593 ss.; A.Pinto Monteiro, *Cláusulas limitativas e de exclusão da responsabilidade,* Coimbra, 1985, p.217 ss., 287 ss.; J.M.Antunes Varela, *Direito das obrigações, cit.,* I, p.540 s., II, p.90 ss.; M.J.Almeida Costa, *Direito das obrigações, cit.,* p.486 ss., 489, n.1, 674 ss.

[118] Veja-se, *v.g.,* o caso da jurisprudência francesa e da lei italiana de 1993, citada *supra.*

Cfr. A.Sériaux, *op cit.,* p.274 ss.; G.Romanelli, G.Silingardi, *op. cit., loc. cit.*.

conhecimento de carga, do longínquo 1924, já que, não o prescrevendo expressamente, a doutrina e a jurisprudência foram entendendo que não poderia violar o princípio de justiça universal, segundo o qual *fraus omnia corrumpit*.

A lei italiana de 1983 também não não previu o abandono do limite em caso de dolo ou de falta equivalente. Mas essa foi uma das razões que suscitou a intervenção da *Corte Costituzionale*, em 1991, para que, quase acto contínuo, em 1993, surgisse uma nova lei, segundo o qual, tanto o dolo, como a *culpa lata* do transportador, provocariam a preclusão do tecto indemnizatório.

É esta também a tendência expressa da Convenção de Berna CIM, sobre o transporte ferroviário de mercadorias, que, no caso de culpa grave prevê, pelo menos, um aumento do limite indemnizatório (art.4.º, na versão de 1970).

Concedemos que as mais recentes convenções de transportes[119], *ex novo* ou alterando anteriores versões, vêm admitindo que esse limite e a faculdade de recorrer às normas sobre exclusão da responsabilidade só seja tolhido perante uma conduta temerária particularmente grave, que, implicando um tipo de negligência cuja noção poderá não coincidir inteiramente com a noção de culpa grave, sendo mais restrita, e não abrangendo todos os casos de culpa grave[120]. Contudo, nenhuma dessas convenções vem chegando ao extremo de só permitir a decadência do tecto indemnizatório em caso de dolo, tanto mais se se considerarem as dificuldades que a prova da conduta dolosa levanta.

---

[119] Assim a versão do Protocolo de 1968, alterando a Convenção de Bruxelas de 1924, a Convenção de Hamburgo de 1978, sobre o transporte marítimos, as várias Convenções em matéria de transporte aéreo, incluindo a recente Convenção de Montreal, de 1999, e o mesmo se diga da Convenção das Nações Unidas sobre transporte multimodal, de 1980.

[120] Sem embargo se o ponto não ser pacífico.

E, contudo, o nosso legislador moveu-se noutro sentido, determinando que só em caso de dolo fosse impedido ao transportador valer-se das normas relativas à exclusão e à limitação da responsabilidade (art.21.º).

*Dato sed non concesso* que se quisesse seguir esta via a fim de beneficiar a economia processual, evitando, do mesmo passo, a multiplicação de lides em que se alegasse a culpa grave do transpotador, é preciso, primeiro, averiguar se um tal propósito, de natureza meramente processual ou adjectiva, supera em valor os propósitos substanciais que um justo regime do transporte quer alcançar e que se traduzem num particular equilíbrio das partes e da distribuição dos riscos. Mas, independentemente desse juízo axiológico, ou na sequência dele, talvez seja preciso cuidar para que a norma assim delineada, com essa hipotética finalidade processual, não venha romper o equilíbrio sistemático do regime entretanto desenhado, sob pena de ser necessário refazê-lo inteiramente, a fim de se não trair a sua teleologia.

Mas, precisamente por se considerar as finalidades substantivas do regime e do equilíbrio a que aludimos, talvez se possa interpretar a norma, mesmo *de lege lata*, como levando pressuposta a equiparação que em direito comum soi fazer-se, o que levaria a uma extensão dos casos em que poderia ser superado o limite indemnizatório e em que o transportador não poderia recorrer às normas relativas à exclusão da responsabilidade. Ou, de outro modo, poderia restringir-se o carácter aparentemente exclusivo da norma. Mas, ainda assim, restaria a dúvida sobre que outro tipo de conduta poderia gerar tal efeito preclusivo e a superação da limitação indemnizatória: a culpa grave, ou uma culpa grave qualificada, à guisa do que, segundo certa interpretação, acontece nas Convenções que aludem à *wilful misconduct*? Se o nosso ponto de partida era o de que o legislador nada mais disse, por considerar pressuposta a equiparação tradicional do dolo à culpa grave, e se contra esta equiparação não depõe a teleologia do equilíbrio normativo proposto pelo regime do diploma, então, talvez não conviesse distinguir ulteriormente entre diversos tipos de culpa grave[121].

A não ser assim, mesmo que seja julgada em Portugal uma acção relativa a um transporte coberto pelo âmbito de aplicabilidade da CMR, o afastamento das normas relativas à responsabilidade e do limite indemnizatório, também só acontecerá em caso de dolo, pela ausência de negligência que se lhe equipare, à luz deste art.21.º. Solução que acabará por não contribuir para a uniformidade normativa, que, pela aproximação das respectivas soluções substantivas internas, vem sendo conseguida pelos Estados signatários relativamente a esta questão, isto é, mesmo a propósito deste ponto deixado, pela CMR, na disponibilidade dos Estados.

Como quer que seja, o diploma poderá ser um ensejo para divergentes interpretações, mesmo em face de transportes meramente internos, num domínio que, sendo as mais das vezes preenchido por contratos celebrados por comerciantes, tende a bafejar mais carinhosamente ainda a previsibilidade.

**22.** *A chamada "obrigação de reembolso" (a cláusula COD).* Todavia, poderá dar-se o caso de o transportador haver assumido um outro encargo, o de, à chegada da mercadoria e antes de a entregar, receber do destinatário um certo montante, que, em geral mas não necessariamente, corresponderá ao preço devido pela carga. Nesse caso, será incluída na declaração de expedição a cláusula COD (*cash on delivery*) – al. c) do n.º 2 do art.6.º da

---

[121] Acresce que o Preâmbulo do diploma oferece como justificação para as eventuais disparidades em face da CMR, apenas a consideração da diferente dimensão do espaço geográfico a que o diploma, em princípio, enquanto lei interna, se destina. Ora, este poderá ser mais um argumento para algumas das propostas interpretivas que vimos sugerindo, no sentido de aproximar o regime interno do seu modelo, sempre que as "aparentes" diferenças não possam ser justificadas por essa diferença de dimensão geográfica.

CMR –, mas ainda que o não seja, nem por isso ficará desobrigado o transportador, continuando sujeito às regras uniformes (lembre-se o que dissemos sobre a imperatividade do regime uniforme e veja-se também o que resulta do art.4.º)[122].

Tem sido discutida a natureza desta obrigação que se vem a traduzir numa prestação acessória do transporte. Todavia, vem-se sustentando que estaremos perante uma obrigação autónoma, assumindo o transportador as vestes de um mandatário, conquanto já se tenha defendido outrossim que a entrega da mercadoria acabará por ficar sujeita à condição de que o destinatário pague o preço devido e que o transportador se obrigou a cobrar.

Discute-se também sobre se o transportador se desobrigará em aceitando, como pagamento, ao invés de um montante pecuniário, um título de crédito ou um documento que ateste o pagamento já feito em banco. Todavia, tal acabará por depender da averiguação da vontade das partes. Mas, e considerando que, as mais das vezes, se encontrará na declaração uma escassa cláusula de estilo, foi já sugerido que o risco pelo reembolso efectivo e em moeda correrá sempre por conta do transportador, independentemente do meio de pagamento que venha a aceitar das mãos do destinatário[123].

Por outro lado, tratando-se de uma entrega mediante reembolso, como o destinatário se recuse a entregar o preço devido, cremos que estaremos numa situação equivalente à da recusa da mercadoria, sendo-lhe, portanto aplicável o disposto no art.15.º da CMR.

---

[122] Cfr., sobre as questõe relacionadas com a cláusula COD, *inter alia*, G.ROMANELLI, G.SILINGARDI, *op. cit.*, p.16; A.PESCE, *op. cit.*, p.175 ss.; B.MERCADAL, *op. cit.*, p.114 ss..

[123] Assim, por exemplo, A.PESCE, *op. cit.*, p.178, n.9. Entre nós, a jurisprudência já chegou a admitir a aplicação do preceito do art.21.º, também à cláusula CAD-*cash against documents* – cfr. Ac. Trib. Rel. Porto de 7 de Junho de 1990, CJ, 1990, III, p.218 ss..

Se o transportador entregar a carga sem cobrar o montante em causa, então, passa a responder por esse valor perante o expedidor, solidariamente com o destinatário[124], podendo depois exigi-lo do próprio destinatário, no exercício do seu direito de regresso[125]. Isto é, o expedidor poderá exigir o pagamento, tanto ao destinatário, como ao próprio transportador.

Claro está que, neste caso, este valor será devido, acrescendo a quanto o transportador deva a título de indemnização em virtude dos já mencionados arts.23.º e seguintes, a propósito do incumprimento ou do cumprimento defeituoso do contrato de transporte, isto é, relativos à perda ou avaria das mercadorias e à demora na entrega[126].

Estando inserido no objecto da disciplina uniforme, deve entender-se que este débito será regulado por todas as suas normas, incluindo aquelas que respeitem à competência internacional e aos prazos para propositura da acção.

No direito interno, já o Código Comercial não impedia que o transportador assumisse este encargo, de acordo com o art.390.º.

Agora, a lei de 2003 prevê expressamente esta possibilidade (art.8.º), emprestando-lhe um regime semelhante ao da CMR. Exige todavia que esta obrigação conste da guia de trans-

---

[124] Segundo Barthélémy MERCADAL, este, na verdade, ao aceitar a mercadoria, aceita concomitantemente as obrigações ligadas ao transporte (*op. cit.*, p.116). O cumprimento destas obrigações, que poderão ter diversa fonte, poderá ser uma condição para que o destinatário tenha a disponibilidade física da mercadoria, ou então, poder-se-á afirmar que o destinatário, aderindo ao contrato de transporte, aceita as obrigações e os encargos que ao mesmo se associam.

[125] Note-se que, neste ponto, a tradução portuguesa da Convenção deverá ser corrigida, para a fazer coincidir com a versão original e oficial: onde se lê «salvo se proceder contra o destinatário», deve ler-se «sem prejuízo de poder [o transportador] proceder contra o destinatário».

[126] Cfr., recentemente, Ac. STJ de 14 de Março de 2003.

porte. Mas, se se entender que esta obrigação é objecto de uma relação diferente e autónoma da relação de transporte, conquanto acessória, poder-se-ia ver nesta norma a exigência de forma escrita para que a mesma fosse validamente assumida. Na verdade, neste ponto, a lei acrescenta uma condição que se não verifica no art.21.º da CMR, ao ditar a responsabilidade do transportador no caso de falhar o cumprimento desse dever de cobrar o reembolso. Não teria sido necessário apor na norma do art.8.º essa condição, mas, ainda assim, e tendo em conta, seja a ligação estreita desta obrigação com o cumprimento das obrigações derivadas em geral do transporte, entre as quais a entrega da mercadoria, seja o facto de que a guia de transporte deixou de ter o carácter geral de título de crédito constitutivo e literal, seja quanto dispõe o n.º 2 do art.3.º, cremos que não terá sido essa a intenção da lei. Por conseguinte, e sempre tendo presente o regime uniforme que serviu de modelo à lei, talvez seja curial interpretar a norma do art.8.º *cum grano salis*, admitindo a validade da assunção desta obrigação suplementar, mesmo que não seja reduzida a escrito.

**23.** *O regime da responsabilidade no transporte sucessivo de tipo cumulativo.* Para o transporte sucessivo de tipo cumulativo prevê a CMR um regime especial de responsabilidade, dotado de matizes de solidariedade[127]. Como dissemos já[128], trata-se de uma situação em que existirá um vínculo único[129] a ligar o

---

[127] Falando de uma solidariedade que não é absoluta, *vide* A.PESCE, *Il contratto di trasporto internazionale di merci su strada,* Milão, 1984, p.356 ss. (e mostrando também como o regime da CMR, a este propósito, pretende evitar o risco suportado pelo carregador que verá o seu transporte realizado também por transportadores desconhecidos).

[128] Cfr. *supra.*

[129] Cfr. A.PESCE, *op. cit.*, p.359 ss., lembrando que, conquanto a posição do primeiro transportador permaneça inalterada perante o carregador, tanto

expedidor aos vários transportadores sucessivos. E estes estão obrigados, todos, a uma prestação unitária e indivisível, isto é, compromentem-se, todos, a realizar o transporte na sua totalidade e a entregar a mercadoria no destino, nas condiçõe em que haja sido recebida do carregador, conquanto só venham a realizar, *de facto*, uma parte do percurso, e um ou vários de entre eles poderão mesmo não realizar efectivamente qualquer parcela do trajecto, limitando-se ao papel de transportadores contratuais.

Por isso mesmo, o n.º 1 do art.34.º determina que, no caso de «um contrato único [...] executado por transportadores rodoviários sucessivos[130], cada um destes assume a responsabilidade da execução do transporte total».

Sendo este o conteúdo contratual convencionado, então, segue o preceito, «o segundo e cada um dos seguintes transportadores, ao aceitarem a mercadoria e a declaração de expedição, tornam-se partes no contrato nas condições da declaração de expedição».

Ao abrigo da letra da última parte desta disposição, já se entendeu que deveria ser emitida uma declaração de expedição,

---

no transporte cumulativo, como nos casos de subtransporte, se um contrato autónomo intervier para certas partes do percurso, o transportador que assim, realize esse trajecto já não poderá ser considerado como "transportador sucessivo", para os efeitos normativos dos art.34.º ss. da CMR, porquanto estes apenas curam do transporte cumulativo, *stricto sensu*, o qual implica a existência de um único vínculo contratual. E é por isso também que, como lembra ainda o Autor, se o transportador originário, estando obrigado a um transporte internacional, celebrar um contrato de subtransporte com outro transportador para uma parte do percurso que seja meamente interna, enquanto o primeiro transportador responderá perante o carregador nos termos da CMR, já o segundo, tendo-se obrigado a um trajecto meramente interno, responderá perante a sua contraparte (que será o primeiro transportador, uma vez que, perante aquele, assumiu as vestes de carregador), à luz do direito interno eventualmente competente.

[130] Não curam estes preceitos do transporte combinado, do qual, como vimos, se ocupa o art.2.º.

isto é, um documento de transporte, e que este deveria ser único. Todavia, talvez não seja esta a perspectiva mais congenial, seja aos objectivos de ordem pública e ao carácter imperativo dos propósitos normativos do regime uniforme (e, portanto, também das normas especiais em matéria de responsabilidade de certos transportadores sucessivos), seja a quanto dispõe o art.4.º, ao determinar que a aplicação das regras imperativas uniformes prescinde da observância de qualquer formalidade ou da emissão de qualquer título. Então, também quando se trate de aplicar as normas imperativas atinentes ao transporte cumulativo (cujo *intuitus favoris domini mercium* parece iniludível, ao ditar uma sorte de solidariedade passiva, ainda que não estrita), não interessará que tenha sido emitida uma declaração, ou, até, mais do que uma, desde que se consiga demonstrar que as partes pretenderam celebrar um único vínculo com aquelas características, ainda que para isso se tenha de recorrer a outros meios probatórios – mau grado se possa dar de barato que o mais frequente será a emissão da declaração de expedição, e talvez por isso mesmo, a CMR não se tenha coibido de lhe fazer referência.

Entendendo a norma nesta esteira, então, a alusão da norma à declaração de expedição haverá de ser vista como a referência ao normal meio de prova do contrato, ainda que não seja o meio probatório exclusivo, alusão essa que só será relevante no caso de, precisamente, só ter sido emitido um único documento[131].

---

[131] Esta é a posição que já foi defendida, *v.g.*, por A.PESCE, *Il trasporto cit.*, p.238 s., lembrando que a declaração de expedição, diferentemente do que pode ser dito de outros títulos, como o conhecimento de carga, não tem um valor constitutivo. Aliás, quanto se disse em texto, não deixa de ser confortado pelo n.º 1 do art.9.º, também aplicável ao transporte sucessivo, *ex vi* do n.º 2 do art.35.º, e pelo qual se vê que a declaração não vem dotada de literalidade, nem apresenta um carácter constitutivo, apenas suscitando uma presunção *iuris tantum* acerca das condições do contrato.

*Vide* ainda G.ROMANELLI, *op. cit.*, p.177, n.67, a propósito n.º 3 do art.1.º da Convenção de Varsóvia de 1929, após a alteração do Protocolo de Haia de 1955 – portanto, também acerca de um documento que, em princí-

Existindo um contrato deste tipo, ficarão os vários transportadores sujeitos a um regime especial de responsabilidade. Poder-se-ia dizer que todos os transprtadores da cadeia respondem solidariamente pela realização da prestação do transporte[132], conquanto o regime inerente à obrigação de custódia, mas também ao cumprimento tempestivo do transporte, já apresente uma solidariedade algo mitigada. De acordo com este regime, o interessado na carga poderá propor a acção com fundamento em responsabilidade por danos relativos à perda, à avaria ou à demora, contra o primeiro transportador, o último ou contra aquele em cuja parte do trajecto ocorreu o facto gerador do dano. Logo, para que o interessado na carga possa reagir judicialmente contra este último, haverá de, previamente, demonstrar qual foi a parte do percurso em que teve lugar o facto que veio a dar origem ao dano; e, tratando-se de danos diversos, causados por factos ocorridos em diferentes partes do trajecto, poderá o interessado demandar todos os transportadores responsáveis por essas várias *tranches* da viagem total, cada um em relação ao dano motivado por factos ocorridos na respectiva parte do itinerário.

Convirá atentar em que os transportadores, assim chamados a responder, de acordo com este regime especial, ficarão, como qualquer outro, ao abrigo do regime imperativo geral da respon-

---

pio, não terá valor constitutivo –, que contém uma descrição de um transporte cumulativo, e que, segundo o Autor, decide no sentido expresso em texto a questão aí tratada; S.Busti, *op. cit.*, p.76, n.146, lembrando que, à luz do sistema italiano interno, a existência de um documento único em caso de transporte sucessivo, pode apenas provocar a presunção de que se tratou de um transporte cumulativo, surgindo a presunção contrária se forem emitidos vários documentos, 409.

[132] E, portanto, qualquer um deles poderá ser exigido o cumprimento dessa obrigação de deslocação física das coisas, enquanto obrigação distinta daquela que se liga à indemnização por danos, resultantes esses, ora do cumprimento defeituoso daquela obrigação, ora do incumprimento da obrigação de custódia.

sabilidade do contrato, conforme vem delineado nas disposições anteriores da Convenção. Estas normas que vêm disciplinar particularmente o caso do transporte cumulativo não contrastam com os demais preceitos da Convenção, relativamente às diversas matérias aí tratadas. Assim, também a estes transportadores se aplicarão as regras probatórias gerais e outrossim o regime relativo às causas de exclusão da responsabildade (incluindo aquelas privilegiadas) e à limitação do valor da indemnização exigível.

De acordo com o art.37.º, se um ou vários dos transportadores indemnizarem o interessado para além do que deveriam em virtude de danos relativos a factos ocorridos na sua parte do percurso, então terão direito de regresso contra os demais transportadores, mas só, precisamente, em relação àqueles em cujo trajecto tais factos se deram. Poderá, pois, suceder que um transportador tenha de indemnizar o interessado, mau grado nenhum dos danos se ligue causalmente à sua parte do percurso; poderá ser este o caso, tanto do primeiro, como do último da cadeia.

Se o dano se ficou a dever a factos ocorridos em diferentes partes da viagem, entregues a distintos transportadores, cada um responderá na proporção do concurso do respectivo facto para o dano.

Mas, como não seja possível esta avaliação proporcional, então a esta substituir-se-á uma contribuição para a indemnização proporcional à remunaração auferida por cada um destes transportadores.

E da mesma forma se procederá, não sendo possível determinar a parte do trajecto em que ocorreu o facto causador do dano, agora em relação a todos os transportadores coenvolvidos.

E, por força do art.38.º, a mesma proporção será ainda respeitada, no caso de ser insolvente um ou vários dos transportadores responsáveis, *hoc sensu*, isto é, um ou vários de entre os transportadores em cujo trajecto o dano foi provocado. Aí, todos os transportadores da cadeia contribuirão na proporção da parte de frete recebida, e já não apenas os transportadores responsáveis no sentido que acabámos de apontar – este é um risco que, não estando ligado à conduta negligente daqueles que teriam de indemnizar, e, portanto, não estando ligado às venturas e desventuras da viagem, não teria de ser suportado tão-só pelos tansportadores realmente causadores do dano, e, menos ainda, daqueles em cujo trajecto ocorreu um acto ignoto de que veio a derivar o dano.

O regime interno de 2003, a propósito do transporte sucessivo cumulativo, nos arts.11.º e 22.º [133], depois de o art.10.º mos-

---

[133] Contudo, a maneira como a lei distribui o regime do transporte cumulativo por estas duas normas pode dar lugar algumas inquietações. Se o legislador apenas tivesse escolhido uma epígrafe mais ampla do que o objecto do preceito, no qual tão-só alude a uma das espécies do *genus* transporte sucessivo, nenhum mal adviria (na verdade, como é comunmente entendido, a este género reconduzem-se também, *v.g.*, o transporte com subtransporte ou o transporte com reexpedição). Se, por outro lado, tivesse optado por seguir o exemplo da CMR, onde, apesar de a epígrafe "transportadores sucessivos" encimar uma disposição que também só trata de uma das suas espécies, mas ligando-lhe, acto contínuo, e no mesmo preceito o respectivo regime de responsabilidade, ainda não ficaríamos perplexos. Sucede, porém, que, o legislador nacional, num diferente preceito, o do art.22.º, liga ao transporte sucessivo um particular regime de responsabilidade que só se compreende para uma das espécies desse transporte, a do transporte cumulativo. Assim, sob o *nomen* transporte sucessivo quis apenas albergar uma das suas espécies. Logo, no art.22.º dever-se-á entender por transporte sucessivo tão-só o transporte definido no art.11.º, isto é, *proprio sensu*, não o transporte sucessivo, mas o transporte cumulativo. Mas, apesar do que acabamos de dizer parecer ser óbvio, na verdade não o é. O legislador poderia ter incluído o preceito do art.11.º apenas para resolver as dúvidas relativas à qualificação do tipo de obrigação que emerge de certos transportes sucessivos; e, se assim fosse, já não era forçoso ver nessa norma uma mera parcela explicativa da hipótese do art.22.º, por acaso, deslocada para outra parte do diploma (isto é, a hipótese do art. 22.º poderia ser vista como mais ampla, abrangendo outras espécies de transportes sucessivos).

Logo, em sendo assim visto o art.11.º, sempre se poderia entender que o art.22.º se aplicaria a todos os transportes sucessivos, mesmo mediante uma

trar a realidade diferente que se reverbera no mero subtransporte, não seguiu sempre no encalço da disciplina uniforme. Preferiu o legislador nacional ditar a solidariedade dos transportadores no caso de se não conseguir determinar o local e/ou o momento, isto é, a parte do trajecto, em que ocorreu o facto gerador do dano. Determina, igualmente, que, em caso de insolvência do transportador responsável, *hoc sensu*, a indemnização por este devida será suportada pelos demais na proporção da parte do preço do transporte que acada um seja devida.

Nada diz a norma sobre quem poderá ser demandado, com fundamento em responsabilidade contratual. Ademais, do art.22.º, *a contrario*, parece decorrer o afastamento da norma mais geral do art.100.º do Código Comercial, só existindo solidariedade se não for determinável a parte de percurso em que se deu o facto causador do dano[134]. Mas, se assim é, então, teremos

---

interpretação declarativa do diploma, por exemplo, por se considerar que a epígrafe do art.11.º não era mais do que um *lapsus calami* ou uma sinédoque inocente.

Mas, se também esta interpretação fosse possível, e se tivermos de recorrer ao modelo normativo da CMR, aos princípios do nosso sistema e a um particular discurso analógico que nos mostrará que nos demais transportes sucessivos não se apresentam as razões justificadoras do particular regime de responsabilidade previsto no art.22.º, pois que esses outros transportes apresentam circunstâncias bem diferentes e provocam problemas de direito também diferentes, então, para que o regime do art.22.º se aplique tão-só aos transportes ditos cumulativos, seríamos forçados a fazer uma interpretação restritiva do art.22.º, na parte em que alude ao transporte sucessivo; senão, talvez tivéssemos de admitir a presença de um *lapsus calami* sempre que, no diploma, se menciona o conceito de transporte sucessivo, devendo aí ler-se, *v.g.*, "transporte cumulativo" ou "obrigação indivisível de transporte".

Como é consabido, não é sempre necessário que o legislador enuncie as definições dogmáticas, e este era seguramente um dos casos em que não era necessário fazê-lo, como o mostra o texto da CMR.

[134] A lei de 2003 também não refere expressamente que os vários transportadores respondem pela inteira realização do transporte, independentemente do momento em que se unam ao trem de transportes sucessivos. Aliás,

126  Direito dos Transportes

de recorrer ao direito comum. Ora, tratando-se de uma obrigação indivisível, haveremos de ter em conta o art.537.º do Código Civil, sobretudo, se se considerar que não estamos perante uma responsabilidade necessariamente solidária, como parece ser de concluir do art.22.º[135] [136].

---

a letra do n.º 1 do art.11.º, ao indicar que é o momento da aceitação da mercadoria e da guia de transporte que marca o início da produção de efeitos do contrato para cada um dos transportadores, sem qualquer alusão a uma retrotracção desses efeitos, poderia parecer insinuar o contrário. Não obstante aluda a um contrato único, sucede que nada parece impedir que, num único contrato, cobrindo um percurso entregue a diferentes transportadores, que se ocuparão de diferentes partes do percurso, se concorde igualmente em dividir o transporte global em separadas obrigações de transportar para as diferentes partes do percurso; estaríamos defronte de um contrato com uma contraparte, os transportadores, que, conquanto fosse colectiva, nem por isso estaria disposta a assumir uma obrigação indivisível.

Todavia, não cremos que seja esse o sentido mais curial para o preceito, antes se devendo rever no preceito a intenção de abranger tão-só o verdadeiro transporte cumulativo, gerador de uma obrigação indivisível, e não tanto por isso que se acabou de dizer, mas sobretudo devido ao teor do regime de responsabilidade, pelo menos, para-solidária, que se vem a prever no art.22.º.

Ora, a ser assim, mau grado não se faça menção da responsabilidade solidária pela realização do transporte, enquanto obrigação *a se*, diferenciada da obrigação de custódia e das obrigações emergentes dos danos especialmente regulados no diploma, parecerá que, ainda assim, essa responsabilidade poderia acabar por resultar das normas comerciais gerais.

[135] Sem embargo de, ao abrigo do art.513.º do Código Civil, a partes poderem estabelecer convencionalmente a solidariedade de todos os transportadores sucessivos, num contrato unitário de transporte cumulativo. Note-se, contudo, que, *de iure condendo*, talvez seja curial averiguar até que ponto este regime protege suficientemente a segurança e a previsibilidade do expedidor, no âmbito de uma normal prática comercial, atendendo a que poderá suceder que o único transportador realmente "visível", aos olhos do expedidor, poderá ser o primeiro da cadeia. Na verdade, ainda que este responda solidariamente em qualquer caso, como se prevê na CMR, não fica desprovido de protecção, já que sempre lhe assistiria o direito de regresso, como acontece outrossim à luz da disciplina internacional. Por outro lado

Sempre se poderia argumentar que, à luz do n.º 2 do art.17.º, pelo menos, o primeiro transportador poderia responder, a título de transportador contratual. Porém, no caso dum transporte cumulativo, estaremos perante um contrato único que liga o expedidor a diversos transportadores, todos eles transportadores contratuais, pelo que já não fará sentido apelar para esta norma[137], como faria no caso de um mero subtransporte.

Não é este um regime original, e acaba por ser contrabalançado pela vantagem que o n.º 3 do art.9.º atribui ao interessado, a fim de poder determinar a parte do trajecto em que haja ocorrido a causa do dano, por isso que, não tendo um dos transportadores sucessivos formulado reservas no documento de trans-

---

ainda, não se deve esquecer que amíude o interessado na carga estará gravado com uma particular dificuldade probatória, mercê da distância física e técnica em relação às coisas transportadas e aos meios empregues na realização da viagem, que afinal não controla *in loco* – terá sido este, aliás, o motivo que, no Código Civil italiano de 1942, terá ditado a diferença de regimes entre o transporte cumulativo de pessoas e aquele de coisas, só para este último se reservando o regime da solidariedade entre todos os transportadores. Aliás, independentemente das relações entre os transportadores e de se determinar, ou não, o momento em que ocorreu o facto gerador do dano, de acordo com o regime italiano, respondem todos solidariamente (já o regime do anterior art.411.º do *Codice di Commercio* continha um regime muito próximo da CMR; o direito italiano começou assim por seguir as tendências dos regimes ferroviários, cuja harmonização começou logo na primeira metade do séc.XIX, passando, depois, a orientação das Regras CIM à Convenção CMR – A.Asquini, *op. cit.,* p.598).

[136] Porém, à luz do anterior regime do Código Comercial, Luís da Cunha Gonçalves defendeu a completa solidariedade dos vários transportadores – *op. cit.,* p.444 ss..

[137] *Rectius,* não adiantará invocar esta norma para este preciso efeito, conquanto ela talvez possa ser invocada, por exemplo, porque um dos transportadores sucessivos cumulativos, isto é, um dos transportadores contratuais, recorreu aos serviços de um transportador que efectivamente realizou o perurso que àquele estava contratualmente confiado.

128     *Direito dos Transportes*

porte, se presume que elas terão sido recebidas do anterior em bom estado[138] [139].

Adirta-se, justamente, que a aposição de reservas pelos transportadores subsequentes, ou seja, diferentes daquele que recebeu as mercadorias do carregador, a este não afectarão, só ganhando relevo nas relações entre os transportadores sucessivos. É também neste sentido que se deverá entender o n.º 2 do art.9.º e era assim que, já à luz do art.377.º do Código Comercial, se compreendia a aposição de reservas no caso de um serviço cumulativo de transporte[140], como é esta, outrossim, a orientação que se colhe do n.º 2 do art.35.º da CMR.

**24.** *O fundamento da responsabilidade. A responsabilidade extracontratual. Os destinatários do regime da responsabilidade.* E, para evitar que as partes envolvidas se pudessem subtrair à disciplina imperativa uniforme, assim acabando por derrotar os seus propósitos normativos e os seus objectivos de ordem pública, tornar-se-ia necessário que essa disciplina regulasse a questão da

---

[138] Apesar de a convocação desta norma se poder compaginar mal com o preceito do n.º 2 do art.9.º (que, aliás, tem uma certa originalidade), quando este exige a aceitação das reservas pelo expedidor. Como veremos, não só esta norma talvez mereça uma interpretação em termos hábeis, como, a ser vista com o seu valor facial, talvez se possa interpretar retritivamente, no sentido de a não aplicar aos transportadores sucessivos cumulativos, atendendo à dificuldade que poderia levantar a obtenção dessa aceitação, ao ponto de abrandar extremamente o transporte, se não viesse mesmo a ter um efeito paralizante. Ou então, sempre poderíamos entender que a norma do n.º 2 do art.11.º, ao não exigir essa aceitação, afastaria a norma geral do n.º 2 do art.9.º. Cfr., *infra*, o que se dirá de seguida, em texto.

[139] Neste sentido, ainda, os arts.1693.º e 1701.º do Código Civil italiano.

[140] Cfr. a clara explicação de L.Cunha Gonçalves, *op. cit.,* p.445, e ainda sobre o transporte cumulativo, *proprio sensu*, p.398 e 444 ss..

responsabilidade, qualquer que fosse o fundamento invocado. E por isso, o art.25.º determina a aplicação das regras uniformes tanto à responsabilidade contratual como àquela extracontratual, ficando ao seu abrigo todos quantos podem intervir na realização dos transportes. Entre estes, isto é, entre aqueles que se poderão também socorrer das causas de exclusão da responsabilidade e da limitação dos valores indemnizatórios, poderemos contar, não só o transportador contratual, mas também outros sujeitos que poderiam ser demandados a título de responsabilidade aquiliana, entre os quais, o transportador real ou efectivo, além de todos os prepostos, mandatários, agentes ou comissários, ou seja, todos aqueles a quem os transportadores tenham recorrido para que a viagem se fizesse.

Trata-se, afinal, como refere o n.º 2 do art.25.º, das pessoas por cujos actos o transportador sempre poderia ser responsabilizado *ex vi* do art.3.º. Tentou-se, destarte, dar solução ao problema de saber quem seriam os destinatários do regime uniforme, problema que já preocuparia a doutrina, a propósito do regime uniforme relativo ao transporte marítimo das Regras de Haia de 1924 e daquele relativo ao transporte aéreo da Convenção de Varsóvia de 1929. Na verdade, a CMR, em 1956, acabaria por receber a orientação também acolhida no art.25.º-A do Protocolo de Haia, de 1955, que havia sido celebrado para alterar a dita Convenção de Varsóvia[141].

---

[141] A lei de 2003 optou por não se pronunciar sobre estas questões, para além do que prescreve no n.º 2 do art.17.º, pelo que se deverá procurar a resposta para as mesmas no direito comum, onde seremos confrontados com a diatribe relativa ao concurso de responsabilidades. Na solução do problema, neste domínio dos transportes, não poderão, todavia, ser esquecidos os objectivos de ordem pública que concorrem para o desenho normativo da especialidade que marca o regime da responsabilidade por danos relacionados com o transporte.

## §4.º – Os documentos de transporte

**25.** *A declaração de expedição e o seu conteúdo na CMR. As reservas e os seus efeitos.* Como vimos, o contrato de transporte não é formal, porquanto, à luz da CMR, a ausência do documento de transporte não obsta, nem à validade do contrato, nem à sua submissão ao regime imperativo uniforme, sem embargo de o habitual ser a emissão dessa declaração de expedição, tanto mais que a legislação pública dos vários países soi exigir que as mercadorias em viagem se façam acompanhar de uma certa documentação (cfr. arts. 15.º e 16.º do DL n.º 38/99, de 6 de Fevereiro).

Ao abrigo das normas internacionais que vimos visitando, a declaração de expedição (para o transporte interno, como era de cotio, manteve-se para a carta de porte a designação de guia de transporte, correspondendo às *lettre de voiture, lettera di vettura, Frachtbrief* – cfr.art.369.º do Código Cmercial e art.3.º do DL n.º 239/2003) deverá ser emitida em três exemplares, um para o expedidor, outro para o transportador e outro ainda para acompanhar a mercadoria (art.5.º da CMR). Os exemplares serão assinados pelas partes[142] (mas não se confunda a mera assinatura

---

[142] Estas assinaturas manuscritas poderão ser substituídas por chancelas ou assinaturas estampadas, contanto que essa formalidade seja permitida pela *lex loci actus*. Estamos aqui perante uma referência limitada em matéria de forma que atribui competência à *lex loci*. Apesar de se poder entender que estamos perante uma regra de conflitos, conquanto dotada de um apertado conceito-quadro (*et pour cause*), não se deverá entender que esta previsão

do exemplar com a assinatura específica aposta às reservas pelo expedidor, significando a sua aceitação das mesmas – cfr. *infra*).

O conteúdo da declaração há-de incluir as menções arroladas no art.6.º, umas gerais (n.º 1), isto é, comuns a todos os contratos, outras particulares (n.º 2), contudo não se poderá dizer, *stricto sensu*, que as do n.º 1 sejam necessárias, pelo menos, do ponto de vista da validade ou da eficácia do contrato, ainda que a insuficiência ou inexactidão de certas menções possa originar a responsabilidade do expedidor que as preenche ou as fornece. Todavia, o expedidor responderá e pagará as despesas originadas por essas falhas, quer em relação às menções gerais do n.º 1, quer em relação às demais.

Ganham particular relevo as menções incluídas a propósito das características das mercadorias carregadas, mercê das consequências que apresentarão em sede de prova do dano das fazendas (cfr. arts8.º e 9.º).

Assim, de acordo com a al. g) do art.6.º, na declaração de expedição serão incluídas as referências oferecidas pelo expedidor, relativas ao número de volumes, às marcas especiais e aos números dos mesmos. Relativamente a estes aspectos, como no que tange ao estado aparente da mercadoria e da embalagem, após a respectiva verificação, o transportador poderá formular reservas[143]. As reservas serão, assim, observações apostas pelo transportador na declaração de expedição, pelas quais o transportador põe em crise as menções do carregador atinentes ao número, marcas e números dos volumes, ou ainda o bom estado aparente

---

já quis incluir outras formalidades, hoje eventualmente admitidas, como sejam aquelas electrónicas, devido à distância material que existe entre os tipos de formalidade em relação àqueles aí previstos, não se podendo falar estritamente numa equivalência funcional. Todavia, anuncia-se já uma alteração quanto a este ponto.

[143] Sobre a relação destas com a actividade de crédito documentário, cfr., recentemente, o Ac. STJ de de 20 de Janeiro de 2003.

da carga e/ou da mercadoria (cfr. n.º 1 e 2 do art.8.º). Por outro lado, as reservas poderão provocar tal crise de dois modos, a saber: por um lado, o transportador poderá contrariar a aparência do bom estado da mercadoria ou da embalagem, por outro, o transportador poderá, simplesmente, pôr em questão qualquer um destes aspectos ou aquelas indicações atinentes ao número de volumes, às marcas e aos números, declarando que não pôde realizar a verificação do carregamento. Em qualquer dos casos, porém, as reservas haverão de ser fundamentadas, e, no primeiro caso, isto é, quando venham a incidir sobre o número de volumes, as marcas e os números, que correspondem a menções fornecidas pelo expedidor na declaração de expedição, o transportador só poderá apô-las, se não tiver meios razoáveis para proceder à respectiva verificação, competindo, então, ao transportador ofercer juntamente as causas da impossibilidade de verificação. Note-se, contudo, que por "impossibilidade" se deverá entender aquela falta de meios razoáveis, ou seja, meios que não se revelem, por exemplo, excessivamente demorados ou dispediosos.

A vantagem da aposição destas reservas percebe-se conhecendo o particular valor probatório da declaração de expedição. Esta, não sendo umtítulo negociável, nem tendo um valor constitutivo, nem representando a mercadoria (não se trata, portanto, de um título representativo de coisas), ainda assim provoca três presunções em favor do carregador (cfr. art9.º). Assim, presumir-se-á que o conteúdo do contrato coincide com o as condições descritas na declaração (n.º 1 do art.9.º). De outra banda, havendo uma declaração de expedição assinada pelo transportador, presume-se que a mercadoria foi recebida, aparentemente, em bom estado e bem embalada, e presume-se outrossim a exactidão das menções que nela constam acerca de alguns aspectos relativos à carga, isto é, o número de volumes, as suas marcas e os seus números. Todas estas presunções são *iuris tantum*, admitindo prova em contrário.

134 *Direito dos Transportes*

Todavia, o transportador pode afastar a presunção relativa ao bom estado aparente da mercadoria e da embalagem, bem como aquela realtiva ao número de volumes, às marcas e aos números, cumprindo o ónus da formulação de reservas, sempre que estas se justifiquem. Contudo, a fim de que se possa precludir essa presunção, tais reservas deverão ser "regulares", isto é, razoavel e suficientemente precisas e fundamentadas. Assim, as reservas deverão ser precisas em relação àquela carga, e deverão ainda ser motivadas. Logo, como decorre do n.º 2 do art.8.º, em relação às menções do n.º 1 respeitantes ao número de volumes, às suas marcas e números, a reserva há-de traduzir-se na impossibilidade de verificação das mesmas, recorrendo apenas a meios normais e razoáveis. Então, o transportador aporá a reserva indicando e fundamentando essa impossibilidade, porquanto é a ele que incumbe provar as razões dessa justificável impossibilidade[144]. Se, de outra banda, as reservas tangem ao aparente bom estado da mercadoria ou da embalagem, também nesse caso, deverá o transportador motivar as suas suspeitas e observações, aludindo às caracterísiticas exteriores que o fazem duvidar.

Não bastará, portanto, apor reservas genéricas e, até, estampadas[145], ou seja, reservas que não se referem directamente àquele carregamento e que são desprovidas de qualquer precisão ou fundamentação, seja por referência ao objecto da reserva (nomeadamente, revelando os danos concretos do tipo[146] de mercadoria

---

[144] Que, de resto, o carregador poderá atacar, provocando a ineficácia dessas reservas, e recuperando o valor de presunção da declaração, tudo se passando como se o transportador não tivesse cumprido o dever de verificação previsto no n.º 1 do art.8.º. Cfr. *infra*.

[145] Naturalmente que o facto de as reservas serem estampadas não tem por que obstar à sua validade, contnto que sejam motivadas, precisas e especialmente adequadas à carga em causa.

[146] Claro está que se não exigirá um texto profuso e excessivamente pormenorizado, mas, se a carga são víveres e estes aparentam humidade, isso mesmo deverá ser referido, ainda que brevemente e até mediante fórmulas

ou de embalagem a transportar), seja por referência às circunstâncias que inviabilizaram justificadamente a verificação. Reserva deste tipo seria, por exemplo, a que indicasse que as mecadorias haviam sido carregadas sob reserva, por não haverem sido verificadas («mercadorias não controladas», «carga danificada»[147]), sem que se fundamentasse a impossibilidade razoável de verificação, ou sem que esta se revelasse evidente.

Claro está que, em certos casos, serão admissíveis algumas reservas genéricas e, mesmo, desprovidas de uma fundamentação *ad hoc*, mas, em princípio, só quando a fundamentação das mesmas resulte *in re ipsa*. Será, por exemplo, o que sucederá quando o transportador receber para transporte um contentor completo e selado (FCL-*full container load*, por oposição ao *less than full container load*). Neste caso, não podendo o transportador abrir o contentor, será óbvio que a verificação da mercadoria não podia ter lugar, justificando-se uma cláusula genérica do tipo «*said to contain*»[148], isto é, que indique apenas que

---

típicas, até estampadas; o que já se não pode admitir é uma genérica reserva mencinando que a carga apresenta danos. Aliás, a própria IRU (*Union International des Transports Routiers)* elaborou um rol de cláusulas, não obstante sejam tipificadas, e até substituíveis por números, através de uma legenda aceite internacionalmente, a fim de tornar a sua aposição mais célere. Compreende-se um tal catálogo de reservas-tipo, se se considerar que a certos tipos de mercadorias e de circunstâncias corresponderão normalmente certos danos, também típicos, não sendo, ademais, de esquecer que, apesar da variedade da realidade do transporte, ainda assim, durante um século, a experiência foi mostrando que alguns factos se terão por mais frrequentes. Pese embora se possa questionar se essas reservas típicas são suficientemete precisas e motivadas, não se deverá esquecer que, mesmo que o não sejam, como sejam aceites pelo carregador, acabarão por ser eficazes, do ponto de vista probatório. Aliás, o dito elenco de verificação da IRU acabava recomendando ao transportador que obtivesse a assinatura das reservas pelo carregador, e, caso não fosse bem sucedido, o condutor deveria pedir instruções ao seu superior.

[147] Cfr. J.PUTZEYS, *op. cit.*, p.147.

[148] Cfr. J.PUTZEYS, *op. cit.,* p.148.

a mercadoria não foi verificada, indo as menções do carregador sem a confirmação do transportador. Ainda assim, a aferição da regularidade, *hoc sensu*, das reservas sempre dependerá de uma investigação das reais condições em que a mercadoria foi entregue ao transportador.

Conclui-se, pois, que o afastamento da presunção do n.º 2 do art.9.º[149], mencionada *supra*, dependerá do carácter fundamentado das reservas (seja essa fundamentação *ad hoc*, ou resulte ela *in re ipsa* [150]). É esta a conclusão a que se chega considerando o preceito do n.º 2 do art.9.º, segundo o qual a presunção só surgirá no caso de o transportador não haver aposto «reservas motivadas». E nada mais acrescenta. Assim, a aceitação das reservas pelo carregador não será condição para o afastemento daquela presunção, embora tenha o efeito sobre o *onus probandi* que referiremos *infra*. Mas, a não serem incluídas tais reservas, presumir-se-á que os aspectos sobre os quais as reservas podem incidir, e só esses, não apresentavam quaisquer anomalias, isto é, presumir-se-á que a mercadoria e a embalagem estavam, à partida, em bom estado aparente, e que as menções dadas pelo

---

[149] Que, como é bom de ver, se não confundirá com o afastamento ou com a reversão da presunção de responsabilidade em caso de dano, embora o afastamento das presunções relativas ao bom estado da mercadoria e embalagem, ou aos volumes, possa auxiliar o transportador no momento em que haja de provar a ligação do dano a uma das causas de exoneração da responsabilidade ou a um dos riscos liberatórios. Todavia, diferentemente do que foi já sustentado na jurisprudência francesa, mesmo na ausência ou insuficiência das reservas relativas, por exemplo, à embalagem, não ficará o transportador impedido de posteriormente vir a provar por outros meios que havia deficiência da embalagem (conquanto se admita a maior dificuldade dessa prova ulterior), por isso que a aposição dereservas corresponde tão-só a um ónus e, estando a declaração privada das ditas reservas, ainda assim só valerá enquanto presunção relativa. Cfr.B.MERCADAL, *op. cit.*, p.101.

[150] Cfr. J.PUTZEYS, *Le contrat de transport routier de marchandises*, Lovaina, 1981, p.149.

carregador sobre o número de volumes, as marcas e os números eram exactas. Já a inclusão destas reservas "regulares" ou motivadas afastaria esta presunção, independentemente de serem aceites pelo expedidor. E, uma vez que haja sido afastada essa presunção, retoma-se a normal distribuição do *onus probandi*, cabendo ao expedidor provar por qualquer outro meio o estado da mercadoria e da embalagem, bem como a exectidão daquelas indicações, à partida[151].

Mas, segundo outro aviso, para que se afaste essa presunção, será necessária a aceitação expressa das reservas pelo carregador, prevista no n.º 2 do art.8.º, *in fine* [152]. Talvez não seja necessário ir tão longe, não só porque o texto do n.º 2 do art.9.º não o parece exigir, ligando-se a aceitação expressa das reservas a um outro efeito, de acordo com o n.º 2 do art.8.º, nem apenas porque a ser assim, essa exigência não deixaria de constituir uma certa originalidade da CMR por comparação com outros regimes uniformes[153], mas também por se atender à teleologia do próprio regime normativo, que nos levará a admitir a desnecessidade dessa aceitação formal, por se revelar execessiva. Senão vejamos. A entender a norma naquele sentido, exigindo a dita aceitação para que a inclusão de reservas possam afastar a presunção gerada pela guia, poderia a norma ter um efeito paralizante, acabando

---

[151] Neste sentido, A.Pesce, *op. cit.,* p.107, n.47, 109, n.49, (sobre esta questão, cfr. ainda *Il contratto, cit.,* p.126 ss., *maxime*, p.136 ss., sustentando que as reservas motivadas, independentemente da aceitação por parte do expedidor, alijam a presunção que gravaria o transportador, e que a aceitação das mesmas terá o efeito ulterior de impedir que se possa fazer prova contrária a quanto venha exposto nas reservas aceites, o que poderá ter particular relevo em sede de exclusão da responsabilidade); J.Basedow, *Münchener Kommentar zum Handelsgezetsbuch*, B.7, p.959.; I.Koller, *Transportrecht – Kommentar zu Spedition und Gütertrasport*, Munique, 2000, p.965.

[152] Neste sentido, B.Mercadal, *op. cit.,* p.101; J.Putzeys, *op. cit.,* p.149 s..

[153] Cfr. B.Mercadal, *op. cit., loc. cit..*

até por perder o seu efeito útil. Na verdade, poder-se-á pretender que um transportador aceite realizar um transporte, quando forem evidentes os problemas da carga ou a impossibilidade de verificação, sabendo que, mesmo apondo as regulares reservas, ainda assim, contra ele valerá uma presunção de bom estado e de exactidão das indicações da carga (ainda que refutável), apenas porque, como seria de esperar, o expedidor se negou a aceitá--las? Isto é, a entender-se deste modo o preceito, correr-se-á o risco de que jamais as reservas surtam o seu efeito de degradação da força probatória presuntiva da declaração, bastando para isso que os carregadores nunca aceitem as reservas[154]. Acresce que ao carregador sempre assiste a faculdade de exigir uma verificação contraditória da carga, à partida, no caso de discordar das obsevações que o transportador esteja prestes a inserir na guia de transporte (art.8.º, n.º 3).

Parece, portanto, que a norma que exige a aceitação mira a uma diferente *fattispecie*, isto é, como sugere Angelo PESCE[155],

---

[154] Isto mesmo não deixa de ser insinuado por Jacques PUTZEYS, mau grado o Autor siga a tese que agora questionamos – *op. cit., loc. cit.*. É certo que, a considerarmos a aceitação das reservas necessária, para resgatar o sentido útil da disposição que prevê a sua aposição e o efeito probatório da mesma, sempre se poderia obtemperar que o carregador seria forçado a aceitá-las por um motivo económico-comercial óbvio, por isso que precisa de ver as suas mercadorias transportadas, pelo que as aceitaria por dependência económica da actividade transportadora, concordando ou não com as observações do transportador. Mas isso significaria admitir que a CMR, tortuosamente, quis fixar, para este ponto, um regime cuja realização normativa acabaria pordepender da mera e rude força económica das partes em relação ao mercado, e assim, um regime apoiado nos institntos de sobrevivência económica dos intervenientes, desistindo, para este efeito, de procurar aquele justo equilíbrio, mesmo na distribuição dos riscos, que é timbre do restante regime da CMR. Mas ceder neste ponto acabaria por contaminar o regime na sua inteireza, aém de que mais fácil teria sido puramente não prever a faculdade de apor reservas.

[155] *Op. cit., loc. cit..*

a possibilidade de uma ulterior renegocição dos termos do contrato, pelo menos, quanto à descrição do objecto sobre que recai o transporte. E a mesma conclusão, ou seja, a que aponta para a desnecissade da aceitação para que a declaração perca o valor de presunção quanto ao objecto das reservas fundamentadas e regulares, parece ainda ser coadjuvada, se se recordar que a declaração de expedição não apresenta um carácter constitutivo, não representando as mercadorias, e sendo admissíveis quaisquer meios probatórios contra quaisquer interessados.

Não significa isto que a aceitação das reservas não surte qualquer efeito. Na verdade, a aceitação será necessária para que as reservas vinculem o expedidor. E, além disso, se este as aceitar expressamente, já não interessará que as reservas hajam sido fundamentadas, para que a declaração perca o seu carácter de presunção[156]. Mais, se o carregador aceitar expressamente[157] as reservas, parece que surgirá, também contra o expedidor (e, logo, contra o destinatário), uma presunção inilidível relativamente ao objecto das reservas[158]. E parece ser este o particular efeito da aceitação das reservas relativamente à distribuição da carga probatória, de acordo com o n.º 2 do art.8.º, que, assim, parece impedir ao expedidor o recurso a outros meios probatórios, afim, de contrariar as reservas, pois que por elas ficou «obrigado», mediante a aceitação.

Por outro lado, uma presunção irrefutável quanto à mercadoria pode ainda surgir, quando o resultado da verificação, feita

---

[156] Note-se que perante o destinatário sempre poderá responder o próprio expedidor, no âmbito da relação de valuta.

[157] Por exemplo, pela aposição da assinatura junto das mesmas na declaração de expedição, precedida da indicação "reservas aceites", diferente da normal assinatura da declaração de expedição, que, *a se*, não significa aceitação das reservas.

[158]Assim, parece-nos, A.PESCE, *Il trasporto, cit., loc. cit.*; I.KOLLER, *op. cit.*, p.965 s..

## 140      *Direito dos Transportes*

por ambos, da mercadoria for inserido na declaração de expedição (cfr. art.8.º, n.º 3, *in fine*)[159]. Além dessa verificação poder abranger os aspectos já referidos, o carregador tem ainda o direito de exigir a verificação do peso bruto da mercadoria[160] ou da sua quantidade e do conteúdo da mesma, *ex vi* do n.º 3 do art.8.º. Esta verificação pode ser contraditória, feita conjuntamente pelo transportador e pelo expedidor, ou pode ainda ser feita por um terceiro a quem recorram. Em qualquer dos casos, os custos da mesma serão suportados pelo carregador, que é o único a poder exigi-la.

Note-se que o objecto desta verificação vai além do objecto da normal presunção suscitada pela declaração, segundo o n.º 2 do art.9.º, que apenas alude aos aspectos que o transportador tem o dever de verificar, isto é, aqueles indicados no n.º 1 do art.8.º. Na verdade, se não ocorrer esta verificação e se não forem apostas reservas, a presunção provocada pela guia de transporte só abrange o estado aparente da mercadoria e da embalegem, o número de volumes, as marcas e os números (art.9.º, n.º 2). Já, ocorrendo a verificação, esta pode recair sobre a real quantidade ou peso da mercadoria, bem como sobre o real conteúdo da carga embalada, aspectos sobre os quais, em geral, nada se presume, porquanto o transportador não tem o dever de os verificar[161].

---

[159] Assim, J.Putzeys, *op. cit.*, p.145, mas lembrando que, ainda assim, se poderá contrariar o resultado dessa verificação, mas tão-só, se se conseguir provar que houve erro (mesmo que se não tenha tratado de um «erro invencível») nessa verificação, por exemplo, por deficiência técnica dos meios empregues na mesma.

[160] Como sucede, por hábito, sempre o transportador pode verificar *motu proprio* o peso líquido da carga, tendo em conta a tara, e, ao mencioná-lo, poderá alcançar uma posição probatória mais confortável. Cfr. A.Pesce, *op. cit.*, p.105, n.38.

[161] Cfr. J.Putzeys, *o. cit.*, p.138 ss., 147 s., I.Koller, *op. cit.*, p.961 ss. (concordando com a inclusão do contentor na categoria de embalagem, que não terá de ser aberta, considerando que o transportador não é obrigado à

Mas, ainda que o transportador não cumpra o dever de verificação, mesmo dispondo de meios razoáveis para a realizar, não apondo as reservas que, eventualmente, se lhe seguiriam, não se poderá daí retirar a conclusão de que responderá necessariamente pelos danos relativos aos aspectos verificáveis, e que, eventualmente, já poderiam estar presentes na carga, no momento da partida[162]. Na verdade, essa sanção não é prevista pela CMR como consequência da não verificação. Por conseguinte, mesmo

---

averiguação e apreciação do conteúdo da partida). Assim, não existindo verificação, o carregador, para provar o conteúdo não aparente da carga, terá de recorrer a outros meios probatórios, sem embargo de certa jurisprudência francesa haver adoptado uma orientação mais gravosa para o transportador, impondo-lhe a abertura dos volumes e a verificação exterior da mercadoria. Sucede, porém, que o dever de verificação imposto pelo n.º 1 do art.8.º talvez não exija tanto. A verificação aí exigida é a verificação exterior, ainda que atenta, mas sempre segundo o que resultaria do padrão abstracto de um *diligens paterfamlias*, *rectius*, de um transportador-comerciante normalmente diligente, dotado tão-só dos meios normais e razoáveis para uma verificação exterior do estado da mercadoria e da embalagem (e, em se tratando de um transportador especializado no transporte de certa espécie de mercadoria, o padrão há-de ser referido ao transportador especializado normalmente diligente). E, como lembra Jacques Putzeys, não se pretende sequer a diligência de um perito em embalagens, ainda que o transportador deva ter em conta as embalagens que ususalmente revestem certos tipos de mercadorias, isto é, de acordo com os usos comerciais. Na verdade, o n.º 1 do art.8.º não impõe ao transportador a verificação de todo o conteúdo da carga, e, acto contínuo, não incide sobre este conteúdo a presunção prevista pelo n.º 2 do art.9.º, como sobre ele não têm de incidir as reservas referidas pelo n.º 2 do art.8.º.

Qualquer investigação ulterior da carga, sendo morosa e dispendiosa, não lhe é exigível, senão no caso de o carregador a pretender, à luz do n.º 3 do art.8.º. Mais uma vez, manifesta-se a preocupação de equilíbrio entre as partes a quem aproveita a actividade transportadora, entre elas se distribuindo também as cargas relativas á verificação da mercadoria, na medida em que, ulteriormente, esta venha a influir sobre a prova, em sede de apuramento da responsabilidade.

[162] Neste sentido andou também certa jurisprudência francesa. Cfr. J.Putzeys, *op. cit., loc. cit.*; B.Mercadal, *op. cit.*, p.101 s..

se não efectuar a verificação devida, ou se não apuser reservas, sempre o transportador poderá provar, por qualquer outro meio probatório, a anterioridade das deficiências, isto é, que eram anteriores ao momento em que as recebeu. E nem se diga que, a ser assim, a norma do n.º 1 do art.8.º será uma norma imperfeita, porque desprovida de sanção, pois que, se o transportador não proceder à verificação e não incluir as reservas que resultariam, sempre contra ele acabará por surgir uma inversão do ónus da prova, mercê da presunção provocada pelo n.º 2 do art.9.º, precisamente, em relação aos aspectos da carga que «deveriam» ter sido verificados, no momento da recepção da mercadoria[163].

Note-se, por fim, que a aposição de reservas pode surtir efeitos sobre a força prbatória da declaração, debilitando-a e evitando que a mesma valha por presunção, mas já não será suficiente para, *a se*, afastar a presunção de responsabilidade que impenderá sobre o transportador, no caso de sobrevir um dano. Provado este, sempre o transportador será presumido responsável. Claro que, se o dano em causa é um daqueles que, habitualmente, resulta dos riscos enunciados no n.º 4 do art.17.º, e se as reservas apostas tinham a ver com tais riscos, então, o transportador estará, eventualmente, numa posição mais confortável, quando tiver de fazer a prova da existência do risco a que se ligue abstractamente a consequência que se traduz no tipo de dano produzido.

Tomemos o exemplo do defeito de embalagem. Imagine-se que, ao receber a mercadoria, o transportadr observou deficiências aparentes na embalagem e fez a respectiva reserva, que não foi aceite pelo carregador[164], e que, posteriormente, o interessado

---

[163] Cfr. A.Pesce, *op. cit.,* p.110 s..

[164] Pois, se o foi, a posição do carregador será ainda mais confortável, porquanto, como cremos, havendo aceitação da reserva, o objecto desta passa a valer como presunção absoluta, não precisando o transportador de provar

na carga veio provar um dano que abstractamente se poderia ligar causalmente a tal defeito de embalagem. Ainda assim, não bastaria ao transportador fazer a prova desse nexo de causalidade abstracta, o qual poderá mesmo concluir-se *ictu oculi* ou ser de fácil prova. Ele terá, antes dissso, de provar que, no caso concreto, ocorreu um dos factos geradores de riscos, que vêm enunciados no n.º 4 do art.1.º, *in casu*, teria de provar o defeito da embalagem, à partida, *rectius*, o defeito de embalagem abstractamente capaz de provocar o tipo de dano que havia sido provocado. Deverá pois provar o facto gerador de risco, referido na al.b) do n.º 4, do art.17.º. Ora, é neste momento que o pode acudir a reserva que apusera à declaração, auxiliando na produção desta prova. Contudo, ainda assim, sem embargo de a reserva poder valer para confortar o esforço probatório do transportador, na lide, o interessado na carga poderá contrariar os factos enunciados na reserva, isto é, poderá, em juízo, vir demonstrar, por qualquer meio, que o transportador não tivera razão em inscrever a reserva e que, afinal, a embalagem fora em perfeito estado, porquanto, se a reserva não aceite pode precludir o valor de presunção do conteúdo da declaração, não gera uma presunção de sentido contrário, isto é, também se não presumirá a exactidão do conteúdo da reserva, sempre que esta não haja sido aceite pelo próprio carregador.

---

por outro meio a existência *in casu* do risco liberatório da al. b) do n.º 4, do art.17.º. Mas, mesmo assim, tal não tolhe que o carregador venha a provar que o dano verificado, conquanto se admita que geralmente adviria de um defeito de embalagem como aquele que foi observado, no caso não proveio dele, ou então que, embora tal defeito haja concorrido para o dano, ainda assim, houve também negligência concorrente do transportador, pelo que sempre este teria de responder na medida em que a sua negligência houvesse concorrido para o dano.

**26.** *A guia de transporte e o seu conteúdo no direito interno. As reservas e os seus efeitos.* Diferentemente do que acontece, seja à luz da CMR (cfr. art.9.º), seja ao abrigo do novo regime interno (*a contrario*), a guia de transporte do Código Comercial era um título representativo da mercadoria, seguindo as regras de circulação próprias dum título de crédito que incorpora o direito a uma prestação (cfr. art.373.º do Código Comercial). Os seus efeitos traduziam-se, não só no direito de o portador, *ex titulo*, ter o direito cartular a exigir a prestação do transporte e da entrega da mercadoria à chegada, nos termos contratuais aí literalmente descritos, mas também na atribuição da posse da mercadoria ao possuidor do título, também *ex chartula*. Assim o último possuidor do título poderia exigir a disponibilidade física das coisas representadas pela guia[165].

Naturalmente que esse carácter da guia, implicando a literalidade e a autonomia da mesma, acabaria por ser reverberado no plano do regime probatório, pelo que prova contrária não seria admissível contra o terceiro portador da mesma[166].

Assim, de acordo com a disciplina do Código Comercia, a guia de transporte interna tinha um carácter negociável, enquanto título representativo das mercadorias (cfr. arts. 369.º, §2, 373.º e 374.º).

---

[165] Cremos que, tendo em conta quanto diremos a propósito do conhecimento de carga, o preceito do art.374.º do Código Comercial deveria ser interpretado *cum grano salis*, pois que em nada aproveitaria ao tráfico comercial que a guia represente a propriedade, podendo mesmo ser desaconselhável que assim fosse, sobretudo quando se considera a independência entre a relação de provisão e aquela de valuta, isto é, entre o transporte e a relação entre o carregador e o destinatatario, que acabou por originar a necessidade desse transporte. Na verdade, nada exige que ao transporte subjaza necessariamente uma compra e venda, podendo por exemplo, a coisa ser objecto de uma garantia, de uma locação ou de um comodato, e assim, mesmo no domínio das relações estritamente comerciais. Já, neste sentido, L.CUNHA GONÇALVES, *op. cit.,* p.413.

[166] *Vide* L.CUNHA GONÇALVES, *op. cit.,* p.422 ss..

A não negociabilidade do novo documento, que mantém a designação tradicional de guia de transporte, é compreensível atendendo à maior celeridade do transporte.

Para a lei de 2003, a guia de transporte, como sucede com a declaração de expedição, à luz da CMR, faz fé das condições do contrato e da recepção da mercadoria (arts.3.º, n.º 1 e 9.º, n.º 3, que alude à recepção).

E, para as menções da guia e para as reservas do transportador, segue um regime muito semelhante ao da CMR – cfr. arts. 3.º, 4.º, 5.º, n.º 1, 9.º. Todavia, os n.º 1 a 3 do art.9.º, parecem exigir a aceitação expressa das reservas pelo carregador, para que as mesmas alcancem o seu efeito reversivo, isto é, para que afastem a presunção simples que resulta do conteúdo da guia, nos termos do n.º 3. Como já comentámos, *de iure condendo*, talvez fosse mais avisado seguir a orientação que sugerimos para a CMR.

Quanto ao objecto da presunção relativa às condições da carga, sem embargo de o n.º 3 aludir às indicações, em geral, da guia de transporte, cremos que só fará sentido que a mesma abranja as matérias sobre as quais o transportador pode fazer reservas (as do n.º 1 do art.9.º), devendo entender-se por indicações, apenas "essas indicações", sobre as quais as reservas podem recair, e, portanto, apenas indicações relativas à carga. Este entendimento parece encontrar acolhimento, mesmo na letra do preceito, pois que o surgimento da presunção vem ligado à ausência dessas reservas, percebendo-se mal que, no mesmo preceito, a estatuição viesse a ter um objecto de incidência diferente da hipótese condicionante.

Todavia, ainda assim, tanto o objecto das reservas, como o consequente objecto da presunção que surgirá, se as mesmas não forem apostas e aceites, acabam por se revelar mais amplos do que na CMR, incluindo quaisquer indicações relativas à carga, para além da aparência da mercadoria e da sua embalagem. Havendo defeito aparente destas, poderá o transportador fazer reservas. Quanto às demais indicações relativas à carga, parece o transportador ficar obrigado a um mais alargado dever de verificação, mau grado possa apor reservas, caso não disponha de meios razoáveis para tal verificação.

Mas, reparando melhor, apesar de se haver optado pela cláusula geral "indicações", esta terá de ser limitada, acabando, talvez, por vir a coincidir com o que resulta do regime da CMR. Na verdade, entre essas indicações, sobre as quais o transportador pode fazer reservas e que serão o objecto da presunção, na ausência das mesmas, não se deve incluir o peso bruto ou a quantidade da mercadoria[167] e o conteúdo preciso da carga. Senão, que sentido teria que o n.º 1 do art.5.º previsse o direito de o carregador exigir a verificação dos mesmos, uma vez que o transportador já estava obrigado a proceder a tal verificação? E, a exclirmos estas indicações, para preencher a cláusula do n.º 2 do art.9.º, só restam, de acordo com o n.º 1 do art.6.º, precisamente, as indicações relativas ao número de volumes, a não ser que as partes resolvam, *motu proprio*, acrescentar outras indicações atinentes ainda à carga. Mas, se assim é, pasme-se, o objecto obrigatório da guia, bem como o objecto da presunção e das reservas, acaba por ser mais reduzido do que acontece na

---

[167] Também não se percebe bem por que motivo ligou o legislador a oração disjuntiva «ou quantidade expressa de outro modo» directamente ao «número de volumes», quando, habitualmente, a determinação da quantidade serve como directa alternativa ao apuramento do peso, nomeadamente, sempre que se trate de indagar das características quantitativas (peso ou quantidade, em geral) do conteúdo (ou das "unidades", *lato sensu*) incluídas num único volume. Assim, parece que a fungibilidade funcional existe verdadeiramente entre as indicações do peso e da quntidade, justificando a sua coordenação disjuntiva; já função diversa parece desempenhar a indicação do número de volumes, justificando-se, por isso, a sua coordenação copulativa com os demais, podendo, eventualmente, a conjunção ir implícita num sinal de pontuação. Não é por acaso que a CMR os inclui em alíneas separadas, as als. g) e h) do n.º 1, do art.6.º.

CMR, por isso que o diploma interno nenhuma alusão faz às marcas e aos números: não obriga a sua menção na guia e, consequentemente, não obriga à sua verificação, por mais fácil que seja, e tão-pouco contempla expressamente a possibilidade de lhes apor reservas. Mas isso não impedirá as partes de prosseguirem a prática habitual, que é ratificada pela CMR, tanto mais que a referência e a verificação das marcas e dos números, assim como a eventual inscrição de reservas sobre os mesmos, poderão favorecer a segurança de ambas as partes.

Finalmente, não se vê por que motivo as indicações do carregador poderão dar lugar a uma presunção, em não havendo reservas, já não surtindo o mesmo efeito a anuência do carregador às reservas apostas pelo transportador. Por identidade de razão (senão, por maioria de razão, se se considerar que a aceitação das reservas alonga o período de reflexão do expedidor acerca das condições da mercadoria), deverá entender-se que a aceitação das reservas deverá fazer surgir uma presunção simples relativamente ao conteúdo das mesmas (uma vez que o legislador parece não ter querido seguir, neste ponto, o regime uniforme, que acaba por admitir neste caso uma presunção *iuris et de iure*).

A par disso, há-de entender-se que, havendo inscrição na guia do resultado da verificação prevista no n.º 1 do art.5.º, dela deverá derivar uma presunção irrefutável relativamente ao objecto da verificação (ou, pelo menos, uma presunção simples), à semelhança de quanto dissemos a propósito da CMR. A não ser assim, nenhuma consequência útil viria desse esforço suplementar de reconhecimento ou verificação[168] [169].

---

[168] A CMR também não enuncia esta consequência e o legislador interno parece ter preferido manter esse silêncio, salvo se se considerar que a alusão genérica que no n.º 3 do art.9.º se faz às indicações da guia de transporte, pretendia incluir, além dos aspectos objecto de reserva, também o

148 *Direito dos Transportes*

resultado de uma tal verificação, mas se fosse esta a intenção do legislador, tornar-se-ia difícil perceber onde ficaria a fronteira para as indicações da guia de transporte cobertas pela presunção.

[169] É claro que as duas consequências, enunciadas nestes dois parágrafos, sempre se poderiam abrigar no preceito do n.º 1 do art.3.º, não fora a previsão de um preceito especial relativamente à força probatória das indicações relativas à carga. Mas, ainda assim, talvez possamos colher naquele preceito uma orientação normativa capaz de fazer ultrapassar os problemas interpretativos que este diploma levante, levando em boa conta a teleologia prosseguida em matéria de distribuição do *onus probandi*, à luz das finalidades últimas do regime adoptado.

## §5.º – Reclamações e acções

**27.** *A chegada das mercadorias e as reclamações (as reservas do destinatário) na CMR. Os conflitos de jurisdições.* Quanto às vicissitudes da relação no momento da chegada da mercadoria ao destino, deveremos considerar a detecção das desconformidades da mercadoria relativamente à descrição da declaração, que darão lugar a reclamações (cfr. arts.30.º ss. da CMR), bem como o caso de recusa da mercadoria pelo destinatário (*v.g.*, porque as fazendas não estão de acordo com o que esperava em virtude da sua relação com o expedidor, independentemente das mazelas serem, ou não, objecto de reservas na declaração) ou de impedimentos à entrega da mesma, a par das garantias que assistirão ao transportador (cfr. arts.15.º e 16.º da CMR e arts.14.º e 15.º do DL n.º 239/2003).

Assim, à chegada da mercadoria, são vários os cursos de acção permitidos pela CMR. Por uma lado, quando se trate de perdas ou avarias aparentes, poderá dar-se uma verificação contraditória da mercadoria, feita conjuntamente pelo transportador e pelo destinatário. O resultado de tal verificação terá um efeito diferente, consoante se trate de perdas ou avarias aparentes, ou não. Em relação às perdas ou avarias aparentes, o resultado da verificação, atestando-as ou negando-as, terá o valor de uma presunção absoluta, dispensando o destinatário de formular a respectiva reclamação escrita (cfr. art.30.º, n.º 1 e 2). Quanto a perdas ou avarias ocultas, a verificação produzirá uma presunção simples sobre o estado geral da mercadoria.

150 *Direito dos Transportes*

Não ocorrendo tal verificação, terá o destinatário de formular uma reserva, apontando brevemente o tipo de perda ou de avaria detectado. Esta reclamação, no que tange às avarias e perdas aparentes, deverá ser feita, acto cotínuo, após a recepção da mercadoria e da sumária inspecção da mercadoria. Já quanto às que não são aparentes, terão de ser enviadas nos sete dias úteis subsequentes à entrega da mercadoria (cfr. art.30.º, n.º 1 e 4).

Mas, ainda que se tenha procedido à verificação contraditória mencionada *supra*, se o destinatário quiser afastar a presunção simples que o resultado da mesma haja provocado a propósito do estado não aparente da mercadoria[170], terá de formular uma reserva, que neste caso tem de ser escrita e feita, nos sete dias úteis susequentes à data dessa verificação. Mais uma vez, essa reclamação pode ser breve e referir, em geral, o tipo de desconformidade apresentada pela carga.

Poder-se-á concluir que resultarão certas consequências probatórias, no que toca às perdas e avarias aparentes, se as mesmas resultarem da verificação contraditória, ou se for feita uma reclamação imediata, e, no que respeita a perdas ou avarias não aparentes, se as mesmas resultaram de tal verificação, ou se constam de uma reserva escrita feita nos sete dias úteis subsequentes, ora à data da verificação, ora à data da colocação da mercadoria à disposição do destinatário, para o caso de se não ter procedido a uma verificação contraditória.

Junta, pois, o n.º 1 do art.30.º que, não ocorrendo a verificação, nem sendo formuladas quaisquer reservas, se presumirá a conformidade dos atributos da carga com a descrição oferecida pela declaração de expedição, *scl.*, segundo cremos, contanto que esta preserve o seu carácter de presunção simples, isto é,

---

[170] Pois que, quanto ao estado aparente, como vimos, ela produz uma presunção inabalável.

sempre que e na medida em que este não tenha sido precludido pela aposição de reservas regulares não aceites[171].

Mas este preceito parece alargar o objecto da presunção que já era suscitada pela declaração, *a se*, e que, quanto às condições da carga, apenas cobriria as menções referidas pelo n.º 2 do art.9.º. Assim, na ausência de verificação ou de reservas do destinatário, todas as menções da declaração relativas à carga, e que não hajam sido contrastadas por reservas regulares do transportador, passarão a constituir objecto de uma presunção relativa, que, todavia, o interessado na carga ainda poderá ilidir por qualquer meio probatório.

Poderemos dizer que, diferentemente do que sucede com o direito à indemnização fundada no atraso, as reclamações do destinatário atinentes às perdas ou avarias, ou a verificação contraditória das mesmas, não constituem um ónus cujo cumprimento se imporá, uma vez que o interessado na carga queira exercer o seu direito à indemnização; quando muito, tais práticas só constituirão um ónus na medida em que são o único modo de impedir o surgimento da presunção simples de conformidade da carga com a descrição da declaração. Todavia, ainda que se proceda à formulação das ditas reclamações, não se conseguirá ainda afastar a presunção simples prevista no n.º 2 do art.9.º, quanto a algumas das menções da declaração, desde que e na medida em que esta não contenha reservas regulares apostas pelo transportador. Por outro lado, o resultado da verificação contraditória já constituirá uma presunção absoluta, quanto às perdas ou avarias aparentes, imediatamente, e quanto às que o não forem, se o destinatário não formular reservas escritas no parazo indicado (e, neste sentido, a formulação das reservas é condição do não

---

[171] Já quanto às reservas aceites pelo expedidor, o seu objecto sempre provocará uma presunção absoluta, como vimos.

surgimento de uma presunção absoluta no que tange ao resultado da verificação acerca das perdas ou avarias não aparentes).

Na verdade, sempre que se não proceda a uma verificação contraditória, as meras reclamações do destinatário não destroem o efeito probatório da declaração de expedição, simples ou reforçado, consoante hajam sido apostas reservas ou não, antes podendo funcionar tão-só, em certos casos, como ónus para que o destinatário possa evitar o surgimento de uma ulterior presunção. A previsão destas formalidades, atinentes aos potenciais fundamentos da responsabilidade do transportador, poderá ser compreendida se se tiver em boa conta as necessidades próprias do comércio, nomeadamente, a necessidade de prontamente tornar a situação que envolve as partes, senão definitiva, clarificando se haverá ou não lugar a litígio, como acontece no caso da demora, pelo menos previsível, cedo se delineando os eventuais motivos da lide judicial e os fundamentos invocáveis para fundar a pretensão indemnizatória, a fim de que as partes possam razoavelmente prever o seguimento das suas operações e projectar a sua actividade futura.

Podemos ainda apontar que a CMR contém regras de competência internacional especiais que prevalecerão sobre as do Código de Processo Civil, mas também sobre aquelas da Convenção de Bruxelas de 1968 ou do Regulamento comunitário n.º 44/2002, dito "Bruxelas I", embora acabem por não divergir significativamente destes – cfr. art.31.º, n.º 1. O art.30.º prevê ainda outros preceitos de natureza processual, relativamente ao caso julgado e à execução das sentenças estrangeiras, além de admitir os *pacta de foro prorogando*, que escolha jurisdições dos Estados contratantes. Assim, a qualquer acção relativa a um transporte sujeito à Convenção, haverá de ser proposta num tribunal do Estado onde se encontre a residência ou a sede efectiva do réu, ou então a sucursal ou agência que tenha intervindo na celebração do contrato, ou ainda num tribunal do Estado onde haja ocorrido o carregamento, ou do Estado do local de destino previsto contratualmente pelas partes.

Quanto à arbitragem, ela é tambem livremente admitida pelo art.33.º, contanto que o tribunal arbitral aplique o regime da CMR, assim se garantindo o respeito pela sua imperatividade.

Finalmente, o art.32.º apresenta regras especiais relativamente ao prazo de prescrição e as suas regras.


**28.** *A chegada das mercadorias e as reclamações (as reservas do destinatário) no direito interno.* O regime interno transpôs quase completamente a orientação da CMR, no que respeita à formulação de reservas pelo destinatário e às respectivas consequências (cfr. art.12.º). Assim, também no caso de perdas ou avarias aparentes, as reclamações deverão ser imediatas, e, no caso de não serem aparentes, disporá de oito dias para as formular por escrito.

Contudo, no n.º 4 do art.12.º, dois pontos do regime interno podem suscitar algumas dúvidas. Por um lado, se é certo que a formulação de reservas também internamente sustém o aparecimento de uma presunção simples sobre as condições da carga, já este mesmo efeito é a única consequência da verificação contraditória da mercadoria, feita à chegada pelo destinatário e pelo transportador[172]. Decorre, pois, do n.º 4 do art.12.º que o único

---

[172] Aliás, no n.º 2 do art.12.º nada se diz sobre a possibilidade de proceder a este tipo de verificação, e damos de barato que não seria necessário referir essa mesma possibilidade. Mas já se percebe mal que o mesmo tratamento não receba a faculdade de formular reservas imediatas quanto às deficiências aparentes da carga, porquanto a esta faculdade já se alude em dois momentos, a saber: primeiro, o n.º 2, tão-só para a enunciar, depois, no n.º 4, para enunciar o seu efeito, *a contrario*. Quanto à verificação contraditória, esta só merece uma alusão no momento de referir, também *a contrario*, o respectivo efeito, enquanto ónus, e, no entanto, ambos os actos, a verificação e a reclamação, são em tudo paralelos, seja quanto ao momento em que

efeito que se liga a tal verificação será este, diferentemente de quanto se prevê na CMR, para a qual o resultado da verificação poderá dar lugar a uma presunção inabalável, mesmo quanto às perdas ou avarias ocultas, contanto que, em relação a estas, nenhuma reclamação escrita venha a ser enviada. Mas não assim, aparentemente, à luz do regime interno.

No entanto, a bem dos interesses da segurança e celeridade das relações comerciais, pareceria curial que essa vrificação contraditória, resultando num acordo, devesse ter um efeito definitivo ou, pelo menos, poderia redundar na vantagem de fazer surgir uma presunção simples sobre o real estado da mercadoria, ou então, como sucede no regime internacional, um efeito misto, definitivo, quanto às deficiências aparentes, provisório, quanto àquelas ocultas, na expectativa de eventuais reclamações, fruto de um mais aturado exame. A não ser assim, perceber-se-ia mal que alguém se desse ao trabalho e à despesa de a ela proceder, ainda que, *et pour cause*, dessa verificação resultasse a (mera) preclusão de uma presunção simples sobre o estado da mercadoria, a ser tido como conforme à descrição da declaração, já que

---

podem ocorrer, seja quanto à equivalência dos seus efeitos, pelo menos, aparentemente (na verdade, como dizemos em texto, pelo menos, aparentemente, a verificação contraditória só faz parar o surgimento da presunção simples de conformidade). Aliás a lei nem refere o momento da verificação como momento para iniciar a contagem do prazo para a feitura de reservas escritas quanto às avarias e às perdas não aparentes, conquanto só faça sentido começar a contar o prazo a partir desse momento, no caso de ter lugar tal verificação. A não ser assim, talvez tivéssemos aí mais um motivo para desencorajar o destinatário de aceitar tal verificação, pois que enquanto estivesse entregue a tratar dela, já o prazo estaria a correr.

Este tratamento da verificação da mercadoria chega aliás a contrastar com a atenção que a mesma mereceu ao Código Comercial, no art.385.º (como, de resto, já havia merecido do Código de 1833), considerando a vantagem que a mesma poderia trazer para uma antecipada e pronta definição da situação, como desembocasse numa sorte de acordo paralelo das partes.

seria mais fácil e rápido formular a reserva, ou reclamação, que se impusesse, obtendo o mesmo efeito preclusivo[173]. Quiçá não se deva interpretar o art.12.º, mais uma vez, à luz do modelo normativo que o diploma interno disse pretender imitar.

Por outro lado, determina ainda o n.º 4 do art.12.º que, não se procedendo a esta verificação contraditória, nem sendo formuladas quaisquer reservas, será presumido que «as mercadorias se encontravam em boas condições», *scl.*, no momento em foram postas à disposição do destinatário. Como na CMR e como seria de esperar, trata-se de uma presunção *iuris tantum*. Mas, o que nos poderá deixar algo perplexos é o facto de se dever presumir o bom estado da mercadoria e não a conformidade da mesma em face das menções apostas na guia de transporte. Pareceria que a ausência de verificação ou de reservas faria desaparecer subitamente o valor probatório reforçado de que a guia de transporte já estaria dotada, pois que o seu conteúdo, ou parte dele, já fizera surgir uma particular presunção, como vimos *supra*. Na verdade, o destinatário poderá não formular reclamações por já haver reservas na declaração, aceites pelo expedidor, dando conta do

---

[173] Na verdade, o Código Comercial intuía como a verificação poderia ser a antecâmara da solução dos diferendos, podendo até actuar preventivamente ao evitar o eventual litígio judicial, uma vez que desse lugar a um verdadeiro acordo entre as partes, o qual respeitando estritamente ao estado da carga, poderia dar lugar a um acordo sobre a compensação eventuamente devida. Assim, o §1 do art.385.º "esclarecia" que «[n]ão se acordando os interessados sôbre o estado dos objectos, proceder-se há a depósito dêles em armazem seguro, e as partes seguião seu direito conforme a justiça», aproveitando o escarmento do normal procedimento de um comerciante normal. Aliás, nada impede que, também à chegada, as partes recorram a uma perícia extena e/ou imparcial. Todavia, se a verificação não operar nenhum efeito particularmente significativo, poderá ser menor o estímulo para optar pela sua realização, ainda que sempre se lucre a vantagem de não prolongar o dissídio até ao fim de um eventual pleito.

mau estado ou de deficiências quantitativas da mercadoria, apesar de não se recusar a recebê-las[174]. Mas, nesse caso, não havendo verificação ou reclamações, à chegada, passando-se a presumir a conformidade da mercadoria com as menções da guia, então, deveria ser presumido que estavam em "más condições" e já não em "boas condições". Daí que a "bondade" das condições, objecto da presunção simples indicada no n.º 4 deva ser entendida *cum grano salis*, passando a significar como "boa condição" a "boa" ou fiel correspondência à descrição ínsita na guia de transporte[175]; ou então, interpretando restritivamente este preceito, entender-se-ia que se manteria a presunção provocada pelo próprio

---

[174] Sem embargo de se poder admitir que as reclamações do destinatário venham a repetir o conteúdo das reservas do transportador que tenham sido aceites, e assim em geral ou, por exemplo, porque estas só constam de um dos exemplares.

[175] É certo que uma presunção de boa condição da carga sempre teria o resultado idêntico ao da presunção de conformidade com a descrição presente no documento, porquanto em ambos os casos ficaria o transportador a salvo. Mas, atendendo à almejada coerência lógica do sistema, uma vez que o regime já permite que certas menções do documento a respeito da carga sempre constituam uma presunção sobre as condições da mesma, seja porque as reservas não existem ou não foram aceites, seja porque foram aceites pelo carregador, então, torna-se desnecessário criar para certos casos esta *fictio iuris* que proporia as boas condições da mercadoria, a fim de perservar o efeito útil do expediente das reservas à chegada, e, assim, proteger a posição do transportador à face do silêncio do destinatário interessado na carga. Basta-lhe aquela presunção já suportada pela descrição do documento, não sendo preciso entender literalmente o n.º 4 do art.12.º, no sentido de que o silêncio do destinatário sanaria, *ex machina*, o mau estado das mercadorias declaradamente deficientes.

Aliás, embora o caso possa parecer escolástico, nada impede que o próprio carregador ateste, *motu proprio*, a má condição da mercadoria, desejando enviá-la ainda assim; o trnasporte não tem por que ser destinado tão-só à "*côrme de la crême*" das fazendas transportáveis, também os objectos estropiados podem ter serventia ou merecer uma viagem para um repouso final.

documento e que o silêncio do destinatário só permitiria presumir as boas condições das mercadorias relativamente aos aspectos da mesma que não houvessem sido objecto de uma reserva regular ou de uma descrição do carregador, atestando já as suas deficiências.

# CAPÍTULO III
## O transporte marítimo de mercadorias

Sumário: O navio e a sua exploração. O armamento. O contrato de transporte e o contrato de fretamento (o contrato de *charterparty*). Disciplina interna. Disciplina internacional uniforme. A responsabilidade do transportador (referência à disciplina das avarias marítimas). Os documentos de transporte.

Bibliografia: ALMEIDA COSTA, Mário Júlio de, MENDES, Evaristo, *Transporte marítimo. Conhecimento de carga,* Direito e Justiça, v.IX, t.I, 1995; AZEVEDO MATOS, *Princípios de direito marítimo,* I, II, Lisboa, 1956; CALVÃO DA SILVA, J., *Crédito documentário e conhecimento de embarque,* CJ, 1994, I, *Venda CIF: carta-partida, conhecimento de embarque e seguro de carga,* Revista de Legislação e de Jurisprudência, ano 133.º, p.202 ss.; CASTELLO-BRANCO BASTOS, Nuno Manuel, *Da disciplina do contrato de transporte internacional de mercadorias por mar – apontamento sobre as regras internacionais uniformes da responsabilidade do transportador marítimo e sobre o seu âmbito de aplicabilidade,* Coimbra, 1998 (policop.), *Responsabilité du tansporteur – Rapport portugais, in* Travaux de l'Association Henri Capitant, La responsabilité – Aspects nouveaux, t.L, 1999, Paris, 2003, p.121 ss..; CUNHA GONÇALVES, Luís da, *Comentário ao código comercial português,* II, III, Lisboa, 1918; PALMA CARLOS, Adelino H. da, *Objecto do contrato de fretamento,* Gazeta da Relação de Lisboa, a.43, 1929, n.º 13, *O contrato de fretamento no código comercial português,* Lisboa, 1931, *O contrato de transporte marítimo, in* Novas perspectivas do direito comercial, Coimbra, 1988; RAPOSO, Mário, *Direito marítimo – uma perspectiva,* ROA, a.43, 1983 (Maio-Set.), *Sobre o contrato de transporte de mercadorias por mar,* Boletim do Ministério da Justiça, n.º 376, Maio, 1988, *Temas de direito marítimo,* ROA, a.57 (Jan./1997), *Transporte e fretamento – algumas questões,* Boletim do

Ministério da Justiça, n.º 340 (Novembro/1984), *Estudos sobre o novo direito marítimo* – realidades internacionais e situação portuguesa, Coimbra, 1999.

LEFEBVRE D'OVIDIO, Antonio, PESCATORE, Gabriele, TULLIO, Leopoldo, *Manuale di Diritto della Navigazione,* Milão, 2000; PAVONE LA ROSA, Antonio, *Polizza di carico,* Enc. dir., XXXIV; RODIÈRE, René, DU PONTAVICE, Emmanuel, *Droit maritime,* Paris, 1997; ROMANELLI, Gustavo, SILINGARDI, Gabriele, *Trasporto nella navigazione marittima e aerea, in* Enciclopedia Giuridica Trecanni, Trasporto, II, *Titoli rappresentativi di merci,* Enciclopedia giuridica Trecanni.

# §1.º – O navio e o armador

**29.** *O navio e a sua exploração. O propritário e o armador.* Ao começarmos a tratar do transporte marítimo de mercadorias, importa ter em conta as peculiaridades próprias do navio e a posição que o mesmo ocupa na actividade empresarial do armador.

Sabemos que, atendendo às suas caracterísiticas físicas e ao seu relevo económico, o navio vem sendo tratado para certos efeitos reais como se fora um imóvel, estando, por exemplo, sujeito a hipoteca. E a metáfora que tradicionalmente vê no navio uma porção de território movente não deixa de continuar a convencer em certos casos. Assim, para além dos problemas que se poderão levantar em matéria de direito penal, o Código Civil, no art.24.º, a fim de permitir a concretização das conexões relevantes no direito de conflitos, determina que o as actos praticados a bordo, fora de um porto, se consideram praticados no território do país da matrícula do navio, e, de modo mais expressionista, que os navios militares são tidos como parte do território do Estado respectivo.

Sabemos também que, por causa da distância relativamente a autoridades territoriais, a vida a bordo é objecto de normas especiais de natureza disciplinar, para além de levantar problemas particulares no âmito das normas e da jurisdição penal.

A par disso, a navegação marítima tem de se conformar com as convenções que internacionalmente regulam a soberania dos mares, o que poderá vir a afectar as próprias rotas que os navios deverão sulcar.

No âmbito da actividade comercial, a actividade económico-social de tipo lucrativo que se traduza na exploração de um navio levanta também problemas e consequências particulares, nomeadamente, para o património das pessoas colectivas que a ela se dediquem. Trata-se da actividade própria do armador, que se não confundirá com o proprietário do navio, embora possam coincidir, para além de os diplomas nacionais que curem do acesso à actividade armatorial poderem exigir que um armador disponha de uma frota mínima, constituída, ou não, por navios de nacionalidade do país do armador[176], embora seja geralmente suficiente que o armador explore navios como afretador, por exemplo, no regime de fretamento em casco nu, ou como locatário ou até comodatário.

Estritamente, como vem sendo explicado à saciedade, particularmente, pela doutrina italiana, o armador será aquele que, mediante uma organização de meios, se dedica à exploração do navio, para que este cumpra o *opus* a que se destina, a sua missão, isto é, para que este navegue[177]. Visto assim, o armador não tem por que estar ligado ao transporte e tão-pouco à actividade do armamento, *stricto sensu*. O armamento traduz-se no complexo de actividades necssárias à preparação do navio, para

---

[176] Cfr. *infra*.

[177] É curioso notar que à designação italiana de *armatore* corresponde, para as mesmas funções em relação a uma aeronave, a designação de *esercente*, pois que ambos se dedicam igualmente ao *esecizio* do meio de transporte, e, assim, dir-se-á que o armador "exerce" o navio, isto é, explora-o, colocando-o no exercício da sua função.

que esteja em condições de navegar, ou seja, a actividade que consistirá em dotá-lo dos meios técnicos, aprovisioná-lo com vitualhas, equipá-lo com a tripulação, nomear-lhe um capitão. Mas o armador poderá receber o navio já preparado, aprovisionado e equipado, das mãos doutrem, o poprietário ou um fretador, por exemplo[178].

Por outro lado, nada impede que o armador (proprietário, afretador[179] ou locatário) explore o navio dedicando-o a um fim diferente do transporte, *v.g.*, a investigação científica.

Mas a designação de armador acaba por se apresentar como equívoca[180], não obstante se tenha construído aquela definição dogmática, em grande parte, mercê do esforço da doutrina italiana, em cujo ambiente tal noção vem depois a ser confrontada com a realidade da *impresa di navigazione*, enquanto instituto especial regulado pelo Código da Navegação[181]. Assim, no sistema português encontramos duas noções de armador, no n.º 2 art.1.º do DL n.º 196/98, de 10 de Julho, e, na al. c) do art.1.º e no art.2.º do DL n.º 202/98, da mesma data. No primeiro di-

---

[178] *Vide* M.Raposo, *Estudos*, cit., p.264.

[179] Deve sempre lembrar-se que a disciplina legal do fretamento é supletiva, não impedindo que as partes combinem as prestações próprias de diferentes tipos de fretamento.

[180] Aliás, e como também lembra o Dr.Mário Raposo (*Estudos, cit.,* p.112, *ad notam*), na tradução portuguesa da Convenção de 1924, relativa ao conhecimento de carga, aparece o armador com o sentido de transportador – já a versão original francesa apresenta o vocábulo *transporteur* (e na tradução inglesa adoptou-se o vocábulo *carrier*, e não *owner* ou sequer *disponent owner*). Mesmo na linguagem corrente, o vocábulo armador é empregue para vestir várias funções relacionadas com a navegação, o que se poderá justificar, seja pela particularidade do termo, que nos reconduz univocamente ao mar, seja por isso que, outrora, era frequente que a propriedade do navio, o exercício da navegação e a oferta do transporte se concentrassem numa única pessoa.

[181] E que vem contradistinta da *impresa di armamento, proprio sensu*, e da *impresa di trasporto*.

ploma, que acaba por tratar do acesso à actividade dos transportes marítimos, vem o armador identificado como «aquele que, no exercício de uma actividade de transporte, explora navios de comércio próprios ou de terceiros, como afretador a tempo ou em casco nu [...] ou como locatário». Já o segudo viria a defini-lo como «aquele que, no seu próprio interesse, procede ao armamento do navio». Não se chega a perceber bem qual terá sido o motivo que levou o legislador a provocar, em 1998, esta divergência de noções, sobretudo quando se considera que este último diploma vinha disciplinar precisamente a questão da responsabilidade do proprietário e do armador, por isso que a responsabilidade acaba por se fundar na actividade material de exploração marítima do engenho e que, assim, sempre poderia ser indiferente saber quem realmente procedeu ao armamento do navio, desde que aquele que o explore respondesse, ainda que tivesse recebido o navio armado ou tivesse confiado esse armamento a terceiros.

**30.** *Condições para as actividades de exploração dos navios e de transportes.* Convirá ainda notar que o exercício material da actividade ou da indústria do transporte marítimo costuma vir associado à necessidade de preencher certas condições, assim se tentando garantir a idoneidade social de quem o pratica, considerando, ora a magnitude das operações materiais e económicas envolvidas, ora o risco que as mesmas apresentam à segurança públca e privada.

Uma primeira revisão dos critérios de acesso deu-se com o DL n.º 414/86, de 15 de Dezembro, entretanto revogado pelo já citado DL n.º 196/98, de 10 de Julho. Notou-se na sequência legislativa a crescente desconsideração da propriedade dos navios empregues e da respectiva nacionalidade. Não será alheia a esta última nota, a necessidade de respeitar a liberdade de circulação e de estabelecimento que foi sendo construída no âmbito do mercado único europeu, o que também terá levado a não privilegiar os navios de matrícula nacional.

Assim, o diploma, que só vincula os armadores com domicílio ou sede em Portugal, dita a necessidade de inscrição na Direcção-Geral de Portos, Navegação e Transportes, mas despiu essa inscrição de alguns requisitos economicamente mais exigentes que eram prescritos pelo diploma de 1986. Assim, já não se exige que a sociedade armadora (ou empresário em nome individual) tenha por objecto social exclusivamente o exercício deste tipo de indústria, como se não lhe exige uma frota própria com, pelo menos, um navio que arvore a Bandeira Portuguesa.

**31.** *O estatuto do navio.* O navio[182], enquanto coisa móvel registada e sujeito a um regime especial, deve ser visto nas suas coordenadas jurídicas: por uma lado, a aquisição dos direitos reais que o tenham por objecto, por outro, a nacionalidade enquanto vínculo de pertença e de sujeição a uma soberania, que geralmente lhe é aplicado analogicamente. Também é analogicamente dotado de personalidade judiciária. Está, assim, o navio no centro de uma espécie de personificação ou prosopopeia, sendo dotado, para certos efeitos jurídicos, de características geralmente atribuídas às pessoas físicas.

O navio, que acaba por poder ser considerado como uma universalidade de facto e de direito[183], integrará diversos elemen-

---

[182] Cfr., a propósito dos navios, da sua caracterização e da sua classificação, AZEVEDO MATOS, *op. cit.,* v.I, *passim*; J.M.P.VASCONCELOS ESTEVES, *Direito marítimo – Introdução ao armamento,* p.37 ss..

[183] Vem-se também integrando o navio na categoria de *unità pertinenziale* – cfr. A.LEFEBVRE D'OVIDIO, G.PESCATORE, L.TULLIO, *op. cit.,* pág. 302 e ss.. Estes Autores fazem notar a existência de partes constitutivas materialmente inseparáveis e de partes constitutivas materialmente separáveis, ambos os tipos se referindo a partes juridicamente inseparáveis; a esta classificação

tos, constitutivos e acessórios, que concorrerão para que possa desempenhar a função social que dele se espera.

Nesse sentido o n.º 2 do art.1.º, do DL n.º 201/98, de 10 de Julho, diz fazerem parte do navio a máquina principal, as máquinas auxiliares, mas também «todos os aparelhos, aprestos, meios de salvação, acessórios e mais equipamentos existentes a bordo» e que sejam necessários para que cumpra as operações a que se destina.

**32.** *Classificação dos navios.* Quanto à classificação das embarcações e à noção interna de navio de comércio, haveremos ainda de consultar o Regulamento Geral das Capitanias, aprovado pelo DL n.º 265/72, de 31 de Julho (o qual ainda está em vigor, embora com diversas normas já revogadas)[184].

---

contrapor-se-ia aquela que, dentro das partes inseparáveis, distinguiria entre principais e acessórias ou secundárias, categorias estas aferidas de um ponto de vista económico ou funcional. Finalmente, juntar-se-iam as pertenças, que não contribuindo para a constituição física do bem, concorreriam para a realização da sua função económica («*rapporto economico strumentale*»): *v.g.*, aparelhos e instrumentos vários, cartas náuticas, embarcações salva-vidas. Entre nós, para a composição do navio, *vide Questões de direito marítimo,* Revista dos Tribunais, n.º 1642, pág. 290 e ss..

Sobre a diferença entre partes e pertenças, *vide* M.ANDRADE, *Teoria Geral da Relação Jurídica,* Coimbra, 1966, v.I, págs.237 e ss., 259 ss., 265 s. – o Autor mostra que as *universalitates rerum* (entre as quais, as coisas compostas *ex distantibus*) aparecem também como *universalitates juiris,* desde que tratadas como um todo unitário pelo sistema jurídico.

[184] Quanto ao diversos tipos de navegação mencionados, o Regulamento das Capitanias, nos arts. 26.º e ss., define navegação costeira internacional como aquela feita «ao longo das costas, de um modo geral, ao longo das costas, praticando também portos estrangeiros» (art.28.º), navegação costeira nacional como a que é feita «ao longo das costas nacionais, de um modo geral à vista de terra, limitando-se a escalar portos nacionais» (art. 28.º), cabotagem como correspondendo à navegação de «alto mar em zonas cujos limites sejam estabelecidos por disposição legal» (art.29.º), consistindo,

Os tipos de navios e de embarcações poderão ser ordenados segundo diversos critérios de classificação. Assim, por exemplo, em razão da regularidade do transporte, teremos os navios que realizam um tansporte segundo um calendário regular, ditos de linha (*liners*) e aqueles irregulares (*tramps*).

Por outro lado, se atendermos às potenciaidades de carga, os navios foram tendo uma evolução técnica que foi enriquecendo a sua variedade de apetrechamento técncico. Esta evolução assistiu a um salto considerável com o chamado processo de "contentorização", começado após a II Guerra Mundial. É assim que, ao lado dos cargueiros (*general cargo ships*) – destinados a cargas de diversas naturezas e com os porões preparados para tal –, graneleiros (*bulk carriers*) – destinados a granéis sólidos e que, geralmente, são *tramps* –, navios-tanque – para granéis líquidos (*v.g.*, o petroleiro) –, encontramos hoje também os porta-contentores (*full container ships*) – dedicados ao transporte de contentores, depositados em encaixes ajustados e carregados com o trabalho de guindastes –, os navios dotados de um sistema *roll-on/roll-off* (*ro-ro*) – apropriados para transportar veículos que sobem e descem pelos próprios meios através de rampas (o que pode evitar a ruptura de carga[185]), e que admitem ainda o carregamento de reboques ou semi-reboques ou de contentores sobre rodas (*boogies*) –, os porta-barcaças (*light aboard ship-LASH system*) – que podem receber barcaças capazes, cada uma, de receber mercadorias até 400 t. ou 600 m³; estas barca-

---

finalmente, a navegação de longo curso naquela que não tem quaisquer limites (art.32.º).

Conceito importante para a caracterização das embarcações é também a sua arqueação, que consiste no volume dos espaços internos comercialmente úteis e na sua medição (arts.58.º ss. do Regulamento Geral das Capitanias). Assim, por exemplo, o DL n.º 191/87, de 29 de Abril, sobre o fretamento, só é aplicável a contratos que tenham por objecto um navio com arqueação bruta igual ou superior a 10 t. (art.48.º).

[185] Cfr. quanto se disse a propósito do art.2.º da CMR.

ças, podendo ser embarcadas e desembarcadas ao largo, permitem que o navio não entre no porto, o que poderá ser conveniente em portos muito preenchidos, tornando as operações mais céleres – e os designados *sea-beas* – espécie de navio polivalente que pode servir como graneleiro, porta-contentores ou como porta-barcaças. Claro está que, a par destas espécies, poderemos encontrar navios destinados a transportes especializados, isto é, a cargas especiais ou com caracterísiticas especiais, como aquelas que requerem a conservação em frigoríficos.

A evolução das características técnicas, como fomos comentando, veio provocar alterações da disciplina da própria responsabilidade. É por isso que se passou a justificar a extensão das normas imperativas da responsabilidade também ao transporte "regular" no convés. Se, antes, este, sendo aceite expressamente pelo carregador, podia ficar sujeito a cláusulas pelas quais o transportador limitasse a sua responsabilidade, dado que era consabido que os riscos seriam enormes[186]. Hoje, porém, temos meios suficientemente seguros e razoáveis para preservar a integridade da mercadoria, mesmo se transportada em convés, nomeadamente quando se recorre a contentores. Logo, os textos internacionais mais recentes, como o diploma português de 1986, vêm estendendo o regime de responsabilidade imperativo, com a sua intenção de protecção do interessado na carga, não só ao transporte no convés não consentido (dito "irregular"), independentemente do tipo de embarcação usada, como já sucedia, desde 1924, mas também, e agora prescindindo do consentimento expresso, ao transporte no convés que obedeça aos usos ou a imposições legislativas, e ainda ao transporte em porta-conten-

---

[186] Esse mesmo motivo justificava até 1929 a exclusão ou a limitação da responsabilidade no contrato de transporte aéreo. Cfr. PINTO COELHO, José Gabriel, *"A responsabilidade civil do transportador nos transportes aéreos e a validade das cláusulas de irresponsabilidade por acidentes ocorridos às pessoas"*, BFDUC, X, 1926-28, p.554 ss..

168 Direito dos Transportes

tores ou em quaisquer navios tecnicamente adequados a este tipo de transporte.

Na verdade, nos casos acabados de descrever, o interessado na carga tem bons motivos para confiar tranquilamente no sucesso da prestação de resultado devida pelo transportador.

**33.** *O estatuto do navio (segue): o navio como móvel e como objecto de negócios. A nacionalidade e a Bandeira Nacional.* Os negócios que tenham por objecto direitos reais sobre navios, em geral, estão sujeitos a forma escrita com assinatura reconhecida presencialmente, mas o contrato que mire a construção dos mesmos já requere apenas forma escrita[187] (cfr. respectivamente, arts.10.º e 12.º do DL n.º 201/98, que trata de qualquer tipo de navio, mas ainda o art.3.º do DL n.º 150/88, que, para a compra e venda de embarcações comerciais, rebocadores e embarcações auxiliares, prescreve a mesma formalidade, isto é, forma escrita e reconhecimento presencial das assinaturas dos contraentes).

Atendendo ao estatuto legal do navio, prescrito pelo dito DL n.º 201/98, que manteve diversas orientações tradicionais a este respeito, poderemos ainda referir que o navio terá a nacionalidade portuguesa sempre que a respectiva propriedade esteja registada em Portugal, o que lhe permitirá arvorar a Bandeira Nacional (art.3.º). Além disso, como é de praxe, deverá o navio receber um nome, necessariamente distinto dos já registados (art.4.º).

O navio será sujeito a dois registos, a saber: o registo da propriedade junto da Capitania de um porto (que permite a ob-

---

[187] O dono da obra só adquirirá a propriedade do navio após a *traditio* do mesmo no final da obra (art.16.º). Por outro lado, o contrato de construção terá como regime subsidiário o da empreitada.

tenção da certidão de propriedade), e o registo comercial na respectiva conservatória (cfr. arts.72.º ss. do Regulamento Geral das Capitanias)[188].

O nosso sistema contém ainda um regime especial de registo para o arquipélago da Madeira (MAR). Trata-se do Registo Internacioal de Navios da Madeira (MAR), previsto no DL n.º 96/89, de 28 de Março, criado no âmbito da zona franca da Madeira[189].

Note-se ainda que, se não se ditam quaisquer restrições especiais relativamente à capacidade para adquirir a propriedade sobre um navio (para os navios de comércio, assim o art.1.º do DL n.º 150/88, que dispensa tal aquisição de qualquer autorização especial), já os projectos de construção e a navegabilidade das embarcações estarão sujeitas a prévia aprovação ou verificação das autoridades competentes (cfr. art.5.º do mesmo diploma, quanto ao projecto de construção ou de alteração de ebarcações de comércio ou de rebocadores, e o art.8.º do DL n.º 201/98, relativamente à navegabilidade de qualquer navio).

**34.** *Segue: a personalidade judiciária.* Por várias razões, ora porque se trate de uma *actio in rem,* ora porque se torne extremamente difícil localizar ou até identificar a parte de um contrato relacionado com a actividade marítima, torna-se útil atribuir personalidade judiciária ao próprio navio, considerando a sua qualidade de garantia dos débitos relacionados com tais

---

[188] Note-se ainda que, quando se adquira no estrangeiro uma embarcação, como se queira que zarpe já arvorando a Bandeira Pátria, poderá fazer-se um registo provisório no Consulado do local. Trata-se de um registo provisório que haverá de ser convertido em definitivo em território nacional.

[189] Que prevê ainda a mesma forma especial escrita para a compra e venda, prescrevendo apenas o recnhecimento da assinatura do vendedor (cfr. n.º do art.14.º).

170 *Direito dos Transportes*

actividades, (conquanto, em certos casos, o proprietário do mesmo possa posteriormente reagir contra o verdadeiro devedor contratual ou contra outros responsáveis). Essa possibilidade é, desde logo, contemplada em geral na al. f) do art.6.º, do Código de Processo Civil, e no art.7.º do DL n.º 201/98. Em especial, prevê-se a atribuição de personalidade judiciária ao navio, em caso de responsabilidade do proprietário ou do armador, sendo representado em juízo pelo agente de navegação (art.art.11.º do DL n.º 202/98, de 10 de Julho), e em caso de responsabilidade do transportador (art.28.º do DL n.º 352/86, de 21 de Outubro), sendo representado pelo capitão. Em ambos os casos, tal atribuição acontece em caso de impossibilidade de identificação das partes legítimas, o proprietário ou o armador, no primeiro caso, o transportador, no caso do contrato de transporte (neste caso, o navio ainda responderá se o conhecimento for nulo por haver sido emitido por alguém que não tinha a qualidade de transportador ou de seu representante). Trata-se de situações em que subsidiariamente se vem a admitir uma responsabilidade real do navio, a fim de proteger a posição das contrapartes. Mas, a partir daí, torna-se também necessário que o navio possa responder em juízo, pelo que se optou por dotá-lo de personalidade judiciária.

**35.** *As conferências marítimas.* Muitas das empresas que se votam à exploração de navios através da viagem marítima encontram-se associadas nas designadas *maritime conferences* [190]. Estas associações, de longa história, sempre pretenderam

---

[190] Sobre as conferências marítimas, *vide* G.Ripert, *Droit maritime, cit.,* I, p.530 ss.; R.Rodière, *Traité, cit.,* I, p.103 ss., *Les tendances contemporaines du droit privé maritime international,* Recueil des Cours, 1972, I, p. 390 ss., *maxime,* p.394 ss.; S.Zunarelli, *Lezioni di diritto della navigazione,* Bolonha, 2000, p.19 ss.; G.Romanelli, *"Conferences" marittime ed intervento pubblico,* Rivista trimestrale di diritto e procedura civile, a. XXXII

a protecção das suas associadas, tentando combater, por meios mais ou meos aguerridos, a concorrência das demais (*outsiders*). Prosseguindo um claro escopo de limitação da concorrência, nem por isso deixaram de ser permitidas pelo próprio direito comunitário, que, cosiderando as vantagens que trazem, não resistiu a dispensar-lhe um regime particular, isentando-as, em dados casos, da aplicação de certas normas sobre a livre concorrência comunitária.

As conferências dedicam-se às viagens de linha ou regulares ou *liners* e tentam conseguir um maior desenvolvimento da actividade comercial das associadas, por exemplo, através de uma repartição entre elas do tráfico e dos transportes. A organização conseguida por estas associações permitirá, por outro lado, oferecer aos carregadores valores de frete mais favoráveis.

Mas, além desta vantagem, conseguem ainda assegurar o transporte em linhas que, em princípio, ficariam desertas, isto é, sem navios que garantissem um transporte de linha. Na verdade, essas linhas, ou pela pouca frequência dos pedidos de transporte, ou pela dificuldade da viagem, sendo pouco apetecíveis para transportadores singulares, tornam-se suportáveis para transportadores que juntaram os respectivos esforços.

Uma mutação importante do modo de actuação das conferências apareceu com a Convenção UNCTAD relativa a um

---

(1978), pág.556 e ss.; L.MIGLIORINO, *Le riserve alla Convenzione sul codice di condotta per le conferenze marittime,* DM, 1988, p.664 ss.; F.MUNARI, *Conferenze marittime,* DM, 1988, p.687 ss.; *Il diritto comunitario dei trasporti,* Milão, 1996, *passim,* mas, *maxime,* p.130 ss., 154 ss.; S.M. CARBONE, F.MUNARI, *La nuova disciplina communitaria dei traffici marittimi,* RDIPP, a. XXV (1989), p.293 ss., A.QUERCI, *Diritto della navigazione,* pág.37 e ss., A.LEFEBVRE D'OVIDIO, G.PESCATORE, L.TULLIO, *op. cit.,* p. 336 e ss., A. LEFEBVRE D'OVIDIO, *Armatore ed esercente di nave e di aeromobile,* Enciclopedia Giuridica, pág.2 s.; R.RODIÈRE, E.DU PONTAVICE, *op. cit.,* p.66 ss.; e ainda F.A.QUERCI, *Le "conférences" marittime e mercato comune,* RDN, 1964, I, p.263 ss.

Código de Conduta das Conferências Marítimas, de 7 de Abril de 1974, em vigor desde 1983 (aprovada para adesão pela Resolução n.º 6/90 de 20 de Dezembro), a adopção do qual foi recomendado, embora com reservas, no âmbto da Comunidade Europeia (cfr. Directiva n.º 954/79, de 15 de Maio).

Este Código foi, em parte, provocado pela oposição às antigas práticas movida por países economicamente menos desenvolvidos, que, tradicionalmente, não tinham grandes frotas marítimas, mas que se começaram a interessar por estas actividades comerciais e, assim, vendo as suas frotas mercantes crescer, procuravam protegê-las perante as companhias estrangeiras.

À luz da definição da Convenção, a conferência marítima será «um grupo de pelo menos dois transportadores-exploradores de navios que assegura serviços internacionais regulares para o transporte de mercadorias numa dada linha dentro de determinados limites geográficos». Dentro do grupo serão convencionados termos uniformes ou comuns relativamente às taxas de frete e às demais condições negociais.

Por outro lado, o Código de Conduta, a favor dos países que tentavem romper as malhas das frotas tradicionais e penetrar no cenário comercial, agrupando as companhias por nacionalidades, determinou que se repartisse o tráfico diferentemente entre companhias nacionais e estrangeiras, relativamente às linhas que sirvam cada país. Assim, uma companhia que não seja nacional terá mais dificuldade em fazer parte da Conferência que eventualmente sirva o tráfico de um dado país (cfr. arts.1.º, n.º 1 a 3 do Código de Conduta). Esta repartição (geográfica) do tráfico poderá ainda ser assegurada pela intervanção de certas autoridades nacionais, que, assim, tutelam o cumprimento do Código.

Mas as Conferências mantêm ainda práticas comercialmente ditas "mais agressivas" e um dos principais instrumentos são os acordos de fidelidade celebrados com os carregadores que se sirvam das linhas garantidas pelas companhias das Conferências (cfr. o n.º 2 do art.7.º do Código: nestes acordos «a taxa de frete aplicável aos carregadores fiéis deve estar compreendida numa determinada escala de percentagens da taxa de frete aplicável aos outros carregadores»).

Se esta prática é permitida, o Código de Conduta, de outra banda, veio suprimir o tradicional emprego de "navios de combate" (*fighting ships*), que provocavam a expulsão dos concorrentes, através de fretes muito reduzidos, custo que depois se diluía facilmente entre as companias associadas.

A mais disso, as Conferências recorrem a acordos sobre o preço a pagar pelas actividades auxiliares da navegação e do transporte, à criação de *pools* de cargas e fretes e à consequente repartição de percursos e cargas.

Poder-se-á dizer que, através da manutenção das práticas das Conferências, se dá uma confluência de vantagens públicas (porque se permite, por exemplo, a activação de certas rotas e serviços) e de vantagens também para os interesses particulares de outros agentes económicos, (como os carregadores que poderão ver os fretes reduzidos), com benefício global para o tráfico comercial, o que acaba por ser socialmente útil e desejável, e que estas vantagens superam a desvantagem que se pudesse considerar advir da limitação da concorrência operada por tais ententes de armadores.

No âmbito da Comunidade Europeia e das suas opções normativas a respeito das práticas de limitação de concorrência, segundo o Professor Stefano ZUNARELLI, ter-se-ia assistido, durante longo tempo, a «uma sorte de "temor reverencial" [...] perante [...] as peculiaridades do mundo dos tráficos marítimos»[191], até que, na sequência de uma decisão do Tribnal de Justiça, de 1974, se passou a considerar claramente que as nor-

---

[191] S.ZUNARELLI, *Lezioni, cit.*, p.25.

mas relativas à concorrência abrangeriam plenamente os sectores dos transportes marítimos e aéreos.

*Grosso modo*, podemos dizer que o direito comunitário[192], hoje, permite, embora com limitações, as práticas limitadoras da concorrência adoptadas pelas Conferências, tendo em conta as vantagens económica e socialmente relevantes que delas acabam por resultar. Isso mesmo foi traduzido, pelo Reg. n.º 4056/86, de 22 de Dezembro, na concessão de uma isenção de categoria à luz dos arts. 85.º e 86.º do Tratado de Roma (pela qual se consentem algumas práticas concertadas que possam reverberar uma limitação real da concorrência, embora também possibilitem a sobre-

---

[192] Cfr. Reg. n.º 4055/86, de 22 de Dezembro, relativo aos transportes não regulares ou que não são de linha – *tramps* –, Reg. n.º 4056/86, de 22 de Dezembro, já relativo aos transportes de linha – *liners* –; Reg.n.º 870/95 da Comissão, de 20 de Abril, concedendo uma isenção de categoria, tamém a outros consórcios neste domínio d actividade; Comunicação n.º 162/90, nos termos do n.º 3 do art.3.º do Reg.(CEE) n.º 4056/86 do Conselho e do n.º 3 do art.26.º do Reg.(CEE) n.º 1017/68 do Conselho, relativa aos processos n.º IV/32/380 e IV/32/772 – Acordos Eurocorde —; Decisão 92/262/CEE da Comissão de 1 de Abril de 1992, relativa a um processo de aplicação dos arts.85.º e 86.º do Tratado CEE (IV/32.450 – Comités de armadores franco--oeste africano) –; Decisão n.º 94/980/CE da Comissão de 19 de Outubro de 1994, relativa a um processo de aplicação do art.85.º do Tratado CE (IV/34.446 – Acordo Transatlântico); Decisão da Comissão n.º 93/82/CEE de 23 de Dezembro de 1992, relativa a um processo de aplicação dos arts. 85.º do Tratado CEE (IV/32.448 e 32.450 – Cewal, Cowac, Ukwal) e 86.º do Tratado CEE (IV/32.448 e 32.450 – Cewal), sobre a apreciação de uma posição dominante em contraste com as regras de distribuição do mercado do Código de conduta, e optando or aplicar sanções em virtude de ter qualificado a práica seguida como correspondente ao uso de *fighting ships* (e acerca da prática de preços predatórios: «o carácter multilateral e intecional demonstra a natureza abusiva de um comportamento que consiste em estabelecer um preço excepcional concertado com o objectivo de eleiminar um concorrente» – §80 da Decisão); o Acórdão do Tribunal de Primeira Instância (Terceira Secção Alargada), de 8 de Outubro de 1996 (Col.II, 1996-10/11/12, p.1210 ss.), em consequência do recurso desta Decisão.

vivência económica dos seus membros e apareçam colimadas à prossecução daquelas utilidades sociais, e, *pour cause,* à dinamização da actividade dos transportes). Claro está que isto sigificava sujeitar tais práticas ao juízo de compatiblidade previsto no art.85.º.

## §2.º – A responsabilidade do proprietário e do armador

**36.** *A posição do navio no património do proprietário.* O navio tem outrossim uma posição particular no património do seu proprietário, por exemplo, da designada companhia de navegação. Pode-se falar de uma autonomia ou de uma tendencial autonomia do navio e do frete, isto é, da "fortuna de mar" da empresa em face da sua "fortuna de terra". Esta autonomia, outrora, como que se repetia em cada viagem, tudo se passando como se para cada viagem se pusesse em marcha a actividade de uma empresa conjunta, fruto da associação dos vários interessados. E para essa espécie de parceria, cada um conribuia com a sua parte, e o proprietário com o navio. Este, por seu turno irira criando um activo e um passivo para quem o explorasse, pois que obtendo-lhe embora o frete, também poderia sair com mossas da aventura marítima, o que representaria para o seu explorador um risco, o seu risco[193]. No final da aventura, se dívidas

---

[193] Mas a actual diminuição do risco, mercê da progressão técnica entretanto ocorrida, poderia levar a repensar um tal regime de responsabilidade. São antigas as raízes desta responsabilidade e da concomitante limitação. Assim, por exemplo, no direito romano encontramos já o instituto da *noxæ deditio*, dando ao dono do *strumentum offendendi* a faculdade de o "abandonar" aos credores, a fim de se liberar, limitando do mesmo passo a sua responsabilidade. Mais tarde, no âmbito da disciplina marítima, os costumes náuticos dos mercadores haveriam de manter a possibilidade de limitação da responsabilidade do armador. Cfr. S.ZUNARELLI, *op. cit.,* p.56 s.. E, já mais tarde, como relata Martine REMOND-GOUILOUD, também Valin, no seu comentário de 1756 à *Ordonance* de Colbert, viria a lembrar que, estando o

houvesse, o proprietário sempre poderia abandonar aos credores o navio, no estado em que se encontrasse.

Essa tendencial autonomia patrimonial[194], tradicional no direito marítimo, embora não seja expressamente referida na lei, acaba por ser desentranada do regime real e de responsabilidade que envolve o navio e a actividade marítima. Tais regimes mostram como se encarece a necessidade de acautelar a confiança dos vários agentes a quem interessa a aventura marítima, tendo presentes os enormes riscos que a ela se associam. Por outro lado, não deixam de acautelar a posição dos proprietários ou dos armadores, o que geralmente se consegue pela previsão de uma limitação do montante indemnizatório[195]. Esta limitação pode ser real, e então estaremos perante um regime que permitirá o abandono liberatório de certos bens, navio e frete. Mas poderá outrossim ser pessoal, correspondendo a um certo valor[196]. Este, porém, numa solução de compromisso como é a nossa, poderá equivaler á reunião dos valores do navio e do frete. Encontraremos ainda a possibilidade de oferecer ao responsável a opção entre o ressarcimento até ao limite e o mero abandono do navio e do frete aos credores. Por outro lado, sobre o navio pendem amiúde variados privilégios creditórios (cfr. arts.574.° ss. do Código Comercial).

---

proprietário da embarcação distante do capitão e sem contacto com ele, sempre poderia ser surpreendido pela possibilidade de este *«le ruiner par ses étorderies»* – *op. cit.,* p.196.

[194] Bem palpável no caso de abalroação ocorrida entre navios do mesmo proprietário, caso em que, ainda assim, respondem os próprios navios na proporção da respectiva culpa (cfr. arts.665.° e 666.° do Código Comercial)

[195] Sobre este tema, cfr., entre nós, RAPOSO, Mário, *Direito marítimo – uma perspectiva,* ROA, a.43, 1983 (Maio-Set.), p.375 ss., *Sobre o contrato de transporte de mercadorias por mar,* BMJ, n.° 376, 1988 (Maio), *Estudos, cit.,* 261 ss..

[196] Podendo-se ainda oferecer ao proprietário ou ao armador a alternativa entre os dois sistemas.

Mau grado não deparemos com uma fórmula legislativa sintética, de tudo isto, acaba por resultar que, afinal, por dívidas relativas à actividade marítima do proprietário só responderão o navio e o frete, e que estes, as mais das vezes, responderão só por tais dívidas (aquelas que são a razão dos privilégios creditórios mencionados)[197].

**37.** *A responsabilidade do proprietário e/ou armador.* Quanto à responsabilidade do proprietário do navio, rege internamente o DL n.º 202/98, de 10 de Julho, e internacionalmente estamos vinculados à Convenção sobre o limite de responsabilidade dos proprietários de navios de alto mar, assinada em Bruxelas, a 10 de Outubro de 1957, conseguida pelo Comité Marítimo Internacional, e aprovada para ratificação em 1967 (o instrumento de ratificação foi depositado em 1968). Devido à primazia da disciplina convencional internacional, e como é confirmado pelo art.12.º da lei interna referida, o regime da Convenção de 1957 prevalecerá sempre que o caso *sub iudice* se insira no su âmbito de aplicação material e espacial.

Esta veio substituir a Convenção de 1924 (obtida também no âmbito do CMI), que não tivera grande sucesso, e já não considera a faculdade de um abandono liberatório do valor do navio e do frete, que, para certos casos, a Convenção de 1924 anda previa, como opção perante a indemnização até certo montante. A Convenção de 1957 prevê uma limitação da responsabilidade fixada num certo valor pecuniário, calculado em função da arqueação do navio. Deve ainda notar-se que, entretanto, em 1976, sobreveio uma nova convenção sobre a limitação da res-

---

[197] Cfr. M.Raposo, *Estudos, cit.*, p.113, referindo-se a uma autonomia patrimonial para alguns efeitos, nomeadamente, por, em certos casos, ao navio ser atribuída a responsabilidade e a consequente personalidade judiciária, como também já dissemos.

180 *Direito dos Transportes*

ponsabilidade em matéria de créditos marítimos, à qual não estamos vinculados – esta, apoiando-se num projecto do CMI, já foi acordada, no âmbito da ONU, sob o impulso da *International Maritime Organization* (então, IMCO–*International Maritime Consultive Organization*, que, criada em Genebra, em 1948, como organismo especializado da ONU, mudaria a sua designação em 1982). Esta nova convenção, mantendo a orientação anglo-saxónica, continua a não prever o instituto do abandono liberaório, seja em espécie, seja em valor equivalente, o qual se filia na tradição gaulesa e cujo regime já se encontrava na Ordenança de 1681 (título II, livro VIII, art.2.º).

Lembremos ainda que a responsabilidade por danos resultantes do transporte de substâncias perigosas e nocivas e de poluição está sujeita a uma disciplina internacional uniforme que poderemos achar em diversas Convenções, às quais acrescem acordos privados entre os agentes comerciais relacionados com estes tipos de transportes, nomeadamente, armadores que empregam petroleiros (plano TOVALOP) e carregadores de petróleo (plano CRISTAL). *Grosso modo*, aquelas, contemplando um sistema particular de responsabilidade objectiva do proprietário do navio, prevêem, no entanto, alguns casos de exoneração (assim, quando o dano deriva de um acto de guerra, de hostilidades, de guerra civil, de insurreição, de um facto natural de força maior, de facto deliberado e doloso de terceiro, de negligência ou de uma «acção prejudicial»/«*wrongful*» de um Governo ou de qualquer autoridade que tenha função de zelar pelo funcionamento dos faróis ou de outros auxiliares da navegação[198]) e ditam tam-

---

[198] É este o regime do art.III da Convenção CLC, de 1969, entretanto alterada pelos Protocolos de 1976 e de 1992 (surgindo, em 1992, um texto consolidado), actualmente em vigor e que nos vincula. Todavia, a Convenção de 1996, sobre a responsabilidade no transporte marítimo de substâncias perigosas e nocivas (Convenção HNS), viria acrescentar outros casos de

bém a criação de um fundo (através de contribuições prestadas por todos quantos se interessem pelos tipos de carregamentos que apontaremos) do qual os lesados, em casos de danos persistentes de hidrocarburetos e de danos de substâncias nocivas e perigosas, se poderão fazer pagar, ora quando não se estebeleça a responsabilidade do prorietário do navio, ora quando este e o seu segurador não sejam capazes de prover à completa reparação, ora quando o valor dos danos ultrapassar o montante do limite indemnizatório.

**38.** *Segue: os titulares da responsabilidade, o seu objecto e o limite indemnizatório.* Primeiro, convirá encontrar as razões para o regime da responsabilidade do proprietário ou do armador, de quem dependam o capitão e a equipagem, bem como para o instituto da respectiva limitação.

A responsabilidade do proprietário e/ou do armador, quando abrange, além dos actos próprios, também, vicariamente, aqueles praticados pelo capitão, pela tripulação e por quem seja colocado ao serviço do navio, acaba por se fundar nos princípios que justificam a responsabilidade objectiva, seja porque cria um risco de que retira uma certa vantagem económica, seja porque intercorre uma relação de comissão[199], seja porque, ainda aqui, o sis-

---

exclusão de responsabilidade, a saber: a falta de informação pelo carregador acerca da natureza perigosa ou nociva da carga, sempre que o proprietário do navio ou os seus dependentes não conhecessem ou não devessem conhecer a natureza perigosa ou nociva da mercadoria embarcada.

[199] Não é por acaso que o n.º 2 do art.4.º do diploma interno determina serem aplicáveis à responsabilidade do armador as normas que regem a responsabilidade do comitente. E note-se que, se à luz deste preceito, isto será assim para o proprietário armador, outro tanto acontecerá para o armador que não seja proprietário, *ex vi* do art.5.º. Restaria, contudo, apurar o que se deve entender por armador para os efeitos deste diploma, questão que tentaremos dilucidar *infra*, em texto.

tema jurídico se propõe alcançar uma distribuição equilibrada dos riscos inerentes à aventura marítima, a fim de viabilizar razoavelmente uma actividade socialmente necessária e conveniente. A par destes objectivos e princípios, é outrossim inegável a vontade de proteger a fundada confiança de terceiros na aparência que possa ser criada, nomeadamente aquela de que o capitão actua em nome de uma certa pessoa, ou seja, aquele que se mostra associado à exploração do navio. Ademais, um tal equilíbrio vê-se ainda prosseguido e coerentemente completado pela prescrição de uma limitação da responsabilidade do proprietário e/ou armador, como vimos já.

São estas as coordenadas teleológicas do regime da responsabilidade e da sua limitação nos vários diplomas internacionais e nacionais, as quais parecem ser também confirmadas pelo regime interno. Então, será à luz delas que haveremos de encontrar resposta para algumas das dúvidas interpretativas que o diploma de 1998 nos poderá suscitar. De resto, a ligação do regime interno aos modelos internacionais acaba por ser acusada nos arts.12.º e 13.º (neste, aliás, através de uma remissão material, *proprio sensu*).

E, destarte, no que tange a este regime de responsabilidade, surgem-nos três questões centrais, que nos levarão a tentar apurar quais são os titulares dessa responsabilidade, que simultaneamente se reclamarão como beneficiároos da dita limitação de responsabilidade, quais são os débitos que constituem essa responsabilidade e, por fim, por que modo se procede à limitação do montante indemnizatório (questão a que, aliás, já aludimos *supra*). Estas questões, naturalmente, obterão respostas fundadas em preceitos internos ou internacionais, consoante o caso *sub iudice* se submeta à Convenção de 1957 ou ao diploma de 1998.

**39.** *Segue: os destinatários do regime da responsabilidade.* Em relação ao primeiro problema enunciado, dizem-nos os arts.4.º a 6.º do DL n.º 202/98 que responderão nos termos do regime aí previsto, quer o proprietário, quer o armador, sendo este entendido como aquele que procede (por si ou recorrendo aos serviços de outrem, por exemplo, um gestor de navio) ao armamento do navio. Resulta da intenção do regime, que visa proteger a confiança de terceiros numa certa aparência, bem como responsabilizar aquele de quem dependam o capitão e a tripulação (cfr.art.4.º), que se o armador é responsabilizado o é por estes motivos. Mas se asim é, como nos parece, o armador só será responsabilizado na medida em que é ele quem explora o navio (o *exercitor navis*), com um interesse geralmente comercial, pelo que se torna irrelevante que tenha sido ele a armar materialmente o navio. Claro que, como recorra aos serviços de uma empesa especializada, ainda será ele o sujeito do armamento, respondendo perante terceiros pelos actos materiais e jurídicos que o mesmo implique.

Mas, de outra banda, pode o explorador do navio, armador, *hoc sensu*, receber o navio já ar-mado e equipado, *v.g.*, mediante um contrato de fretamente, em que seja o afretador (lembramos que no domínio do fretamento subsiste uma completa liberdade contratual)[200], ou mediante um qualquer contrato misto, envol-

---

[200] Poderia este ser o caso de um fretamento a tempo ou de uma *timecharter* a que se apusesse a cláusula *demise*, pela qual, o capitão e a equipagem passassem a ficar a dependência do *charterer*, que assim assumiria também a gestão náutica do navio, para além da gestão comercial que, em geral, já lhe competiria. Mesmo à luz de um regime como o italiano, em que o fretamento (*noleggio*) se contrapõe à *locazione di nave*, já se notou que alguns fretamentos a tempo mostram a deslocação de grande parte das obrigações e das despesas de manutenção para o *charterer*, mau grado não chegue a existir uma entrega do navio ao afretador (sendo este um elemento característico da dita locação) – cfr. G.ROMANELLI, *I contratti di utiizzazione della ave e dell'aeromobile*, *in* Il cinquantenario del Codice della Navigazione, sob a direcção de Leopoldo Tullio e Massimo Deiana, Cagliari, 1993, p.224 s.. *Vide* R.RODIÈRE, *Traité général de Droit Maritime, Affrètements et transports,* t.I, Paris, 1967, p.297; W.TETLEY, *op. cit.,* p.10, n.36; M.RAPOSO,

184 *Direito dos Transportes*

vendo uma locação. Em tal caso o armador, enquanto explorador comercial do engenho, não teria procedido àquelas operações de armamento, não parecendo ser subsumível à definição literal oferecida pela al.c) do art.1.º [201]. E, ainda assim, seria contrário à teleologia do regime, conforme a descrevemos, excluí-lo do rol dos destinatários do regime de responsabilidade aí delineado, até porque, perante os terceiros interessados na expedição do navio e no seu sucesso, é o explorador do navio que, as mais das vezes, aparecerá como face visível, ainda que o navio a este tenha sido concedido, já armado e equipado, pelo proprietário. À semelhança do que CUNHA GONÇALVES afirmava para uma outra norma do Código Comercial, talvez pudéssemos aventar que, nessa definição, o legislador apenas mencionou o caso mais frequente ou mais óbvio, o de o armador, de facto, proceder ao armamento, sem embargo de a mesma, pelos motivos expostos, merecer uma interpretação restritiva, no sentido de não fazer depender qualidade de armador da prática de tais actos, mas apenas da prática da actividade que, em geral, tais actos indiciam: a exploração do navio que leva a estabelecer relações por terceiros. Esta mesma visão da função do armador acaba por ser corroborada pelo art.7.º, quando se desconsidera, para efeitos do regime do diploma, o sujeito que materialmente proceda aos actos de armamento, nomeadamente, o gestor do navio[202], mas ainda pelo facto de, à

---

*Sobre o contrato de transporte de mercadorias por mar*, BMJ, n.º 376, Maio, 1988, p.50.

[201] Aliás não se consegue compreender inteiramente o motivo da profusão de definições presentes neste diploma, mormente as que já resultam de outros diplomas (assim, as noções de navio, proprietário, afretador, ínsitas, respectivamente nas als. a), b), g) do art.1.º ) ou a de fundo de limitação al. h) do art.1.º, pois que a noção deste acabará por se apurar no próprio diploma *infra*).

[202] Apesar de reconhecermos que talvez essa norma fosse dispensável e que o arrimo aqui colhido por aquela interpretação é tão-só parcial ou tendencial.

luz do art.6.º, o proprietário que não seja armador, e que, por isso, poderá estar velado perante terceiros, vir a responder apenas subsidiariamente. Esta aporia talvez pudesse ter sido evitada se por armador o diploma tivesse claramente entendido o que já resultava do n.º 2 do art.1.º, do DL n.º 196/98 [203].

De resto, é esta a orientação que poderemos encontrar, não só nos diplomas internacionais de 1957 e de 1976, mas de igual sorte noutras legislações. Assim, por exemplo, na lei francesa de 1967, o regime da limitação da responsabilidade do proprietário estende-se ao armador-explorador, ao afretador, ao armador-gerente e ao capitão[204], e, nos arts.274.º ss. do *Codice della Navigazione* vai-se ao ponto de apenas aludir à responsabilidade do armador, entendido como *esercente* [205].

Por outro lado, como parece ser confirmado pelo art.2.º do diploma, através de uma presunção, é claro que o armador, enquanto explorador do navio, poderá ser, ora o proprietário, ora um afretador na sequência de um fretamento em casco num (correspondente a um *bareboat charteparty*, por alguns também designada *demise charterparty*), ou mesmo um locatário.

Já a Convenção de 1957 parece resolver mais satisfatoriamente aquele ponto, não podendo esquecer o seu eventual papel de modelo para o regime interno. No n.º 2 do art.6.º estende-se também o regime aplicável ao proprietário também ao afretador, ao armador, ao armador-gerente, senão ao comandante e à tripulação e a quaisquer outros empregados, «enquanto actuando no exercício das suas funções».

---

[203] Não parece que fizesse sentido considerar o armador material, o que provê a armamento, e desconsiderar o que aparece perante terceiros como explorador de navio, quando este não tivesse armado o navio, antes o havendo já recebido armado de um fretador, por exemplo.

[204] *Vide* R.Rodière, E.Pontavice, *cit.*, p.137.

[205] S.Zunarelli, *Lezioni di diritto della navigazione*, p.54 ss..

# 186 Direito dos Transportes

**40.** *Segue: o objecto da responsabilidade.* Os sujeitos abrangidos pela disciplina do DL n.º 202/98, isto é, o proprietário, armador ou não, e o armador, serão responsáveis, desde logo, pelos actos pessoais, mas também, como dissemos, pelos actos praticados pelos sujeitos referidos no art.4.º, a saber o capitão e a tripulação, os pilotos ou práticos que venham a bordo e qualquer um empregue no serviço do navio.

Como sucedia já, e como sucede internacionalmente e noutras legislações, será indiferente o fundamento contratual ou extracontratual[206] das dívidas em causa, explicando-se assim a influência da relação de comissão com que depararemos. Na verdade, o capitão celebrará em nome do armador diversos contratos com terceiros. Todavia, sempre poderemos considerar, como já se fazia à luz do Código Comercial, que os actos e omissões de que cura este particular regime serão aqueles que venham a ser praticados por aquelas pessoas no exercício das funções ou no âmbito dos limites dos seus poderes de representação[207].

Daí poderemos retirar a conclusão de que o armador e/ou o proprietário não haverão de responder pelas obrigações contratuais relacionadas com o transporte, sempre que eles próprios não sejam o transportador, que, por exemplo, havendo um fretamento a tempo poderá ser o afretador do navio, mantendo-se o fretador como armador. Nestes casos, ainda que o capitão assine

---

[206] Segundo o n.º 3 do art.3.º, do DL n.º 203/98, de 10 de Julho, fica, contudo, excluída a responsabilidade pelos actos ou omissões que possam constituir um incumprimento da obrigação do capitão de prestar soccorro, salvo se ocorrer culpa do proprietário ou do armador. Aflora aqui a ideia de que não deverá o armador responder por obriações legais directamente atribuídas ao capitão, atendendo à natureza das suas funções e ao facto de ser a pessoa mais autorizada para, em dadas circunstâncias e no isolamento do mar, praticar certos actos de interesse público.

[207] Cfr.L.Cunha Gonçalves, *Comentário, cit.,* III, p.137 s..

os conhecimentos de carga que titulam o transporte, fá-lo-á em representação do transportador[208], sem embargo de continuar a agir em representação do armador noutros actos. A responsabilidade do transportador que não seja proprietário ou armador ficará sujeita a um outro regime, o do diploma interno que regula o transporte ou o da Convenção de 1924 sobre o conhecimento de carga (ou o da *lex contractus*, se o contrato não for abrangido por esta). Para apoiar estas conclusões poderemos, de certo modo, concitar o apoio do art.12.º, que exclui do âmbito do regime de responsabilidade do diploma as pretensões sujeitas a certas disciplinas internacionais.

De outra banda, poderemos ainda contemplar o caso de o proprietário e/ou armador ser simultaneamente o transportador contratual[209]. Neste caso, as obrigações e a responsabilidade que sobre ele recaiam no âmbito da relação de transporte poderão estar sujeitas a um regime interno ou internacional especial, que deverá prevalecer sobre o regime da responsabilidade do diploma de 1998. É quanto vem a ser confirmado pelo já citado art.12.º.

Neste caso, porém, como já acautelou o Dr. Mário RAPOSO[210], ainda à luz do do Código Comercial, sempre que haja responsabilidade no domínio de uma relação de transporte, se esta não puder ser regulada por um dos regimes especiais, de um diploma interno ou aquele das Regras de Haia, então fará sentido que o transportador, que seja também armador e/ou proprietário, se possa valer da limitação de responsabilidade previsto, ora na Convenção de 1957, ora na lei de 1998. Neste caso, já podere-

---

[208] Mau grado se possa admitir que não sendo esse esclarecimento feito e mantendo-se a aparência de que o capitão actua em nome e por conta do proprietário e/ou armador, este ainda poderá ser chamado a responder, embora possa depois ser ressarcido pelo transportador.

[209] Ou então, a hipótese de ser o transportador efectivo ou *de facto*, caso em que, segundo a interpretação que sustentaremos *infra*, ainda poderia ser abrangido pelo regime uniforme do transporte internacional.

[210] *Sobre o contrato, cit., loc. cit..*

mos recorrer ao regime da responsabilidade destinados ao armador e/ou proprietário, não obstante também haja actuado como transportador, na medida em que as demais disposições relativas à limitação da respectiva responsabilidade não sejam convocáveis, e por isso que o capitão e a tripulação não deixaram de actuar em seu nome e/ou sob a sua autoridade.

**41.** *Segue: o limite indemnizatório.* Quanto ao sistema da limitação da responsabilidade, o regime de 1998 mantém-se fiel ao regime tradicional do abandono liberatório, embora não em espécie, tratando-se agora de um abandono do valor correspondente ao navio e ao frete, que permitirão assim a constituição de um fundo, dito de limitação da responsabilidade.

O proprietário e/ou armador têm pois a faculdade de limitar assim o montante indemnizatório, segundo um sistema semelhante ao adoptado pelos arts.275.º s. do Código da Navegação italiano de 1942. Deste modo, não se seguiu o trilho fixado pelas novas convenções internacionais de 1957 e de 1976, que preferiram fixar um tecto indemnizatório, atendendo, ora aos tipos de danos, ora às caractrísticas da embarcação – já a lei francesa de 1967 preferiu enverdar por este novo caminho.

Percebe-se inteiramente que o legislador persista em encarecer o valor e a utilidade do instituto da limitação da responsabilidade. Mas não deixam, outrossim, de ecoar certas inquietações, que, mais uma vez, o Dr.Mário RAPOSO[211] já lembrava. Na verdade, por um lado, muitas vezes, o valor da carga poderá superar aquele do projectado fundo de limitação, por outro, as mossas e maus tratos sofridos pelo navio poderão depauperar extremamente o seu valor. Estas objecções talvez se mostrassem mais suportáveis, não fôra o caso de o legislador já não seguir

---

[211] *Estudos, cit., loc. cit..*

o exemplo do legislador italiano, quando enxerta neste sistema de limitação a influência do sistema que se lhe contrapõe, e de nem sequer referir o momento em que se deve aferir o valor do navio para o efeito da constitutição do fudo de limitação. Na verdade, no *Codice della Navigazione*, se se permite a constituição de um fundo de tipo liberatório que reúna aqueles dois valores (navio e frete), determina-se outrossim que o valor do navio se reportará ao momento em que se requer a limitação, sem que este possa ser fixado após o fim da viagem, e, em qualquer caso, esse valor deverá estar contido entre um quinto e dois quintos do valor da embarcação no início da viagem[212].

---

[212] Aliás, também a Convenção de 1924, que Portugal chegou a ratificar, conquanto adoptasse um sistema de limitação, em certos casos, híbrido ou de alternativa entre o abandono de valor e a fixação de um tecto indemizatório, previa que o valor do navio devesse ser calculado no fim da viagem ou após o acidente que originasse os débitos, compreendendo-se nesse valor os acessórios do navio, mas também as indemnizações devidas por avaria. Cfr. J.M.P.Vasconcelos Esteves, *Introdução, cit.,* p.79.

## §3.º – O contrato de transporte e o contrato de fretamento (o contrato de *charterparty*)

**42.** *A distinção entre transporte e fretamento. O contrato de fretamento.* Passaremos agora a estudar dois dos contratos de utilização do navio, o contrato de fretamento e o contrato de transporte. Depois da revogação das normas do Código Comercial correspondentes ao fretamento e ao conhecimento de carga, tornou-se clara esta bipartição dos contratos. Não se pode, contudo, afirmar que seja clara a sua distinção na prática comercial, como de resto não é claro que correspondam a duas espécies dogmaticamente autónomas. Assim, mesmo em países que optaram pela consagração legal de dois tipos, encontraremos, ao lado de teses autonomistas ou separatistas, outras que defendem a coincidência típico-social do transporte e do fretamento, como também teses que defendem ser o fretamento um subtipo do contrato de transporte, constituindo as normas que regulam aquele uma *lex specialis*.

Esta dificuldade dogmática não é nova e já a encontramos na discussão pandectística sobre a integração do fretamento, ora na categoria da *locatio rei*, ora na categoria da *locatio operis faciendi*. Mesmo Pothier, que propendia para a primeira hipótese, acaba por hesitar.

E, já no cenário das fontes romanas, a dúvida persistia. Aí, como já referimos, a finalidade social do transporte ou da deslocação física de coisas, tanto assumia as vestes de uma *locatio rei*, como de uma *locatio mercium vehendarum*. Ora, aquela *locatio rei*, de forte inspiração grega, quando o objecto locado

192 *Direito dos Transportes*

fosse o navio (e não os bens transportados) poderia vir a corresponder ao que hoje designaríamos de fretamento total ou parcial do navio[213].

Costuma-se distinguir os dois tipos atendendo à diferença das prestações devidas e do objecto principal dos mesmos, mas permanece a proximidade material e económico-social dessas prestações e das utilidades prosseguidas por ambos, que acaba por fazer persistir a dificuldade de qualificação[214]. Esta qualificação jurídica revela-se necessária, não só porque a legislação dispensa um regime diferente para os dois contratos, mas sobretudo porque, enquanto a disciplina do fretamento é supletiva, vigorando completamente o princípio da autonomia, já o contrato de transporte anda amiúde associado a um regime imperativo.

Assim, querendo distinguir as prestações principais dos dois contratos e os seus objectos, poderemos dizer que, enquanto o transportador se obriga a realizar a deslocação física da mercadoria (e, se tiver a sua detenção, assume a obrigação de custódia, *proprio sensu*, e a de a entregar no destino), o fretador obriga-se a realizar uma certa viagem, geralmente, com um determinado navio, sendo o *opus* devido a própria viagem. Chega-se mesmo a dizer que o fretamento, diferentemente do transporte, é um contrato *intuitu navis*, por isso que a identificação do navio deverá ser respeitada pelo fretador, que não poderá cumprir a sua prestação colocando à disposição um navio diferente, ainda que

---

[213] *Vide* J.Dauvillier, *Le contrat d'affrètement dans le Droit de l'Antiquité*, *in* Mélanges offerts à Jacques Maury, I, Paris, 1960, p.97 ss., *maxime*, p.101 ss..

[214] Com posições diferentes, cfr., por um lado, o Ac.Trib.Rel.Lisboa, de 4 de Janeiro de 1978, CJ, 1978, I, p.23 ss., e, segundo cremos, o Ac.STJ, de 27 de Maio de 1980, BMJ, n.º 297, 1980, p.376 ss., por outro, Ac. STJ, de 2 de Junho de 1998, BMJ, n.º 478, 1998, p.397 ss.. Cfr. ainda Ac. STJ, de 19 de Fevereiro de 1987, BMJ, n.º 364, 1987, p.879 ss., *maxime*, p.884 ss..

com as mesmas características – cfr. art.6.º, n.º 1, a), 23.º e 34.º do DL n.º 191/87, e, em contraponto, o art.12.º do DL n.º 352/86, relativo ao transporte, onde a substituição do navio naqueles termos já é permitida.

Logo, se o transporte se concentra sobre a mercadoria a transportar, o fretamento terá por objecto o navio, por isso que o fretador se obrigará a colocar à disposição do afretador um certo navio, ou parte dele.

Soi dizer-se também que a viagem, *qua tale*, é no transporte instrumental, em relação ao objecto principal que seria a deslocação das mercadorias.

Daí resultará que o fretador está sujeito a um diferente regime de responsabilidade (mesmo aquele supletivo) e não assume certas obrigações relativas à mercadoria que já são próprias do transportador[215]. Assim, por exemplo, não responderá pelas culpas comerciais dos seus dependentes, isto é, não responderá pelos danos causados às mercadorias em virtude de uma actuação culposa do capitão ou da equipagem, ao praticar actos que não mirassem a título principal a navegação e as operações náuticas do navio (note-se que, em certos casos, os próprios actos de estivagem das mercadorias podem não ser realizados com um objectivo principal que se ligue à segurança do navio).

É certo que o fretamento, que vem a ser titulado por uma carta-partida, andará frequentemente associado ao transporte de mercadorias (caso em que também poderá ser emitdo um conhecimento de carga, para além da carta-partida, que apenas titula o fretamento), mas não necessariamente. E aí as combinações possíveis são variadas. Poderá, por exemplo, o afretador ser também um carregador, como poderá assumir ele perante um terceiro carregador o papel de transportador. Por outro lado, poderá o fretador passar a assumir as vestes de transportador. Mas,

---

[215] Cfr. E.Spasiano, *Contratto di noleggio*, Milão, 1986, p.169 ss..

como teremos oportunidade de ver, sempre que, na sequência e/ou em virtude de uma carta-partida e de um fretamento, venha a ser emitido um conhecimento de carga e, assim, venha a ser celebrado um contrato de transporte, então as disposições imperativas deste sempre se aplicarão em relação ao terceiro portador do conhecimento, apesar de a carta-partida poder regular as relações *inter partes*, isto é, entre fretdor e afretador (e, assim, mesmo que tenha sido aquele a emitir o conhecimento a pedido deste[216] )[217].

Deve notar-se que, sem embargo das definições que cada legislador nacional faça a seu talante, a verdade é que, em geral, os contratos de utilização do navio se encontram reduzidos a

---

[216] Cfr. W.TETLEY, *op. cit.,* p.36.

[217] Seguindo um possível *iter*, proposto por Jacques PUTZEYS (*Droit des transports et droit maritime,* Bruxelas, 1989, p.98 s.), em que as partes da carta-parida acabam por chegar a um contrato de transporte, poderá suceder que um carregador, directamente ou através de um intermediário (*v.g.,* um mandatário ou um transitário), celebre um contrato de fretamento com um armador ou com o seu agente, assim reservando uma *«capacité de transport»* num dos seus navios ou diversos deles. Recebido o aviso de prontidão do navio (ou aviso de navio pronto, *notice of readiness* – NOR), a mercadoria é encaminhada para o porto e, aí e nesse momento, o capitão emite o conhecimento de carga, celebrando-se o contrato de transporte. Com o conhecimento, junto do banco da sua praça, o carregador-vendedor, poderá fazer-se pagar mercê do crédito aberto pelo destinatário-comprador. Deste modo, o Autor tenta mostrar como não há por que haver contradição ou confusão entre os dois contratos, antes se dando uma sucessão de contratos. Ainda segundo o Autor, um tal enquadramento poderia servir também para o fretamento por viagem, mau grado, se interesse sobremaneira por um caso hipotético de *tonnage agreement*, isto é, pela "reserva de um espaço" num ou em vários navios para diversas viagens, segundo um calendário total ou aproximadamente pré-estabelecido, que já foi dito ser uma sorte de contrato-quadro que, no fundo, poderia dar lugar a tantos contratos de transporte (ou a tantos contratos de fretamento por viagem – ou *voyagecharters* –, dependendo das circunstâncias e da vontade das partes) individuais quantas as viagens a realizar, de acordo com esse programa previamente delineado.

dois tipos de documentos que correspondem a formulários internacionalmente seguidos. Assim, de um lado, os conhecimentos de carga, em que as hipóteses de negociação são escassas e que titula transportes, geralmente de linha. Do outro lado, as *charterparties* [218], abrindo mais possibilidades de negociação das respectivas cláusulas e que andam amiúde associadas ao transporte que não é de linha. Todavia, apesar do *nomen* do documento, não se poderá fazer uma correspondência automática entre o contrato de *charterparty* e o fretamento, antes importando analisar as respectivas condições contratuais. Aliás, já foi defendido que todos os *voyagecharters* correspondem a verdadeiros contratos de transporte, em que o "fretador" assume as obrigações relativas à carga próprias de um transportador, o que faria com que o fretamento por viagem acabasse por ser um tipo negocial legalmente existente, mas vazio na prática comercial[219].

Mas a nossa perplexidade aumenta quando vemos a proximidade material extrema que dois dos subtipos do fretamento apresentam em relação a outros tipos contratuais. Num regime como o nosso, influenciado pela lei francesa de 1966, o fretamento apresenta três espécies: por viagem, a tempo, em casco nu. Estudando o respectivo regime, apercebemo-nos como o primeiro se aproxima do transporte e o último da locação[220]. Na

---

[218] Estas costumam ser contratos-tipo (senão mesmo normativos) de origem associativa ou corporativa.

[219] E pode-se mesmo encontrar a opinião segundo a qual mesmo os *timecharters* corresponderiam a contratos de transporte.

[220] Assim, por exemplo, o Código da Navegação italiano apenas conhece o fretamento (*noleggio*) por viagem e a tempo, acrescentando-lhes *tout court*, a *locazione di nave*. Diga-se, ademais, que para a doutrina e para a jurisprudência superior italianas é pacífico que todas as *voyage charterparties*, a que se recorre na prática comercial internacional, correspondem a verdadeiros contratos de transporte.

Ao abrigo da legislação francesa, já foi defendido que o fretamento em casco nu se contradistingue da locação, também porque, uma vez que o

196     *Direito dos Transportes*

verdade, o próprio DL n.º 191/87, de 29 de Abril, no seu art.5.º, define o fretamento por viagem como «aquele em que o fretador se obriga a pôr à disposição do afretador um navio, ou parte dele, para que este o utilize nema ou mais viagens, previamente fixadas, de transporte de mercadorias determinadas» (sublinhado nosso).

Na verdade, vem sendo notado que, no fretamento por viagem, o que mais importa é o potencial de transporte que representa o espaço sobre que recai o contrato, pelo que tal fretamento acaba por ser concluído tendo bem presentes as características das mercadorias a transportar. Isto mesmo sublinhava Martine REMOND-GOUILLOUD, juntando que o fretador «*assume toute l'opération de transport*», por isso que conserva, tanto a gestão náutica, como a gestão comercial do navio, e chegando a sustentar que a deslocação das mercadorias aparece como causa do fretamento. Contudo, lembra imediatamente que o transporte incide sobre a coisa a transportar, ao passo que o fretamento tem como objecto o «*volume destiné à la recevoir*»[221].

A par da proximidade funcional ou económca dos dois contratos[222], teremos de tomar boa nota de que o transporte (inter-

---

fretador perde o «*"contrôle"*» sobre o navio, já não assumiria a «*obligation de faire jouir l'affréteur de l'usage de la chose pendant le contrat et d'entrenir cette chose en état de servir à l'usage pour lequel elle a été louée (art.1719 C.civ.)*» – E.Du Pontavice, P.Cordier, *Transport & affrètement maritimes*, Paris, 1990, p.288.

[221] *Op. cit.*, p. 315 s.. Recorda ainda que as normas que regulam o transporte são de ordem pública, mas aquelas aplicáveis ao fretamento são supletivas. E lembra também que a deslocação da mercadoria e a sua entrega no destino no estado em que se encontravam à partida consiste num resultado a que o transportador se obriga, enquanto que o fretador, em relação a esse desiderato do carregador, só assume uma obrigação de meios.

[222] Aludimos a esta proximidade, pois que, como vimos, não só poderá ser difícil identificar o tipo contratual ao comparar uma carta-partida e um contrato de transporte, como é também certo que, tanto o afretador (ainda que perante um terceiro assuma as vestes de transportador, passando a emitir

namente, para a nossa Nação como para outras, e também assim ao abrigo dos acordos internacionais vigentes) costuma estar sujeito a um regime material imperativo. As razões desta iderrogabilidade prendem-se a objectivos normativos de carácter público, quais sejam o da protecção do carregador e o do equilíbrio distributivo dos riscos na aventura marítima – prosseguidos, designadamente, pela presunção de responsabilidade do transportador e pela previsão de um *plafond* indemnizatório.

E é por isso que diversos Autores vieram insistindo na aplicação imperativa das Regras de Haia, mesmo na versão inicial de 1924 (a que vigora entre nós), não só quando haja sido emitido um conhecimento, como faria supor a letra do seu art.10.º, mas ainda sempre que, atendendo às condições do contrato, ou seja, tratando-se de um verdadeiro transporte ordinário, um conheceimento devesse ter sido emitido. Esta preocupação e esta conclusão interpretativa encontra, aliás, reflexo e conforto no parágrafo 3.º do art.6.º da Convenção de Bruxelas de 1924. Daí que recobre importância a investigação heurística do que venham a ser «carregamentos comerciais ordinários», precisamente aqueles em que, atendendo aos fins normativos do regime imperativo, não se deverá admitir a limitação ou a exclusão da responsabilidade do transportador, para além dos casos prescritos legalmente, e que o são, ainda teleológica e funcionalmente subordinados àqueles fins[223].

---

conhecimentos, a pedido deste), como o carregador parte de um contrato de transporte, ambos prosseguirão o objectivo económico que se traduzirá em ver uma certa quantidade de bens chegar a um certo destino.

[223] O preceito do art.6.º prevê certos casos em que se poderão acordar limitações ou exclusões da responsabilidade do transportador, em relação a transportes ditos extraordinários, mas proibe a validade de tais cláusulas em relação a carregamentos ordinários. Aquela ampliada liberdade do transportador e do carregador fica assim reservada para carregamentos especiais, embora se possa reconhecer que, sendo necessário expedir grandes quantidades de mercadorias, as partes poderão recorrer a um fretamento, pois que a

De outra banda, incindindo sobre o espaço físico do navio e sobre as suas potencialidades locomotoras, isto é, incindido propriamente sobre a actividade de navegar, o fretamento costuma ver-lhe dispensado um regime meramente supletivo. Isto fica-se também a dever à consideração de que, geralmente, as partes deste contrato se encontram em planos económicos iguais ou próximos. Na verdade, o fretamento é muitas vezes escolhido quando se trata de obter a deslocação de uma carga total ou parcial, isto é, cargas abundantes que preenchem a totalidade ou uma parte considerável do navio, enquanto o transporte é amiúde procurado para a deslocação de coisas determinadas. Poderá mesmo suceder que o carregador se encontre em posição económica mais sólida do que o armador[224]. O carregador de pequenos volumes dirigir-se-á geralmente a linhas de transporte regulares, que emitirão conhecimentos de carga, ao passo que o carregador de grandes quantidades já sentirá a necessidade de recorrer aos ditos *tramps*, podendo preferir um fretamento.

Se, a mais do que acabámos de considerar, dermos de barato a subsistência jurídico-material de uma diferença específica do contrato de fretamento, apresentando este um diferente objecto e uma diferente prestação principal relativamente ao contrato de transporte, então, que dizer perante um contrato inserido numa carta-partida? Se o regime próprio do transporte aparece como im-

---

carga ocupará a totalidade do navio ou uma grande parte dele. Todavia, aquelas cláusulas poderão ainda ser admissíveis perante carregamentos particularmente valiosos ou sensíveis, isto é, mercadorias que consabidamente suportam muito mal as agruras de uma viagem marítima. Mostra-se, pois, como não aceitar esta interpretação acabaria por contrariar e esvaziar o efeito útlil da imperatividade da disciplina do n.º 8 do art.3.º, e, consequentemente, da disciplina de toda a Conveneção em matéria de responsabilidade – cfr., *inter alia*, W.TETLEY, *op. cit.*, p.235. Cfr. *infra*.

[224] Aliás, como se lembra, poderemos encontrar contraos-tipo de fretamento ou *charterparties* redigidos, não por associações de armadores mas por corporações de afretadores que precisam de crregar certo tipo de mercadorias.

perativo, torna-se óbvio que, tratando-se de mero documento particular, a sua natureza ou o *nomen* que receba (como aquele que as partes entendam atribuir ao negócio que celebraram) não serão bastantes para que se afaste, sem mais, a disciplina do transporte.

Claro está que, como venha a ser emitido um conhecimento de carga, este arrastará consigo o regime imperativo do contrato de transporte para disciplinar as relações externas, isto é, as relações entre o emitente e qualquer terceiro portador do conhecimento (aí se podendo incluir o primeiro destinatário das mesmas que seja portador do título, posto que não coincida com o afretador/carregador[225]). É assim ao abrigo das Regras de Haia (de acordo com o entendimento que destas defenderemos, e também à luz do seu art.5.°), das Regras de Haia-Visby (já expressamente), daquelas de Hamburgo (também expressamente), mas outrossim à luz do art.29.° do DL n.° 352/86, de 21 de Outubro[226].

Contudo, convir-se-á em que a imperatividade da disciplina do transporte não é ditada apenas em benefício da confiança deste terceiro, tanto mais que sempre lhe aproveitariam as caracterísiticas próprias do título de crédito representativo que possuirá. Essa imperatividade serve objectivos normativos diversos, como vimos. Logo, a disciplina do transporte deverá vigorar mesmo *inter partes*, se se chegar a concluir que o acordo que a carta-partida reveste é verdadeiramente um contrato de transporte. Esta parece ser a cnclusão que decorre da imperatividade da disciplina do contrato de transporte, cuja eficácia não poderá

---

[225] E é por isso que René RODIÈRE e Emmanuel DU PONTAVICE reconhecem que, perante o portador do título, isto é, do conhecimento, o fretador passa a assumir o papel de transportador contratual (naturalmente, se foi o fretador a emitir tal conhecimento) – *op. cit.,* p.274, 308 s. («*le fréteur se transforme en transporteur*).

[226] Questão diferente será a de saber em que medida é que, atendendo à literalidade do conhecimento, as cláusulas da carta-partida poderão ser atendidas também para regular as relações com o portador do título, contanto que não colidam com a disciplina imperativa do transporte.

depender do facto de o transportador se recusar a emitir um conhecimento de carga. Todavia, talvez se possa conceder, atendendo à dificuldade de identificação dos tipos contratuais em causa, que, sempre que venha a ser emitido um conhecimento e que este entre em circulação, talvez devamos seguir quanto prescreve o dito art. 29.º do diploma de 1986, quando permite que as relações internas permaneçam sujeitas à carta-partida, pois que, na verdade, nestes casos poderá ser ocioso prolongar a investigação sobre o conteúdo negocial da carta-partida, atendendo a que, um vez que o título entra em circulação, ainda que o afretador fique sujeito aos termos da carta-partida e ao regime do fretamento, o terceiro portador, que aparece como interessado na carga, sempre poderá recorrer à disciplina do transporte, o que acabará por ser suficiente para guardar a sua confiança, mas também os objectivos de interesse público prosseguidos pelo regime do transporte.

Mas o mesmo não sucederá quando não intervenha este terceiro, isto é, quando, tendo sido criada uma carta-partida, o afretador venha a coincidir com o carregador e com o destinatário das mercadorias. Nestes casos, o suposto afretador é o único com legitimidade para pretender a compensação devida do suposto fretador. Logo, a fim de salvar o efeito útil da imperatividade da disciplina do transporte, nestes casos sempre importará averiguar a verdadeira natureza do acordo ínsito na carta-partida[227], o que reclamará particular importância quando esta contiver cláusulas de exclusão ou de limitação da responsabilidade.

Então, como proceder a esta averiguação, sabendo que quanto dissermos há-de valer também para a qualificação de um

---

[227] Sem embargo de podermos dar de barato que, as mais das vezes, sempre intervirá um terceiro no papel de destinatário das mercadorias. Mas, até esta conclusão é confortada por isso que vem sendo defendido por parte da doutrina internacional, a saber, que o estudo das cláusulas das normais *voyagecharters* utilizadas na prática internacional acabam por corresponder a verdadeiros contratos de transporte.

qualquer acordo negocial, no caso de não ter sido formulado um conhecimento, ou sequer uma carta-partida? Para sabermos se o negócio se reconduz a um transporte teremos obviamente que indagar aturadamente as condições acordadas pelas partes a fim de destilar a sua vontade real. Assim, poderá ser conveniente observar alguns indícios que normalmente são sublinados, estejam ou não directamente reflectidos nas condições contratuais, a saber[228]: as obrigações assumidas em relação à carga e à sua entrega no destino, a medida da colaboração prometida pelo carregador, o relevo que assuma a identificação do navio, o volume de carga, isto é, saber se se trata de pequenos volumes ou de uma carga total ou parcial do navio, a comparação da posição económica das partes[229], a regularidade das vigens realizadas pelo navio em causa, isto é, saber se trata de um navio de linha[230] ou não, o facto de se tratar de um negócio celebrado na sequência de oferta pública generalizada[231], os usos comerciais.

---

[228] Cfr. W.TETLEY, *op. cit.,* p.9 ss.; J.PUTZEYS, *op. cit.,* p.98, 244 s., mas apenas para a hipótese de ter sido emitido m conhecimento, conquanto este não haja sido negociado, isto é, um conhecimento que não foi transmitido a terceiros; MREMOND-GOUILLOUD, *op. cit.,* p.300 ss., *maxime,* p.303.

[229] Assim, René RODIÈRE e Emmanuel DU PONTAVICE oferecem como principal explicação da regra da supletividade o facto de não subsitir uma diferença económica significativa entre as partes, tratando-se, geralmente, de um «*armateur et un gros industriel ou commerçant ou encore deux armateurs, également puissants*».

[230] Note-se que os transportes de linha vêm crescendo notavelmente, devido também aos novos tipos de navios e ao aumento da contentorização (que assim foi ocupando uma parte do transporte antes entregue a graneleiros) e às inovações surgidas nas máquinas do navio (*v.g.,* o motor a diesel): nos últimos dez anos duplicou. Diga-se, por outro lado, que é por mar que se realiza cerca de 40% das exportações intra-europeias e cerca de 90% daquelas destinadas a países de outros Continentes.

[231] No meio anglo-saxónico, era comum a distinção entre *private carrier* e *common or public carrier*, aquele geralmente circulando sob uma *charterparty* e este sob um conhecimento, no âmbito de transportes regulares. Mas este é ainda um dado meramente indiciário ou heurístico.

## §4.º – Disciplina interna

**43.** *As fontes internas do regime dos contratos de transporte e de fretamento.* De seguida, visitaremos alguns aspectos da disciplina aplicável aos contratos de utilzação do navio. Cumpre adiantar que, se o fretamento fica entregue à disciplina interna supletiva de cada Estado, já o transporte poderá recair no âmbito de aplicação espacial de convenções de direito uniforme material, pelo que as normas internas que regulem imperativamente o contrato de transporte só se aplicarão ao transporte interno e àquele internacional, mas quanto a este, só na medida em que não seja regulado por diplomas internacionais e quando a lei nacional em causa for a *lex contractus*, de acordo com o sistema confitual do foro.

Tais contratos encontravam-se regulados nos preceitos do Código Comercial aplicáveis, ora ao fretamento, ora ao conhecimento de carga, ora às obrigações do capitão do navio. Todavia, como temos visto, as reformas legislativas do direito marítimo, levadas a cabo em 1986-1987 e em 1998, revogaram grande parte da disciplina do Código Comercial.

Entre os contratos que, de algum modo, se relacionam com a utilização do navio e com a operação económica do transporte, *lato sensu*, podemos contar o fretamento, o transporte, *proprio sensu*, mas também o reboque marítimo, o contrato de pilotagem, a gestão de navios, os contratos de trabalho que permitem equipar o navio com a tripulação, para além dos contratos atinentes à panóplia de actividades de intermediação, praticadas, *v.g.*, por transitários e agentes de navegação.

204 *Direito dos Transportes*

A nossa atenção penderá sobretudo para o regime interno dos contratos de transporte e de fretamento, aquele sujeito ao DL n.º 352/86 de 21 de Outubro, e este ao DL n.º 191/87 de 29 de Abril, e de ambos tentaremos sublinhar alguns aspectos, para depois confrontarmos o regime interno do transporte com a disciplina ditada pela Convenção de Bruxelas de 1924, relativa ao transporte marítimo internacional de mercadorias.

### A) O Fretamento.

**44.** *Noção do contrato de fretamento. Espécies de fretamento.* O contrato de fretamento, como já vimos, incide sobre a disponibilidade de um navio ou de uma parte dele. Através deste negócio, o fretador compromete-se a pôr à disposição do afretador um navio ou parte dele, com a finalidade acordada de obter a navegação o engenho. Confirmamos, assim, que objecto do contrato será o navio ou parte dele, mas também a actividade da navegação do mesmo, pelo que se justifica a ligação do fretamento, não só à categoria da *locatio rei*, mas também àquela da *locatio operis*, pois que o afretador negoceia mirando esse *opus* que consiste na navegação, a qual, geralmente, lhe alcançará a satisfação de uma finalidade ou necessidade ulteriror, as mais das vezes, a deslocação de uma carga entre dois portos.

É esta a noção oferecida pelo art.1.º do D n.º 191/87, que ainda nos mostra ser o fretamento um contrato oneroso. Será também um contrato formal, devendo estar vertido num documento particular a que se dá o nome de carta-partida[232] (art.2.º). O conteúdo mínimo da carta-partida é ditado pelos arts.6.º, 23.º e 34.º, em relação aos diferentes subtipos de fretamento.

---

[232] A designação deve-se a facto de, outrora, o documento ser fisicamente "partido" em duas partes.

Conquanto se determine que este será um contrato formal, gerando o incuprimento da forma a respectiva nulidade, é também verdade que a disciplina obrigacional do contrato aparece como uma disciplina supletiva[233], como resulta do art.3.º do diploma.

Seguindo o nosso regime o figurino francês, o fretamento poderá ser de três tipos, a saber: fretamento por viagem, fretamento a tempo, fretamento em casco nu. Podemos suspender a análise dos regimes anglo-saxónicos, por isso que falha a analogia que nos permitiria uma comparação capaz de explicar as razões do nosso regime, conquanto nesse meio também se fale de uma contraposção entre *contracts of carriage*, documentados por uma *bill of lading* (conhecimento de carga) e *contracts of hire* (documentados por uma *charterparty*[234]). Mas uma lei que nos é dogmaticamente próxima, como aquela italiana, só prevê dois tipos de fretamento, o *noleggio a viaggio* e o *noleggio a tempo*, aos quais depois o Código da Navegação, de 1942, junta a locação de navio.

O nosso ordenamento preferiu aderir ao *distinguo* proposto pela lei francesa, que permite a autonomização obrigacional e funcional do fretamento em casco nu, não obstante este se aproxime "perigosamente" da locação, o que não tolhe que, mesmo à luz do nosso direito, possamos ainda conceber uma locação de navio, que ficaria sujeita ao direito comum (um navio pode ser locado para fins diferentes da navegação, por exemplo, como se fora uma casa ou para aí se oferecer um concerto ou para aí se

---

[233] Podendo, *et pour cause*, apresentar um valor interpretativo – cfr. R.RODIÈRE, E.DU PONTAVICE, *op. cit.*, p.266.

[234] Todavia, como já dissemos, vem sendo afirmado que muitos dos formulários de *charterparties*, mormente as *voyage charterparties*, contêm verdadeiros contratos de transporte, atendendo ao conteúdo das obrigações que o fretador (dito *owner* ou *disponent owner*) assume em relação à carga e à sua conservação (custódia), bem como à sua entrega no destino.

206    *Direito dos Transportes*

fazer uma festa). Na verdade, aquela proximidade justifica que o legislador tenha ditado que a disciplina da locação fosse o direito subsidiário para o fretamento em casco nu (art.42.º). Não optando por entrar na disquisição sobre o que se deva entender por "entrega" do navio, que no direito italiano já foi mostrada como indício para o confronto entre *noleggio* e *locazione*, podemos dar conta do que a doutrina francesa vem oferencendo para justificar a autonomização típica do fretamento em casco nu. Tem-se dito que se pode falar de fretamento, *proprio sensu*, por isso que o navio é posto ainda à disposição com o fim de navegar e apto para tal efeito[235]. Então, no fretamento em casco nu, o fretador ainda está obrigado a prover a uma preparação mínima do navio, isto é, obriga-se a apresentar um navio em bom estado de navegabilidade, mas também a apresentar um navio que respeite as condições da carta-partida, ou seja, um navio adequado para o tipo de navegação eventualmente acordado. Mesmo à luz da nossa lei, apesar de mais lacónica do que aquela francesa, isto mesmo acaba por resultar do art.33.º, atendendo à liberdade contratual das partes.

Por outro lado, como deriva *a contrario* do art.37.º, se o afretador suporta as despesas relativas à conservação ou preservação do estado de navegabilidade, já será ao fretador que caberão as reparações exclusivamente devidas a um vício próprio do navio, uma vez que este contende com aquele inicial estado de navegabilidade que deve ser assegurado pelo fretador, mesmo neste tipo de fretamento.

Note-se, finalmente, que, nos nossos dias, o fretamento em casco nu é internacionalmente utilizado como instrumento finan-

---

[235] Cfr. R.RODIÈRE, *op. cit.,* t.I, p.296 s., realçando como o fretamento em casco nu assume a natureza de acto de natureza comercial, tanto para o fretador, como para o afretador, mas para tentar também rechaçar a aplicação imediata de certas regras de direito comum relativas à locação. Entre nós, o Dr.Mário RAPOSO afirma que «[o] que caracteriza o fretamento em casco nu é a sua afectação marítima – cfr. *Estudos, cit.,* p.308, nota 16.

ceiro (por exemplo, à guisa do que sucede na locação financeira ou associado a um *leasing* [236]). Assim, a entidade financeira poderá celebrar o contrato de construção ou de compra e venda do navio (ainda que seguindo as condições negociais desejadas pelo mutuário), fretando-o em casco nu ao armador interessado, que o passará a explorar como armador –, fretamento que poderá durar enquanto o mútuo não for completamente pago, sem embargo de, na qualidade de proprietária, tal entidade financeira acabar por assumir certos riscos, uma vez que, como já vimos, poderá ser responsabilizada em dados casos.

**45.** *Gestão náutica e gestão comercial.* A distinção dos regimes dispensados aos três tipos de fretamento passa pela observação da disciplina relativa às obrigações das partes, e, nomeadamente, à repartição da gestação náutica e da gestão comercial, bem como das despesas inerentes ao navio.

A gestão náutica abrangerá aqueles actos e aquelas despesas que tenham que ver com o manuseamento técnico do navio em ordem à navegação (desde logo, entre estes, contaremos os encargos que deveriam ser suportados mesmo que o navio permanecesse atracado), enquanto que a gestão comercial envolverá os actos e as despesas relativas ao emprego comercial que se entenda dar ao navio (logo, entre estes, encontraremos também certos encargos e actos atinentes a aspectos materiais do navio, na medida em que sejam postos ao serviço daqueles objectivos comerciais)[237].

---

[236] Cfr. E.DU PONTAVICE, P.CORDIER, *op. cit.,* p.286; M.RAPOSO, *Estudos, cit.,* p.231 s., *ad notam.*

[237] Cfr. A.LEFEBVRE D'OVIDIO, G.PESCATORE, L.TULLIO, *op. cit.,* p.490, aludindo aos custos inerentes «*all'utilizzazione contingente della nave*», os quais, no fretamento a tempo «*non sono prevedibili nel momento della stipulazione del contratto*».

208 *Direito dos Transportes*

Assim, por exemplo, no domínio da gestão náutica, toparemos com certos custos fixos, como as despesas com o armamento do navio, com a equipagem, com as normais vitualhas[238] e com os salários da tripulação, ou aquelas devidas à normal manutenção e a reparações do navio (pelo menos, na medida em que estas não sejam impostas por particulares utilizações comerciais do navio, antes se devendo a insuficiências, defeitos ou vícios do próprio navio, ou ainda ao seu normal desgaste, aquele que sucederia independentemente do tipo de emprego comercial a que se decida destinar o engenho), bem como o seguro do navio, pelo menos, na medida em que o prémio deste não varie consoante o emprego comercial desejado e de acordo com os destinos comerciais fixados[239].

E, no âmbito da gestão comercial, encontraremos, por exemplo, custos que variarão de acordo com os diferentes empregos comerciais propostos para o navio, como sejam as despesas com combustível, água e lubrificantes (todos, elementos necessários para o emprego mecânico do engenho a fim de cumprir os seus destinos comerciais), bem como as despesas devidas pelas escalas, pela permanência nos portos (e, além das estadias, deveremos ter em conta tudo quanto respeite ao processo de aproximação e atracagem, nomeadamente, o reboque do navio e a sua pilotagem com recurso a um piloto exterior, cujos riscos e custos

---

[238] Embora se encontre a compreensível opinião de que estas deverão correr por conta de quem seja titular da gestão comercial, pelo menos, na medida em que os víveres necessários passem a ser extraordinários por uma causa relativa ao particular emprego comercial do navio.

[239] Pode suceder que o prémio aumente devido aos riscos particulares de certas regiões, como pode suceder que o afretador pretenda uma apólice que cubra mais amplos riscos, ora indo contra o que seja a prática comercial habitual, pois que o navio, continuando a ser uma preocupação do fretador, sempre o afretador poderá querer cobrir riscos que advenham para o navio devido ao seu emprego comercial, ora pretendendo já assegurar riscos da carga.

poderão variar consoante os portos escolhidos) e pelo atravessamento de canais.

Atendendo às finalidades prosseguidas pelas partes nos três tipos de fretamento e, digamos assim, à "amplitude da disponibilidade" do navio que o fretamento alcançará ao afretador, assim se distribuirão aquelas duas gestões e os respectivos encargos. Aliás, em geral, o desenho da repartição das obrigações das partes acabará seguindo o critério que preside à distribuição dos dois tipos de gestão, para além da obrigação principal que se traduz na colocação do engenho à disposição do afretador, mediante prestação do frete correspectivo. Na verdade, a gradação dos três subtipos de fretamentoo acaba por corresponder a uma gradação na proximidade do afretador em relação ao quotidiano do navio e da navegação e, em medida inversamente proporcional, a uma gradação do distanciamento do fretador.

Note-se, porém, que a liberdadde contratual, que neste domínio prevalece, vem permitir que se teçam desenhos contratuais nos entretons, dando lugar a fretamentos atípicos[240], por

---

[240] Assim, por exemplo, o *contrat de tonnage, tonnage agreement* ou *volume contract* (que também pode aparecer com a designação de *contract of affreightment* ou de *freight contract*, embora já se tenha obtemperado que, *proprio sensu*, no meio anglo-saxónico, *contract of affreightment* seria uma designação capaz de vestir qualquer contrato de utilização do navio). Mas a própria qualificação deste contrato entre os fretamentos pode ser discutida, pois que se pode ver aí um contrato-quadro (*steering contract*) que dê lugar a sucessivos contratos de transporte no cumprimento do mesmo, ao invés de dar lugar a uma multiplicidade de fretamentos por viagem (ou a sucessivas *voyagecharters*, cuja qualificação como fretamento é, *a se*, discutida – como vimos já –, sendo frequente a sua recondução ao transporte). Cfr. *supra* e R.Rodière, E.du Pontavice, *op. cit.,* p.268 s.; W.Tetley, *op. cit.,* p.19 s; S.M.Carbone, *Lezioni, casi e modelli contrattuali di Diritto Marittimo,* Turim, 1997, p. 202 s., aludindo ao facto de este poder ser visto como um *hybrid contract*, juntando elementos dos *voyagecharters* e dos *timecharters*; A.Lefebvre D'Ovidio, G.Pescatore, L.Tullio, *op. cit.*, p.541 s.; e, entre nós,

210 *Direito dos Transportes*

exemplo, conjugando condições próprias dos diferentes tipos, o que poderá acentuar as dificuldades de qualificação, mesmo em face de fguras contratuais limítrofes, ou seja, a locação e o transporte.

**46.** *O fretamento por viagem.* Assim, no fretamento por viagem, gestão náutica e gestão comercial competem ao fretador (art.8.º ), o que bem se compreende, pois que ele está obrigado a realizar as viagens (art.7.º ), além de que o acordo versa sobre uma viagem determinada. Todavia, o embarque e o desembarque das mercadorias previstas contratualmente ficarão a cargo do afretador.

E, uma vez que ao armador, que assim freta o seu navio, importa sobremaneira a mobilidade ágil do navio e a sua disponibilidade para aceitar novas viagens[241], o afretador deverá ater-se aos prazos fixados para tais operações, aos quais se dá o nome de estadias. É por isso que, se ao fretador compete suportar o custo da permanência no porto durante o tempo convencionado para as operações de carregamento e de descarga, pois que lhe compete a gestão comercial do navio, já, no caso de esse tempo ser excedido, entrando o navio em sobrestadia (*demurrage*, sobredemoras lhe chamava o antigo art.545.º do Código Comercial), deverá ser o afretador a suportar o custo desse "imprevisto", o que fará através do pagamento de um suplemento de frete proporcional ao tempo empregue a mais – cfr. art. 6.º, n.º 1, e) e f), art.9.º, b), art.12.º, e art.13.º, n.º 1. Se, por outro lado, tais operações forem mais céleres do que o que haja sido acordado,

---

M. Raposo, *Fretamento e transporte marítimo – algumas questões,* BMJ, n.º 340, p. 27 e ss., *Sobre o contrato, cit.,* p.61.

[241] É, aliás, costume dizer-se que, no fretamento por viagem, o tempo corre contra o fretador, enquanto, no fretamento a tempo, ele corre contra o afretador.

então terá o afretador direito a um prémio de subestadia (cfr. art.13.º, n.º 2 e 3) – também dito *dispatch money*. A *ratio* desta distribuição de encargos justifica ainda que o frete seja devido ainda que a mercadoria não venha a ser apresentada no momento e local fixados (art.10.º), ou ainda que venha a ser carregada uma quantidade inferior à prevista (obrigação de pagamento do designado "frete morto" – *dead freight* –, correspondente a uma mercadoria que não chegou a ser carregada)[242].

Finalmente, o preceito do art.20.º confirma quanto prescreve o art.8.º, já que o rol das despesas aí enunciadas corresponde a custos fixos e variáveis. Logo, e porque o fretador tem a gestão comercial do navio, deverá também suportar os custos relativos a mantimentos, combustível e lubrificantes. E percebe-se ainda que, havendo alteração do destino, desde que o mesmo não seja precludido pela carta-partida, então deverá o afretador suportar as despesas que advenham dessa modificação não prevista *ab initio*, pois que essa alteração da rota acordada não derivou propriamente dos planos comerciais inicialmente consentidos pelo fretador.

Por seu turno, o fretador deverá apresentar o navio, no local e datas fixados e em bom estado de navegabilidade geral, mas

---

[242] Assim, pareceria que, no fretamento, a não deslocação da mercadoria pela sua não apresentação pelo afretador, qualquer que seja a causa, isto é, independentemente da imputabilidade desta causa, fica sujeita a uma disciplina diferente da que se dispensa para os impedimentos à viagem, que também acabam por impedir a deslocação daquela carga. Assim, a não apresentação da mercadoria não libertará o afretador da obrigação de pagar o frete. É este mais um sintoma de que o objecto do fretamento recai sobre a viagem *a se*. *Vide* a interpretação do preceito francês correspondente da lei de 1966 – R.RODIÈRE, *op. cit.*, t.I, p.127 s..

Para o antigo art.533.º do Código Comercial, que previa o pagamento de meio frete no caso de renúncia pelo afretador ao contrato, contanto que antes de iniciado o carregamento, A.H. da PALMA CARLOS, *O contrato de fretamento no Código Comercial Português*, Lisboa, p.233.

também dotado das condições acordadas e devidamente apetrechado para empreender aquele tipo de viagem que tenha sido convencionada – art.7.º, b).

Note-se ainda que os créditos emergentes do fretamento de que seja titular o fretador estão garantidos por um direito especial de retenção (ainda que subsidiariamente lhe seja aplicável o regime do direito de retenção de que benefiacia o transportador à luz do DL n.º 352/86) – art.21.º, n.º 1 e 3. Querendo exercê-lo, a fim de proteger a expectativas do destinatário, deverá o fretador disso notificá-lo no prazo de quarenta e oito horas após a chegada do navio ao porto de desembarque – art.21.º, n.º 2.

**47.** *O fretamento a tempo.* No fretamento a tempo (a propósito do qual, a nossa lei é algo mais lacónica do que, por exemplo, as suas congéneres francesa e italiana), o fretador coloca o navio determinado à disposição do afretador, podendo este utilizá-lo por um certo período de tempo, decidindo a seu talante o número de viagens a realizar. Se assim é, então o fretador estará mais distanciado do emprego e das operações quotidianas do navio, pelo que apenas conservará a gestão náutica do mesmo (art.25.º). A sua gestão comercial, isto e, a destinação a dar ao navio na prática comercial, caberá ao afretador (art.26.º).

Esta divisão da gestão do navio acabará por determinar a distribuição das despesas do navio. Embora as partes possam acordar mais de espaço esta repartição na carta-partida, a lei sempre adianta que as despesas com combustível ficarão a carga do afretador (art.27.º, n.º 1). Além disso, o afretador deverá suportar as reparações necessárias em virtude de avarias causalmente ligadas às características e vicissitudes do emprego comercial do navio e das operações que este implica (art.32.º ), sem embargo de as reparações provocadas por vício próprio do navio deverem ser custeadas pelo fretador. Este, na verdade, não só mantém a gestão náutica, como está obrigado, talqualmente o fretador no fretamento por viagem, a apresentar o navio no local e data acordados, em bom estado de navegabilidade e devidamente equipado e armado. Ademais, de acordo com as condições acordadas, o navio deverá estar tecnicamente preparado para resistir à navegação durante o tempo convencionado e para realizar o tipo de viagens previstas, o que não tolhe que os custos variáveis relativos ao emprego comercial corram por conta do afretador (*v.g.*,despesas de estadias e o aprovisionamento da máquina).

Lembramos que as obrigações do fretador poderão ser precisadas e/ou limitadas contratualmente, contanto que se não destrua um conteúdo essencial e típico do contrato para que se possa dizer de fretamento, capaz, portanto, de se sujeitar directamente à disciplina supletiva do diploma que vimos estudando. Mas poderá suceder que o fretador se comprometa a apresentar um navio dotado de certas capacidades de eficácia (*performance*), nomeadamente no que tange à sua velocidade (*speed capablity*) e níveis de consumo, o que permitirá ao afretador programar a sua actividade comercial e projectar financeiramente as despesas de consumo que o navio provocará. Estas obrigações, como aquela de prover ao estado de navegabilidade do navio, poderão ser limitadas ao início da viagem (*initial capability*), ou, então, o fretador poderá assentir em garantí-la por todo o período da utilização comercial do navio (*continuing capability* – ainda que se possa entender não se tratar de uma garantia *stricto sensu*, correspondendo antes a uma obrigação de meios, isto é, o fretador deverá actuar diligentemente de modo a proporcionar certas potencialidades marítimas ao navio, mas ainda este ponto dependerá de quanto for acordado e da investigação da vontade das partes)[243].

De outra banda, em geral, o afretador não gozará de plena liberdade no emprego comercial do navio. Por um lado,

---

[243] Cfr. S.M.CARBONE, *Lezioni, cit.,* p.182 ss..

cingir-se-á a viagens dentro dos limites geográficos acordados na carta-partida, já que bem se compreenderá que o fretador não queira ver o "seu" navio a atravessar certas águas ou regiões mais arriscadas, ora por motivos naturais, ora porque aí se trava uma guerra – art.23.°, b).

Por outro lado, também estará limitado pela carta-partida no que toca aos tipos de cargas que poderá embarcar e fazer viajar – art.23.°, c).

Nos formulários de fretamento, é usual inserir cláusulas, pelas quais o afretador se obriga a transportar mercadorias lícitas e não perigosas, no domínio de operações comerciais lícitas (*lawful general merchandise*). Por outro lado, particularmente nos *timecharters*, o afretador costuma comprometer-se a utilizar apenas portos seguros (cláusula *safe port* ou *safe berth* [244]), segurança esta aferida de diversos pontos de vista, ora naturais, ora sanitários, ora políticos[245].

**48.** *O fretamento em casco nu.* Estas duas cláusulas, claro está, serão também adequadas para os fretamentos em casco nu[246].

---

[244] Que também pode aparecer nos formulários de *voyagecharter,* mas aqui em relação a um porto já nominado.

[245] Cfr. A.LEFEBVRE D'OVIDIO, G.PESCATORE, L.TULLIO, *op. cit.*, p.490. Tem-se defendido que se trata de uma garantia *proprio sensu*, a qual gerará uma responsabilidade objectiva, embora o ponto seja discutido. Mas é também comunmente (ainda que com a oposição de certa jurisprudência inglesa) admitido que o afretador se liberará da sua responsabilidade, uma vez que haja provado que a insegurança do porto se ficou a dever a circunstâncias excepcionais, ou seja, imprevisíveis e irresistíveis – cfr.M.REMOND-GOUILLOUD, *op. cit.,* p.314.Também se encontram formulários em que a aceitação da segurança do porto pelo *owner* liberta o *chartereer* de tal garantia.

[246] O que, em parte, é aflorado no n.° 1 do art.39.°, quando se determina que o afretador deverá utilizar o navio no âmbito de «tráfegos e actividades compatíveis com a sua finalidade normal e características técnicas».

Neste, tanto a gestão náutica, como a gestão comercial, caberão ao afretador (art.35.º). Tal, porém, não significará que o fretador (eventualmente, o proprietário do navio) se desinteresse dos destinos do seu navio, tanto mais que, em certos cass, como vimos já, ele também poderá ser responsabilizado perante terceiros[247], para além de não querer ver o «seu» navio correr riscos excepcionais.

Neste fretamento, as despesas relativas aos dois tipos de gestão correrão por conta do afretador, que deverá, em princípio armar e equipar o navio (arts.36.º e 37.º). Todavia, como referimos *supra*, nada impedirá que se convencione uma sorte de fretamento em que o navio é colocado à disposição já armado e com o capitão e a tripulação já escolhidos e arrolados, sem embargo de, a partir daí, ambas as gestões passarem a pertencer ao afretador.

Também se compreende que, devendo o fretador apresentar o navio em bom estado de navegabilidade, apesar de não estar obrigado a mantê-lo durante o tempo de exploração marítima pelo afretador, sempre terá de custear as reparações devidas a vício próprio do navio (art.38.º), pois que este vem a contender precisamente com aquele inicial estado de navegabilidade.

---

[247] E, a este propósito, *vide* o art.41.º, que reproduz uma sorte de *indemnity clause*, permitindo que o fretador possa reaver do afretado quanto deva pagar a terceiros por danos causados em virtude da exploração comercial do navio. Todavia, no fretamento em casco nu, o afretador deverá também responder pelos danos reativos a quaisquer operações náuticas do engenho. A expressão «exploração comercial» poderá parecer equívoca, pois que, também no fretamento a tempo, o afretador deverá responder pelas consequências dos actos comerciais que envolvam o navio e das operações comerciais que envolvam o manuseamento da carga. Cfr.M.REMOND-GOUILLOUD, *op. cit.,* p.322.

**49.** *Apresentação do navio e carregamento. Algumas cláusulas-tipo:* "cancelling clause" *e* "as near as". Muitas das cláusulas de estilo que soi incluir-se nos formulários internacionalmente utilizados, acabam por reproduzir ou confirmar a repartição de obrigações e despesas já prevista nos desenhos legais dos tipos de fretamento, embora possam fornecer ulteriores precisões.

Assim, nos diversos tipos de formulários, eventualmente relativos aos diferentes tipos de fretamento, poderemos encontrar cláusulas que respeitem à apresentação do navio, nomeadamente a chamada *cancelling clause*. De acordo com esta cláusula, se o navio não for apresentado no porto convencionado no prazo estipulado, ao afretador é dada a faculdade de resolver o contrato, que também deverá ser exercida dentro de um certo prazo (*cancelling time*).

O momento de apresentação do navio cobra uma particular importância, nomeadamente no freteamento por viagem e a tempo, pois que será a partir desse momento que se comecará, respectivamente, a contabilizar as estadias e o montante do frete, que, no fretamento a tempo, se calcula em função do período de exploração comercial do navio pelo afretador.

Muitas vezes, os *voyagecharters* incluem a previsão do momento esperado para a chegada do navio (*expected ready to load*), além da previsão do prazo limite para apresentação do navio, que coincinde com o momento a partir do qual, não sendo convencionado uma ulterior extensão do prazo, o afretador pode resolver o contrato. Por vezes, poderemos encontrar a estipulação do início dos designados *laydays* (e também assim nos *timecharters*), que só começarão a ser contados a partir de certa data (trata-se, pois, da contagem da estadia)[248]. Antes dela, ainda que o navio seja apresentado no porto, o afretador não estará obrigado a carregar ou a suportar preço do frete. Correspondem,

---

[248] Cfr. art.12.º, n.º 4, do DL n.º 191/87.

portanto, a um prazo anterior ao momento em que o contrato pode ser resolvido[249].

Todavia, em geral, seja no fretamento por viagem, seja naquele a tempo, entre a apresentação do navio (marcada pelo aviso de navio pronto, *notice of readiness* – NOR) e a contagem do tempo de estadias ou de utilização do navio, corre um pequeno prazo sem encargos para o afretador, a fim de que possa ultimar a preparação das operações que terá de empreender (*free time*). Para facilitar esta preparação do afretador, e porque este poderá estar interessado em antecipar, se possível, o carregamento, é usual convencionar que fretador informe periodicamente o afretador sobre a localização do navio e sobre o momento previsto para a sua chegada ao porto (*expected time of arrival* – ETA).

Assim, vemos desenhado um arco temporal, durante o qual a execução do contrato poderá ter início, e que será marcado por dois termos: um, no início, a partir do qual se poderão começar a contar os *laydays*, logo que o navio chegue e disso seja avisado o afretador, e antes do qual a execução não se poderá iniciar; outro, no fim, que marca o momento a partir do qual o afretador poderá resolver o contrato.

Quanto ao local de apresentação do navio, esse deverá ser o porto convencionado na cartra-partida. Contudo, nos *voyage-charters*, é habitual a inclusão da cláusula *as near as*, pela qual o fretador poderá cumprir a sua obrigação de apresentação do navio, colocando o navio à disposição do afretador, não no porto acordado, mas num porto tão próximo quanto possível, sempre que haja um motivo razoável que impeça o navio de se dirigir com segurança para o porto inicialmente desejado.

---

[249] Esta faculdade deverá ser exercida, por exemplo, como determina o *voyagecharter* GENCON (*Uniform General Charter* da BIMCO), até ao termo das quarenta e oito horas posteriores à recepção do aviso de que o navio não conseguirá cumprir o prazo estipulado.

Correspondendo a uma faculdade do fretador, este desvio e os encargos adicionais que ele provocará, por exemplo, para que se proceda ao carregamento, deverão ser suportados pelo afretador. Todavia, tem-se entendido (assim, por exemplo, na jurisprudência francesa e inglesa[250]) que o impedimento deverá ser imprevisto ou imprevisível no momento da estipulação da *charterparty*, pois que, a ser de outro modo, o fretador não deveria ter aceite o porto inseguro como local de apresentação do navio. Assim, os impedimento que justificariam a apresentação *as near as* ficariam, *grosso modo*, reduzidos aos impedimentos não permanentes como uma inundação ou uma tempestade ou qualquer alteração anormal das marés, já aí se não incluindo as dificuldades próprias de um recife, pois que a sua existência seria cognoscícvel para uma fretador razoavelmente diligente.

**50.** *O tempo de exploração real do navio. A cláusula* "off-hire". Considerando que o frete é contado em função do tempo que dura o fretamento a tempo, o período temporal de exploração pelo afretador assume nesta modalidade um relevo particular.

Neste sentido, é usual inserir nos *timecharters* a cláusula *off-hire* ou *cesser of hire clause*. Esta cláusula permite ao afretador suspender o pagamento do frete ou a contabilização do valor do mesmo, sempre que, e durante o tempo em que, se torne inviável a exploração comercial do navio, por motivo imputável ao fretador, o que poderá suceder, por exemplo, por este não ter providenciado uma correcta manutenção ou reparação do mesmo.

Assim, também o art.30.º da nossa lei determina que se suspenda o pagamento do frete «durante os períodos em que se torne impossível a utilização comercial do navio, por facto não imputável ao afretador».

---

[250] Cfr. M.Remond-Gouilloud, *op. cit.,* p.318 s., e, aludindo a um critério de razoabiliddade para aferir da prestabilidade do impedimento, a fim de fundamentar o exercício desta faculdade, L.Tullio, *I contratti, cit.,* p.87 s..

**51.** *O capitão e a equipagem. A emissão dos conhecimentos de carga.* No fretamento a tempo cobra particular importância, e algum melindre, o desenho das obrigações do capitão, que ficará sujeito a duas cabeças dirigentes, o mesmo se podendo dizer, de certo modo, da tripulação.

Nesse sentido, seguindo a repartição da gestão do navio própria do fretamento a tempo, o art.28.º determina que, em tudo quanto diga respeito ao emprego comercial do navio, o capitão deverá seguir as instruções do afretador, não obstante a sua escolha e nomeação incumbam ao fretador.

Por outro lado, ele estará vinculado às ordens do fretador no que toca à gestão náutica do navio. Mas deverá também cingir-se, no cumprimento das instruções do afretador, aos limites contratuais impostos pela carta-partida. Por isso, não terá o capitão de encaminhar o navio para um destino comercial que esteja fora dos limites geográficos acordados na carta-partida, como, de outra banda, ao cumprir as instruções do afretador, não poderá esquecer o interesse e a protecção das pessoas que tem a seu cargo e, da incolumidade do navio, devendo ocupar-se sempre do sucesso da expedição e da navegação.

Finamente, e ainda no sentido do que acabámos de dizer, como ainda se refere no art.28.º, o capitão deverá obediência às obrigações legais que lhe forem impostas[251].

---

[251] Quanto a estas, *vide* arts.3.º ss. do DL n.º 384/99, de 23 de Setembro, que veio revogar os arts.496.º, 498 a 508.º e 510.º a 537.º do Código Comercial. Lembre-se que o capitão tem ainda competências disciplinares, necessárias para que possa garntir a segurança a bordo – cfr. o Código Penal e Disciplinar da Marinha Mercante, aprovado pelo DL n.º 33252, de 23 de Novembro de 1943, que substituiu o Código de 1864 e que foi, entretanto, alterado pelos DL n.º 678/75, de 6 de Dezembro, 194/78, de 19 de Julho, 39/85, de 11 de Fevereiro. Mas as funções públicas do capitão não se quedam por aqui, estendendo-se aos casos de nascimentos e óbitos (seja no caso de o cadáver não ser encontrado, seja naqueles em que o corpo foi desembar-

No âmbito dos actos que o capitão deva praticar sob instruções do afretador, poderemos distinguir dois domínios. Por um lado, todos aqueles que digam respeito à condução e aproveitamento do navio para que cumpra os fins comerciais pretendidos. Assim, como sublinham Antonio LEFEBVRE D'OVIDIO, Gariele PESCATORE e Leopoldo TULLIO[252], as instruções do afretador são indispensaveis para que o navio possa ter um emprego comercial, e, então, caber-lhe-á indicar ao capitão as viagens a realizar e os portos que serão o seu destino (além de poder instruir o capitão acerca da celeridade que deseje ver empregue nas operações), sem embargo de o capitão se poder opor, sempre que tais ordens contendam com os limites contratuais ou com a segurança náutica da expedição. Este domínio da actividade comercial atravessa ainda o domínio da actividade dita náutica, tratando-se, pois, de actos que interessam aos dois tipos de actividade.

Por outro lado, o capitão poderá praticar outros actos comerciais sob as instuções do afretador, e que já não afectarão daquela maneira a actividade náutica do navio (claro está, sempre no cumpimento do que haja sido estabelecido entre fretador e afretador na carta-partida, nomeadamente, na usual cláusula do

---

cado ou lançado ao mar) a bordo (nos termos do Código de Registo Civil), à celebração de testamentos a bordo (arts.2214.º ss. do Código Civil).

O capitão está ainda investido de poderes de representação judical e extra-judicial do proprietário ou do armador, em relação a actos atinentes à expedição marítima, conquanto os termos dessa representação possam ser burilados contratualmente, *maxime*, sempre que o capitão deva actuar comercialmente em representação do afretador que não seja o armador e/ou proprietário (cfr., em geral, para os casos que se dêem fora do local da sede dos representados, o art. 8.º do DL n.º 384/99, que substituiu o art.509.º do Código Comercial).

Cfr. J.M.P.Vasconcelos Esteves, *Direito Marítimo – Introdução ao armamento, cit.*, p.151 ss..

[252] *Op. cit.*, p.494.

*employment*, que regula contratualmente este tipo de questões). Como referem ainda aqueles Autores, trata-se agora de actividades que o afretador poderia confiar a prepostos seus, mas que poderá também confiar ao capitão, como muitas vezes acaba por suceder. Entre estes actos poderemos contar certas operações relativas à carga (como a indicação da carga que haverá de ser carregada e descarregada e os particulares cuidados a tomar com a mesma, embora outras operações relativas à carga possam influir sobre o sucesso náutico da expedição, como é o caso da estivagem[253]), além da emissão de conhecimentos de carga (que poderão, mesmo, ser emitidos em nome do afretador, conquanto não necessariamente[254]), a fim de titular os contratos de transporte que o mesmo celebre com terceiros carregadores.

Claro que, sendo o conhecimento emitido em nome do fretador, que não negociou com o terceiro o contrato de transporte, como acaba por suceder frequentemente, mesmo no âmbito de *timecharters*, o fretador acabará por ter de responder perante terceiros portadores do conhecimento, considerando que, na realidade, o capitão não deixa de ser um representante do fretador--armador[255] (e é como tal que aparecerá, sempre que não precise

---

[253] Note-se que esta, dependendo da finalidade que concretamente visa servir e os motivos que determinam o modo como é feita, poderá incluir-se, ora na gestão náutica (por exemplo, quando se faz de certa maneira para garantir a segurança da expedição, do navio e da tripulação), ora na gestão comercial (*v.g.*, quando interesse para que uma certa carga não provoque danos noutra carga também embarcada a mando do afretador).
Cfr. M.REMND-GOUILLOUD, *op. cit.*, p.313.

[254] Sobre este ponto e sobre as duas cláusulas citadas, *vide* ainda L.TULLIO, *op. cit.*, p.157 s., 163 s..

[255] Sobre a posição deste e sobre a do proprietário do navios, cfr., na jurisprudência nacional, Ac.STJ, de 26 de Março de 1965, BMJ, n.º 144, 1965, p.204 ss., Ac.STJ, de 11 de Dezembro de 1978, BMJ, n.º 292, 1979, p.396 ss., Ac. STJ, de 15 de Janeiro de 1991, proc. n.º 078440. E ainda acerca do transportador contratual na Convenção de Bruxelas de 1924, Ac. STJ de 25 de Novembro de 2003, proc. n.º 03A3624.

222 *Direito dos Transportes*

que actua em representação do afretador, nomeadamente, perante um terceiro portador do título[256]. Todavia, o afretador deverá, então, responder perante o fretador, reembolsando-o por eventuais indemnizações que haja prestado por danos causados no domínio do transporte, por isso que tal transporte foi oferecido ao carregador pelo afretador (assim, em relação ao fretamento a tempo, esse transporte fará parte do emprego comercial do navio e será realizado no cumprimento das instruções do afretador[257]).

---

[256] Todavia, os casos de emissão dos conhecimentos pelo capitão foram decrescendo consideravelmente.

[257] E talvez não se possa dar de barato que estas dificuldades são inteiramente obviadas pelo art.10.° do DL n.° 352/86, quando comina a nulidade do conhecimento para os casos em que o mesmo seja emitido por quem não é transportador (cfr., em sentido diverso, M.Raposo, *Sobre o contrato, cit.,* p.58), por isso que a qualidade de transportador pode resultar literalmente do conhecimento, além de que, havendo na disciplina imperativa do transporte um *intuitus favoris* que mira a protecção do interessado na carga, parecerá mais curial determinar que o fretador venha a responder perante o terceiro portador, considerando que o capitão é um seu preposto e representante, e considerando ademais que não é irrazoável ligar esta consequência ao risco que caracteriza a actividade marítima em que aquele se envolve (o que não destoa das notas objectivantes que influenciam e se manifestam na disciplina da responsabilidade no transporte). E se assim se entender a posição do fretador, então o n.° 2 do art.10.° poderia ir ao encontro de quanto acabámos de dizer e da importância da literalidade do título, podendo querer significar que o fretador, em nome de quem o capitão actuaria (já que no fretamento por viagem, como no fretamento a tempo, ele não deixa de ser e de "aparecer" como um seu representante), passaria a ser responsável perante terceiros por ter emitido o título, ainda que através do capitão. Por outro lado, já foi também sustentado que esta interpretação estaria de acordo com a disciplina das Regras de Haia, em relação às quais o nosso diploma é subsidiàrio (art.2.°) – cfr. W.Tetley, *op. cit.,* p.234 s., ainda que aludindo ao umiverso das *charterparties*. Note-se, por fim, que, as mais das vezes, a questão da emissão do conhecimento só viria a ser averiguada após a execução do contrato, isto é, no caso de as mercadorias se terem perdido ou terem chegado avariadas, caso em que o interressado na carga pretenderá o devido ressarcimento, além de que, ainda que seja indemnizado pelo fretador, este poderá

É este, de resto, o efeito previsto na cláusla de *indemnity*, que habitualmente acompanha aquela relativa ao *employment*, mencionada *supra*. Como referem Antonio LEFEBVRE D'OVIDIO, Gariele PESCATORE e Leopoldo TULLIO[258], a cláusula *inde-*

---

reagir contra o afretador, à luz dos termos da carta-partida. Responsabilizar, nestes casos, o capitão, segundo outro entendimento do n.º 2 do art.10, ainda que sujeitando-o ao regime próprio do transporte, quanto à responsabilidade e à limitação e exoneração da mesma, poderia acabar por privar o portador do conhecimento de importantes garantias patrimoniais, expondo-o a um risco que não seria muito conforme ao equilíbrio de cargas eriscos sempre procurado pela disciplina do transporte.

Ora, estas dificuldades que se prendem com a determinação dos papéis contratuais e funcionais das várias personagens envolvidas resultam também do facto de o transportador contratual ser determinado formalmente a partir da análise do conhecimento. Assim, quem o emite aparecerá como transportador, não obstante o mesmo contrato possa ter sido acordado com o carregador por outra pessoa. Por outro lado, pode-se perceber como o fretador poderá acabar por emitir conhecimentos em relação a transportes que, na realidade, não negociou, pois que o capitão é ainda um seu representante, mesmo quando, e ao mesmo tempo que, obedece a instruções comerciais do afretador. De outra banda, como relata William TETLEY (*op cit.*, p.235), verifica-se ainda uma prática, segundo a qual o afretador (*charterer*) assina o conhecimento, ele próprio como representante (*"as agent for the master"*, dando lugar a um «*"master's" bill of lading*»), o que poderá levar à responsabilização do fretador perante o terceiro-portador do conhecimento.

Sobre esta questão *vide* W.TETLEY, *op. cit.,* p.234 ss., M.RAPOSO, *Sobre o contrato, cit.,* p.57 ss.. Em sentido próximo, *vide* M.REMOND-GOUILLOUD, *op. cit.,* p. 348 s., dando conta de como, perante conhecimentos emitidos *for the master*, em que o afretador pode ficar "invisível" (apesar de ser o «*transporteur réel*»), a jurisprudência francesa se foi encaminhando no sentido da responsabilização do proprietário perante o interessado na carga, a fim de evitar que este fique desprovido de reparação, mas mostrando também algumas «*montages maritimes*», que poderão ser consideradas no momento de ditar a disciplina mais adequada para estes casos (certos afretadores, sem sustentação financeira que se refugiam nesse anonimato, mas também certos armadores que, para se furtarem à sua responsabilidade, acabam por preferir actuar como afretadores, através de uma qualquer "engenharia" empresarial).

[258] *Op. cit.*, p.495.

# 224 Direito dos Transportes

*mnity* destina-se, precisamente, a compensar o fretador, quando «este deve suportar perante terceiros responsabilidades mais amplas do que aquelas que é suposto suportar perante o afretador em virtude do contrato de fretamento».

Contudo, deve notar-se que, respondendo o afretador-transportador perante o terceiro portador do conhecimento, por exemplo, pelos danos causados por culpa comercial da tripulação (já que para as culpa náuticas goza de uma causa de exoneração, à luz das Regras de Haia), o fretador ainda poderá ser responsabilizado, na medida em que tais actos defeituosos tenham constituído um incumprimento do contrato de fretamento a tempo, segundo o qual o fretador deve proporcionar ao afretador uma tripulação capaz de cumprir diligentemente as instruções que o afretdor lhes dê, no domínio da gestão comercial de que este é titular.

Ainda assim, dever-se-á considerar a existência de uma eventual *negligence clause*, pela qual o fretador se tenha querido exonerar da responsabilidade por danos causados por actos do capitão e da tripulação ou de quaisquer outros prepostos[259]. Saber que tipo de actos são abrangidos por tal cláusula é uma questão a averiguar à luz da indagação daquela que tenha sido a vontade das partes. Assim, a *negligence clause* poderá ser completamente abrangente incluindo todos os actos do capitão e da tripulação, e, portanto, tanto a culpa náutica como a culpa comercial destes agentes[260], ou, então, poderá apenas incluir os

---

[259] Entre os qais se contarão, por exemplo, os actos ditos de barataria. Sobre esta noção e sobre distinção entre a *baraterie* francesa e a *baratry* inglesa, *vide* R.Rodière, *op. cit.*, t.I, p.364. Cfr., ainda, sobre a culpa náutica e sobre a noção de barataria do capitão, Ac.Trib.Rel.Lisboa, de 11 de Maio de 1979, CJ, 1979, III, p.774 s.. Cfr. ainda, acerca dos conceitos de gestão nática e comercial, o Ac. STJ, de 15 de Outubro de 1980, BMJ, n.º 300, 1980, p.424 ss.; o Ac. STJ, de 19 de Fevereiro de 1987, BMJ, n.º 364, 1987, p.879 ss., *maxime*, p.885 s..

[260] A este propósito, podemos encontrar soluções diversas nos regimes legais. Fiquem-nos dois exemplos.

Assim, a lei francesa de 1966 (arts. 8.º, 20.º e 22.º), considerando a

posição *«ambivalente»* do capitão e da tripulação, que, obedecendo em geral ao fretador, devem executar as ordens do afretador relativamente à gestão comercial, acaba por exonerar o fretador da responsabilidade pelas culpas náuticas do capitão e da tripulação, entendendo-se que também não responderá pelas culpas comerciais dos mesmos, pois que a gestão comercial compete ao afretador. Todavia, já responderá se o dano se ficar a dever ao facto de a tripulação fornecida ser insuficiente ou mal preparada para a execução dos fins acordados na carta-partida, não obstante subsista a faculdade de o afretador pedir a subsituição do capitão. *Vide* R.RODIÈRE, E.DU PONTAVICE, *op. cit.,* p.282 s.; R.RODIÈRE, *op. cit.,* t.I, p.342 s., 369. Sustentam ainda Emmanuel DU PONTAVICE e Patricia CORDIER que, perante o regime legal francês (sem embargo de o mesmo poder valer, à luz do nosso regime, *v.g.*, se for incluída na carta-partida uma cláusula – *negligence clause* – que exonere o fretador da responsabilidade por danos que se devam a culpas náuticas do capitão e da equipagem), salvaguardada, portanto, a liberdade de modelação contratual das partes, a fim de que se possa responsabilizar o fretador por actos do capitão e da equipagem, será necessário que estejam em causa danos decorrentes de faltas náuticas e que estas acabem por se reconduzir a uma culpa pessoal do fretador, o que, segundo o aviso dos Autores, se reduziria aos casos de *culpa in eligendo*, com eventual resistência em assentir no pedido de substituição do capitão ou de membros da equipagem, faculdade que legalmente assiste ao afretador, no afretamento a tempo – *op. cit.,* p.297.

De outra banda, como referem A.LEFEBVRE D'OVIDIO, G.PESCATORE, L.TULLIO (*op. cit.*, p.492 ss.), o *Codice della Navigazione*, no art.393.º, determina a exoneração do fretador (*noleggiante*) pelas operações comerciais do capitão e da tripulação, seja pelas obrigações assumidas pelo capitão perante terceiros, no âmbito das operações comerciais, seja por quaisquer culpas comerciais relativas ao emprego comercial do navio e ao cumprimento de ordens do afretador (*noleggiatore*). Daqui decorrerá, segundo certa opinião, que o capitão acabe por responder, com fundamento em responsabilidade aquiliana, perante o afretador, pois que a sua obrigação de cumprimento diligente das instruções comerciais do afretador resultaria de uma imposição legal (primeiro parágrafo do citado art.393.º). Por outro lado, considerando a repartição da gestão do navio no fretamento a tempo, o Código não estipula a exoneração pelas culpas náuticas, mas, em não sendo a qualificação típica do *noleggio* pacífica, as soluções quanto a esta questão variam. Assim, encontra-se a opinião de que o fretamento é um subtipo de transporte,

actos praticados no domínio da gestão náutica do engenho, ou, ainda, incluir, por exemplo, antos os actos relativos à gestão náutica, como aqueles actos comerciais relativos à carga, mas sem pretender a desresponsabilização do fretador daqueles actos comerciais que o capitão e a tripulação hajam praticado no cumprimento de ordens do afretador, ou em virtude destas ordens, ainda que para as contrariar[261].

A fim de melhor assegurar o cumprimento dos seus desideratos comerciais e, portanto, a execução dos termos do fretamento, no fretamento a tempo, de que vamos curando agora, o afretador, não só pode pedir a substituição do capitão cuja conduta desaprove por motivos comerciais (art.44.º), como, *ex vi* do art.43.º, poderá ainda nomear um sobrecarga, isto é, alguém que o representa e que acompanhará a viagem a bordo. O sobrecarga poderá, então, formular recomendações ao capitão relativamente à gestão comercial do navio (art.43.º, n.º 2). Mais uma vez, distribuir-se-ão as obrigações em relação, agora, a esta personagem: o fretador deverá fornecer-lhe alojamento, ficando a alimentação a cargo do afretador (art.43.º, n.º 3). E mais uma vez, o papel e

---

sendo-lhe, por conseguinte, aplicável a exoneração que beneficia o transportador (art.422.º do *Codice della Navigazione*), como se encontra aquela que, fazendo o *distinguo* dos dois tipos contratuais, apesar disso, reconduz os formulários usuais de *timecharter* ao domínio do transporte, aplicando-lhes outrossim o dito art.422.º.

[261] Para um exemplo deste derradeiro tipo de *negligence clause*, que, no fundo, acaba por ter em conta que o fretador se havia comprometido a fornecer uma tripulação e um capitão que cumprissem diligentemente as instruções que ao afretador aprouvesse dar, no domínio da sua gestão comercial, *vide* L.TULLIO, *op. cit.*, p.163 s., onde se analisa as cláusulas 9 e 13 do formulário *Baltime 1939*, para concluir que, afinal, os actos do capitão e da equipagem praticados independentemente de ordens do afretador e de cujas consequências o fretador se desresponsabiliza, se confinam geralmente a actos do domínio da gestão náutica.

as funções do sobrecarga poderão ser negociadas livremente pelas partes na carta-partida.

**52.** *Carta-partida e conhecimento de carga.* Além do que já se disse acerca da emissão de conhecimentos de carga na sequência de um fretamento, convém apontar o que vem estipulado pelo art. 29.º do DL n.º 352/86, de 21 de Outubro, relativo ao transporte. Antes de tudo, será curial não esquecer quanto deixámos dito sobre os problemas de qualificação do contrato de fretamento *in concretu*, isto é, quanto ao enquadramento de um dado contrato, ora como fretamento (*maxime*, por viagem), ora como transporte. A partir daí, uma vez que tenhamos conluído estar em presença de um fretamento com a correspondente carta-partida, haveremos de seguir quanto prescreve o dito art.29.º, que vem reproduzir, no plano interno, a orientação já acolhida expressamente no Protocolo de 1968 (Protocolo de Visby), que alterou a Convenção de Bruxelas de 1924 (esta, conforme alterada pelo Protocolo, soi apelidar-se de Regras de Haia-Visby), e ainda na mais recente Convenção de Hamburgo de 1978, ambas relativas ao transporte marítimo internacional de mercadorias.

Então, de acordo com o que já fomos deixando enunciado, havendo uma carta-partida e sendo subsequentemente emitido um conhecimento de carga ou, de qualquer modo, sendo celebrado um contrato de transporte (que será realizado, portanto, em conjunção com o dito fretamento, no navio objecto do mesmo), os termos da carta-partida continuarão plenamente aplicáveis às partes do fretamento, mas, perante terceiros portadores do conhecimento (entre os quais, o primeiro portador que seja o destinatário da mercadoria, contanto que este não coincida com o afretador) não poderiam ser opostos os termos da carta-partida que divergissem do conhecimento. Ou, como nos diz o art.29.º, se nas relações entre o fretador e o afretador (relações "internas") continuariam a valer as condições acordadas livremente na carta-

-partida, já às relações entre o transportador (emitente do conhecimento) e os terceiros portadores deveria ser aplicado o regime imperativo do transporte previsto nessa lei (relações "externas").

Estas relações "externas" – em relação às partes do fretamento – surgiriam, por exemplo, sempre que o conhecimento fosse emitido pelo afretador para um terceiro-carregador, ou sempre que entrasse em circulação, apesar de ter sido emitido pelo fretador e entregue ao afretador, ou ainda quando o conhecimento, sendo embora emitido pelo capitão em nome do fretador (por exemplo, no âmbito do cumprimento das instrções comerciais do afretador, como vimos), fosse de imediato entregue a um terceiro-carregador (com quem, por exemplo, o afretador houvesse negociado o contrato de transporte)[262].

**53.** *Caducidade e competência jurisdicional.* Finalmente, quanto à acção com que se pretenda obter uma indemnização pelo incumprimento do fretamento, ela deverá ser proposta nos dois anos subsequentes à data em que o autor haja tido conhecimento do seu direito (art.46.º). Note-se que as petensões de um eventual terceiro-carregador já poderão ter que ver com a eventual relação de transporte e com o cumprimentos das obrigações inerentes, relação que poderá haver surgido, por exemplo, entre o terceiro e o afretador, cabendo, por isso, no âmbito material do diploma de 1986, relativo ao transporte (DL n.º 352/86, de 21 de Outubro, que vimos citando).

---

[262] Se bem que se possa ainda pensar no caso de o conhecimento ser emitido pelo fretador e entregue ao afretador, e de se apurar, da vontade das partes, que, na verdade se pretendeu também uma novação dos termos da carta-partida, ainda que, à luz do nosso regime do fretamento, tal alteração, para ser formalmente válida, deva ser reduzido a escrito, pelo que um tal conhecimento acabaria por ter uma natureza híbrida, enquanto fosse, simultaneamente, uma declaração unilateral, com os efeitos de título de crédito, invocáveis literalmente por terceiros, e uma declaração bilateral, aceite por fretador e afretador.

Trata-se de um prazo de caducidade, dado que a lei nada acrescenta. A previsão, nestas matérias (o mesmo acontece em relação ao transporte, por exemplo), de prazos que não sejam excessivamente longos fica-se a dever à necessidade de estabilizar o mais cedo possível as actividades comerciais dos intervenientes, que reclamam uma cura especal da segurança e da previsiblidade, o que não deixa de revelar um interesse público, se se considerar que a actividade socio-económica geral acaba por lucrar com esse ambiente de segurança e de pronta estabilização.

Devemos ainda sublinhar que o art.47.º previu regras especiais sobre a competência internacional dos tribunais portugueses. Assim, além dos casos em que os tribunais nacionais seriam competentes de acordo com as regras gerais (n.º 2 do art.47.º), sê-lo-iam também sempre que em Portugal se situasse o porto de carregamento, o desembarque da mercadoria, o *locus celebrationis* do fretamento ou do subfretamento, o local da sede, filial ou sucursal, seja do fretador (ou sufretador), seja do afretador (ou subafretador), do carregador ou do destinatário ou consignatário das mercadorias, mas ainda quando o navio utilizado *in casu* arvorar pavilhão nacional ou esteja registado em Portugal (n.º 1 do art.47.º).

Pareceria, então, que estamos perante regras especiais que estendem os casos de competência internacional dos tribunais pátrios, para além daqueles em que o já seriam por aplicação das regras gerais sobre conflitos de jurisdições. E assim é, mas até certo ponto.

Na verdade, parte das regras gerais, em matéria de competência internacional dos nossos tribunais, relativamente a questões comerciais e civis, encontram-se hoje no Regulamento (CE) n.º 41/2000, do Conselho, de 22 de Dezembro de 2000 ("Bruxelas I"). O Regulamento, porém, sobrepõe-se às leis internas que incidam sobre matérias do seu âmbito material, como é o caso. Assim, a norma do n.º 1 do art.47.º não poderá continuar a ser aplicada, devendo-se antes recorrer às normas do dito Regulamento, a fim de estabelecer a competência internacional dos tribunais dos Estados-Membros (excluindo a Dinamarca), também nesta matéria, a qual não foi excluída do seu âmbito de aplicação (cfr. art.1.º do Regulamento).

Poder-se-ia obtemperar que a norma do art.47.º apresenta um carácter especial. Contudo, não só devemos considerar a hierarquia das fontes, como devemos tomar nota da clara intenção unificadora do Regulamento, que, assim, quis pôr cobro às divergências normativas, dentro da Comunidade Europeia, em matéria de competência jurisdicional internacional. A confirmar esta posição, poderíamos referir ainda que os arts.67.º e seguintes do Regulamento mostram que a vigência deste só não prejudicará a aplicação de outras normas sobre a competência internacional, quando estas incidam sobre matérias específicas e estejam contidas em Convenções internacionais de que os Estados sejam partes[263] ou em actos comunitários ou, finalmente, nas leis internas que tenham sido criadas de modo harmonizado, no seguimento e no cumprimento de actos comunitários. Ora, o art.47.º do diploma de 1987 não aparece com o intuito de transpor qualquer acto comunitário.

Do Regulamento comunitário, haveremos de convocar, entre outras, as normas do art.2.º (regra geral de competência segundo o princípio *actor sequitur forum rei*) e do art.5.º, relativa à competência em matéria de pretensões contratuais, para além da eventual pertinência do art.7.º [264]. Também os pactos *de foro rogando*, usualmente inseridos nas cartas-paridas, deverão ficar sujeitos às condições de eficácia prescritas pelo art.23.º.

---

[263] Como acontece, *v.g*, em matéria de transporte rodoviário internacional de mercadorias e de transporte aéreo.

[264] *Vide*, sobre esta norma do Regulamento comunitário, L.M.Lima Pinheiro, *Direito Internacional Privado, III, Competência internacional e reconhacimento de decisões estrangeiras*, Coimbra, 2002, p.98 s..

Então, o n.º 2 do art.47.º só será de aplicar aos casos internacionais que não se subsumam ao âmbito de aplicação espacial do Regulamento[265].

## B) O transporte de mercadorias.

**54.** *O regime interno do contrato de transporte e o seu objecto.* A realidade do transporte marítimo de mercadorias, anteriormente, seria regulada à luz das disposições pertinentes do Título III do Código Comercial, relativo ao comércio marítimo. Aí, buscar-se-ia o seu regime nas normas respeitantes ao conhecimento, ao capitão, mas também, eventualmente, naquelas que tratavam do fretamento, para além da possibilidade de recorrer às normas que tratavam do transporte em geral, no caso de questões que não alcançassem naquele Título um tratamento especial[266].

Hoje, podemos encontrar a disciplina interna do contrato de transporte no DL n.º 352/86, de 21 de Outubro. O contrato de transporte de mercadorias por mar aparece aí como aquele em que o transportador se obriga perante outrem (expedidor ou carregador) a deslocar (ou a fazer deslocar) por mar uma mercadoria determinada entre dois portos. Nota-se, pois, como, em relação ao fretamento, o *punctum crucis* do desenho obrigacional se des-

---

[265] *Grosso modo*, em relação a estas causas marítimas, a disciplina do Regulamento aplica-se sempre que o réu esteja domiciliado num Estado-Membro ou, em relação aos pactos atributivos de jurisdição, quando qualquer das partes aí tenha domicílio (embora, a norma do n.º 4 do art.23.º se aplique sempre que haja sido escolhido um tribunal de um Estado-Membro, ainda que nenhuma das partes tenha domicílio no território comunitário).

*Vide* A.Ferrer Correia, *Lições de Direito Internacional Privado*, Coimbra, 2000, p. 486; L.Lima Pinheiro, *op. cit.*, p.67 s..

[266] *Vide* L.Cunha Gonçalves, *op. cit.*, III, p.221, 246 ss..

loca do navio para se centrar sobre a mercadoria cujo transporte se convenciona.

Além disso, o cntrato de transporte de mercadorias por mar que ao diploma interessa será apenas o contrato oneroso. Por outro lado, tratar-se-á de um contrato formal, pois que se exige para a sua validade a forma escrita (incluindo-se entre as formalidades escritas admissíveis aquelas que se sirvam de meios electrónicos e de comunicação à distância (cfr. art.2.º).

O transportador que para o regime do diploma interessará será o transportador que contratualmente assume a obrigação de transportar, ainda que o transporte venha a ser realizado efectivamente por outra pessoa. Contudo, o transportador contratual ficará sujeito às normas do diploma, seja quanto à disciplina obrigacional aí prevista, seja quanto ao regime imperativo da responsabilidade que aí se estipula.

A disciplina do transporte, contida nesta lei, como acontece noutras legislações nacionais e nos regimes de fonte internacional, tem uma natureza imperativa (cfr. arts.2.º e 29.º). Trata-se de uma disciplina que pretende, não só regular as obrigações das partes, no âmbito de uma relação contratual privada, mas também servir certos objectivos normativos de ordem pública. Esta imperatividade aparece, assim, colimada à necessidade de preservar uma actividade socialmente necessária e relevante, cuja possibilitação e cujo desenvolvimento dependem de uma proporcionada distribuição dos riscos e cargas que a mesma implica, a fim de que, por esse modo, tais cargas se tornem suportáveis, tornando a actividade, não só apetecível para os agentes privados, como também viável, de um ponto de vista económico-financeiro.

Também por estes motivos, e porque se pretende garantir a comutatividade da justiça contratual, uma das directrizes que foi orientando o desenho da disciplina do transporte foi uma intenção de protecção da parte considerada economicamente mais fraca (*favor personæ*), no caso, o carregador ou o interessado na carga. Aparece, pois, uma disciplina *intuitu favoris domini mercium*, mas ainda assim, só em parte, porquanto se não despe o transportador de certa protecção, acautelando-se, destarte, aquele eqilíbrio e proporção na distribuição dos perigos e cargas da aventura marítima. Deve notar-se também, a fim de melhor compreender a presença deste desiderato protector, que a necessidade da imperatividade do regime do transporte se fará sentir particularmente perante os carregamentos comerciais ordinários, logo, perante os transportes regulares ou de linha, o que significará que estaremos amiúde perante transportes de coisas determinadas. Isto é, o transporte de grandes volumes homogéneos de mercadorias, esse passará muitas vezes pela celebração de contratos de fretamento, como vimos, envolvendo também agentes económicos igualmente fortes, logo, capazes de se proteger melhor relativamente aos imprevistos e aos riscos de qualquer expedição marítima. Todavia, como já referimos, mesmo perante um fretamento, uma vez que seja emitido um conhecimento de carga, nas relações entre o transortador contratual (isto é, aquele que haja emitido o titulo) e o terceiro portador, aquele título representativo arrastará consigo a disciplina imperativa que incorpora, sendo esta, precisamente, a disciplina do transporte.

Assim, nas diversas legislações nacionais relativas ao transporte, como nos regimes de fonte internacional, em caso de perda ou avaria das mercadorias, presumir-se-á a responsabilidade do transportador, mas este estará abrigado por um limite indemnizatório (um tecto para o *quantum respondeatur*), além de que, em geral, se poderá exonerar, provando que o dano proveio de certas causas exoneratórias (perigos exceptuados), as quais, geralmente, aparecem arroladas num elenco típico. De qualquer modo, tendo assumido uma obrigação de resultado, sempre o transportador responderá pelo dano proveniente de causa ignota, isto é, a fim de se eximir da respectiva responsabilidade, o transportador deverá fazer a prova positiva da causa do dano, para, enfim, se apurar se essa causa o exonera, não lhe

234 *Direito dos Transportes*

bastando uma prova genérica de actuação diligente por sua parte e por parte dos seus auxiliares e dependentes[267].

Não é por acaso que se costuma realçar que este domínio normativo é (hoje como em tempos romanos, à luz da obrigação de custódia) um campo de influência particular das tendências objectivantes da responsabilidade contratual[268].

---

[267] E é este ainda o entendimento que, internacionalmente, vem sendo sustentado também para a Convenção de Hamburgo de 1978 (à qual não estamos vinculados), mau grado a mesma tenha optado por não incluir o rol das casas típicas que operam a exoneração do transportador. À luz do regime dessa nova Convenção, vem sendo defendido que as antigas causas exoneratórias das Regras de Haia e de Haia-Visby acabarão por operar (com a excepção da exclusão dos danos devidos a culpa náutica do capitão e da equipagem), ainda que por intermédio de presunções judicias de experiência (*præsumptiones hominum*), pois que, em si, os acontecimentos contidos nessas cláusulas fazem crer que o dano foi irresistível, não tendo dependido de culpa do transportador, e gerando, pois, uma sorte de presunção de irresponsabilidade, conquanto esta ainda seja rebatível, se o interessado na carga conseguir provar, por exemplo, que houve concurso de negligência do transportador.

Tais presunções de experiência serão ainda relevantes, mas agora também no domínio do regime da Convenção de Bruxelas, e à luz do seu art.4.º, no momento de estabelecer o nexo de causalidade entre o dano e os acontecimentos típicos descritos nas cláusulas liberatórias.

[268] Cfr. sobre este tema em geral, *inter alia*, L.Mengoni, *Obbligazzioni di «risultato» e obbligazzioni «di mezzi»*, RDC, v.LII, 1954, I, p.185 ss.; G.Cottino, *L'impossibilità sopravenuta della prestazione e la responsabilità del debitore*, Milão, 1955, p.90 ss., 284 ss.; U.Majello, *Custodia e deposito*, Nápoles, 1958, *maxime*, p.3 ss., 221 ss.; A.Tunc, *Les paradoxes du régime actuel de la responsabilité de plein droit (ou: Derrière l'écran des mots)*, Recueil Dalloz, 1976, chr., p.13 ss.; I.Abbate, *Riflessioni sulla natura, il contenuto e la ripartizione dell'onere della prova nel contratto di trasporto marittimo di cose*, RDN, 1971, I, p.56, *ad notam*; G.Righetti, *Per un inquadramento sistematico della responsabilità del vettore*, Rivista del diritto civile, a.X, 1964, I, p.56 ss.; A.Tunc, *Les paradoxes du régime actuel de la responsabilité de plein droit (ou: Derrière l'écran des mots)*, Recueil Dalloz, 1976, chr., p.13 ss.; R.Rodière, *op. cit.*, II, p.253 ss., 408 ss.; S.M.Carbone,

De outra banda, tamém encontram arrimo no desenho objectivante da disciplina da responsabilidade do transportador, quer o facto de este andar associado à criação de um risco de que retira consideráveis vantagens, quer o facto de o interessado na carga estar muitíssimo distante de qualquer possibilidade de dominar os instrumentos de que depende o transporte. E, ainda assim, o equilíbrio na distribuição dos riscos inerentes ao transporte não deixa de ser patente, por exemplo, quando se exonera o transportador em caso de culpa náutica, por se reconhecer que este se encontra também muitíssimo distante, física e tecnicamente, do controlo das actividades náuticas, descansando dependentemente na perícia de pessoas habilitadas (sem embargo, de hoje se tender para abolir esta causa de exoneração, por exemplo, por se levar em conta que as novas modalidades de comunicação sublimam a distância física e permitem a troca de instruções e recomendações, e que a sofisticação dos meios técnicos acaba por abrandar aquela extrema dependência da perícia da equipagem, pois que esta passa a depender também da diligência empregue na preparação e na manutenção dos meios técnicos que os assistem na navegação).

---

*Contratto di trasporto marittimo di cose, in* Trattato di diritto civile e commerciale, dirigido por Antonio Cicu, Francesco Messineo e Luigi Mengoni, Milão, 1988, p. 164 ss., 238, 264 ss.; K.Larenz, *Derecho de obligaciones,* I, Madrid, 1958 (tradução de Jaime Santos Briz), p.280 ss., 293 ss.; A.Lefebvre D'Ovidio, G. Pescatore, L.Tullio, *op. cit.,* p.571 ss.; M.A.Carneiro da Frada, *Contrato e deveres de protecção,* BFDUC, Suplemento, v.XXXVIII, 1993, 163 ss., *A responsabilidade objectiva por facto de outrem face à distinção entre responsabilidade obrigacional e aquiliana,* Direito e Justiça, v.XII, 1998, t.I, p.297 ss.; J.Gomes, *Responsabilidade subjectiva e responsabilidade objectiva,* RDE, a.XIII, 1987, p.97 ss.; D.Maria Vitória R.F. da Rocha, *A imputaçao objectiva na responsabilidade contratual. Algumas consideraçoes,* RDE, a.XV, 1989, p.31 ss., *maxime,* p.39 ss..

**55.** *A remissão material para a disciplina internacional uniforme.* Convém estudar agora a relação que a lei interna criou com a disciplina internacional uniforme da Convenção de Bruxelas de 1924 e que está supeditada no art.2.º daquele diploma.

Quanto a este ponto, não se poderá dizer que tenha havido uma alteração de quanto sucedia anteriormente, à luz do art.1.º do Decreto-Lei n.º 37748 de 1 de Fevereiro de 1950, ainda que se possa reconhecer que, porque incide sobre o mesmo objecto, o novo diploma acabou por revogar tacitamente aquele, pelo menos, quanto a esta questão.

Assim, tendo já Portugal aderido à Covenção de Bruxelas de 1924, através da Carta de 5 de Dezembro de 1931 (publicada no Diário do Governo, I Série, n.º 128, de 20 de Junho de 1932), e, portanto, estando já internacionalmente vinculado à mesma, o art.1.º daquele diploma de 1950 veio determinar que os arts.1.º a 8.º da Convenção fossem também direito interno, o que significou que o regime convencional passaria a disciplinar também o transporte marítimo de mercadorias interno. E, assim, ao transporte interno aplicar-se-iam as normas sobre responsabilidade do transportador dessa Convenção internacional. Tal norma de 1950 apresentava, pois, uma natureza remissiva, divergindo tecnicamente das opções de outros países, pois que Nações houve que pretenderam também um regime interno idêntico ou semelhante ao da Convenção, mas preferiram criar normas internas autónomas ainda que com um conteúdo prescritivo substancialmente idêntico ou próximo do regime convencional[269].

O art.2.º do DL n.º 352/86 manteve aquela orientação de 1950, ao determinar que o contrato de transporte (e, portanto, o transporte interno de mercadorias por mar) ficaria sujeito aos

---

[269] Tal foi, *v.g.*, o caso do *Codice della Navigazione* italiano e da Lei francesa de 1966, mas também o da lei inglesa que incorpora a Convenção de Bruxelas, com as alterações da mesma posteriores a 1924 (aliás também a *COGSA* americana revela essa tendência).

tratados e convenções a que Portugal se ache internacionalmente vinculado, e só subsidiariamente às normas deste diploma interno.

Na verdade, ao invés de transcrever ou transpor as orientações substantivas da Conevenção de 1924, o legislador optou por fazer uma remissão material *ad aliud ius*, conquanto esta seja uma sorte de "remissão aberta", isto é, aberta a receber como disciplina interna qualquer regime internacional a que Portugal venha a estar vinculado[270], substituindo eventualmente as Regras de Haia, que é a disciplina internacional que ainda vigora entre nós[271].

Aliás, as restantes normas do diploma não fazem senão confirmar esta vontade remissiva, isto é, a vontade de criar uma disciplina interna não autónoma, *proprio sensu*, para o transporte marítimo de coisas. Os demais preceitos então, propor-se-iam a tarefa de regular questões não abrangidas pelas convenções internacionais ou que estas, de algum modo, deixassem na disponibilidade dos Estados contratantes.

E é por isso que o diploma de 1986 não se ocupa, *per se*, da disciplina geral da responsabilidade do transportador, a qual há-de ser colhida na Convenção de Bruxelas, mesmo para os

---

[270] Tal seria o caso, *v.g.*, de nos vincularmos ao Protocolo de 1968 (Regras de Visby) ou à Convenção de Hamburgo.

[271] Sobre esta questão, embora sustentando posições divergenttes, cfr., Ac. STJ, de 26 de Março de 1965, BMJ, n.º 144, 1965, p.204 ss., Ac. STJ, de 12 de Novembro de 1968, BMJ, n.º 181, 1968, p.279 ss., o Ac. STJ, de 25 de Janeiro de 1972, BMJ, n.º 213, 1972, p.263 ss., o Ac.Trib.Rel.Lisboa, de 21 de Maio de 1976, CJ, 1978, II, p.525 ss., *maxime*, p.527, Ac.Trib.Rel.Lisboa, de 17 de Novembro de 1976, CJ, 1976, III, p.814 ss., Ac.STJ, de 24 de Março de 1977, BMJ, n.º 265, 1977, p.191 ss., o Ac. STJ, de 10 de Janeiro de 1978, BMJ, n.º 273, 1978, p.296 ss., o Ac. STJ, de 26 de Abril de 1978, BMJ, n.º 276, 1978, p.298 ss.,o Ac.STJ, de 19 de Abril de 1979, BMJ, n.º 286, p.244,, Ac. Trib.Rel.Lisboa, de 2 de Novembro de 1979, CJ, 1979, V, p.1593 ss., *maxime*, p.1595, Ac. STJ, de 15 de Outubro de 1980, BMJ, n.º 300, 1980, p.424 ss., o Ac.STJ, de 8 de Janeiro de 1981, BMJ, n.º 303, 1981, p.190 ss..

transportes marítimos internos. Quanto à responsabilidade, já dita normas relativas a pontos não tratados pela Conevnção, como seja a responsabilidade do transportador para o período que medeia entre a recepção da mercadoria e o seu carregamento (art. 6.º), ou a responsabilidade em caso de intervenção de terceiros nas operações de carregamento e desembarque da mercadoria (art.7.º), ou as consequências contratuais dos impedimentos da execução do mesmo (arts. 13.º ss.), ou ainda as consequências das cartas de garantia oferecidas pelo carregador (art.26.º).

Assim, o diploma ocupa-se de problemas que não recebram disciplina na Convenção de 1924 e, por outro lado, sem contrariar a disciplina da responsabilidade nela contida, apenas estende a sua aplicação ao transporte "regular" no convés (e nem aqui se detecta uma oposição ao regime internacional, confirmando-se o intuito remissivo no art.2.º, porquanto a Convenção de 1924 nada quis dispor quanto às mercadorias transportadas no convés com a anuência do carregador, limitando-se a não lhe impor o seu regime)[272].

De quanto vimos de expor, concluir-se-á que as Regras de Haia, isto é, os preceitos da Convenção de Bruxelas sobre o conhecimento de carga, de 1924, enquanto normas internacionais vigentes entre nós (através de recepção plena ou automática, nos termos constitucionais) serão aplicáveis a todas as relações de transporte que se subsumam ao seu âmbito imperativo de aplicação ou apicabilidade internacional (cfr. *infra*). Ora, na esteira da interpretação dominante que se foi fazendo do art. 10.º da versão originária da Convenção, mesmo esta versão apenas se pretenderia aplicar às relações contratuais internacionais (situa-

---

[272] A par disso, o diploma preocupou-se em actualizar os montante do limite indemizatório (art.31.º), considerando qe se mantinham inalterados desde o diploma de 1950. A conversão desse montante para o novo curso monetário foi introduzida pelo DL n.º 323/2001, de 17 de Dezembro.

ções ditas absolutamente internacionais, isto é, dotadas de algum elemento de estraneidade, ou seja, que apresentem contactos com mais do que um ordenamento ou país[273]) e não àquelas internas, ainda que verificadas no território dos Estados contratantes. Isto equivale a dizer que a Convenção quis criar um corpo de direito uniforme à guisa de normas de direito internacional privado material, e não uma lei uniforme, que substituísse as correspondentes leis internas dos Estados signatários, ou um complexo normativo que preenchesse ambas as funções (isto é, que, do mesmo passo, regulasse as relações internacionais que apresentassem certos contactos com o território dos Estados contratantes e as relações puramente internas dos mesmos Estados).

Ao transporte interno, aquelas normas já se aplicarão apenas *ex vi* da remissão material operada pela lei interna, pelo que, nos casos puramente internos, o fundamento da convocação do regime normativo daquela Convenção, nomeadamente no que tange à responsabilidade do transportador, sempre será a lei interna, não decorrendo de qualquer obrigação internacional[274].

Por conseguinte, no nosso território, o regime previsto nesta lei de 1986, que, por remissão material, incorpora a disciplina da Convenção de Bruxela de 1924, será aplicável ao transporte interno, podendo ainda ser aplicado ao transporte internacional não submetido à Convenção (na versão de 1924 que nos vincula internacionalmente) e para os quais a nossa lei seja a *lex contractus* à luz do sistema conflitual da *lex fori* (se o foro for em

---

[273] Porém, para que tal qualificação lhes convenha, isto é, para que os contratos sejam achados como contratos internacionais, *hoc sensu*, sempre que todos os contactos objectivos o ligam a um único ordemanento ou a um único território ou Estado, não será suficiente o facto de as partes haverem escolhido uma lei estrangeira ou a própria Convenção para as regular (a qual sempre seria uma referência material, e não conflitual).

[274] O que não deixa de colher o arrimo do §2.º. do Protocolo de assinatura da Convenção de Bruxelas de 1924.

Portugal, importarão as regras de conflitos da Convenção de Roma, isto é, o art.3.º e os n.º 1, 4[275] e 5 do art.4.º).

**56.** *O transporte no convés.* Na sequência de quanto dissemos, como o regime da responsabilidade do transportador no transporte de mercadorias interno será o da Convenção de Bruxelas, analisá-lo-emos quando desta tratarmos *infra*, limitando-nos agora a mencionar algumas novidades e confirmações oferecidos pelo DL n.º 352/86.

Desde logo, como já referimos, entendeu-se estender a aplicação do regime uniforme ao transporte "regular" no convés. De acordo coma al. c) do art.1.º da Convenção de Bruxelas, esta não inclui no seu âmbito de aplicação material as mercadorias carregadas e transportadas no convés com a aquiescência do carregador. Entendia-se, então, ser este um transporte particularmente arriscado, nas condições técnicas existentes outrora, risco esse que era amplamente consabido, pelo que era de esperar que o transportador pudesse contratualmente limitar a sua responsabilidade ou exonerar-se dela contratualmente. Daí que o regime imperativo ds Regras de Haia não pretendesse alcançar esse transporte no convés, só grangeando a sua protecção imperativa ao interessado na carga no caso de transporte no convés não consentido (dito "irregular"), pois que a este a Convenção seria plenamente aplicável, como também seria de esperar.

---

[275] O n.º 4 contém o critério supletivo para a designação do ordenamento competente em matéria de transporte de mercadorias, o qual operará na falta de escolha da *lex contractus* pelas partes, de acordo com o art.3.º. Deve notar-se que a Convenção de Roma se propôs resolver prolepticamente as "anunciadas" divergências de qualificação que poderiam surgir a propósito do fretamento por viagem, determinando o n.º 4 do art.4.º, *in fine*, que para efeitos de determinação da lei compertente, o conceito-quadro dessa regra de conflitos deveria abranger também esse fretamento. Os demais tipos de fretamento, na falta de *electio iuris* pelas partes, ficarão sujeitos ao critério supletivo geral do n.º 2 do art.4.º.

Como também já fizemos notar, com as novas aquisições técnicas e com a criação de navios mais preparados e tecnicamente mais sofisticados e, principalmente, com a criação de navios destinados ao transporte de contentores, foi diminuindo a margem do risco do transportador (agora mais consabidamente apto a enfrentar os óbstáculos físicos com que depara até um transporte no convés, logo, a descoberto) e aumentando proporcionalmente a confiança que os interessados na carga depositavam no sucesso da expedição, mesmo quando o transporte era feito no convés.

Tendo em conta estes dados, acolheu a nossa lei a orientação que já fora recebida pela Conveneção de Hamburgo de 1978, sobre o transporte internacional de mercadorias por mar. Assim, *ex vi* dos n.º 1 e 2 do art.9.º, a disciplina relativa à responsabilidade do transportador dispensado pela Convenção de Bruxelas de 1924 passa a aplicar-se também aos transportes "regulares" no convés. Os transportes assim submetidos ao regime da Convenção serão os transportes no convés consentidos pelo carregador (expressamente excluídos do âmbito das Regras de Haia), bem como aqueles em que um carregador razoavelmente diligente e previdente, ao celebrar o contrato, deve saber que a sua mercadoria será transportada sobre o convés, ou seja, o transporte de mercadorias a que a lei imponha este modo de transporte e o transporte de contentores, ora em navios porta-contentores ou que sejam adaptados para o transporte dos mesmos no convés (cfr. *supra*), ora noutro tipo de navio, contanto que sejam observados «usos de tráfego prudentes».

Diga-se que, em todos estes casos, se o carregador não tem razão para ignorar que o transporte será realizado no convés, sabe também que o risco a que o transporte fica exposto está diminuído pelos meios técnicos que as práticas de marear, hoje, colocam à disposição do transportador. Considerando que, do ponto de vista do risco envolvido, este tipo de transporte se aproximou do normal transporte nos porões, passou, então, a justificar-se a convocação do regime de responabilidade da Convenção de Bruxelas, seja quanto à presunção de responsabilidade do transportador, em caso de dano, seja quanto aos fundamento de exoneração de responsabilidade.

**57.** *O regime interno (segue): disposições confirmadoras e disposições autónomas.* O DL n.º 352/86 vem inda confirmar algumas orientações normativas já adquiridas à luz da Convenção de Bruxelas de 1924.

Desde logo, como vimos *supra,* nada do que prescreve o art.29.º, acerca das relações entre o conhecimento de carga e a carta-partida, contraria o que resulta da natureza cartular do conhecimento e da Conevnção de Bruxelas, limitando-se a explicitar o que já se defendia na interpretação desta. E o mesmo se diga a respeito do art.11.º, quando define o conhecimento como um título de crédito representativo da mercadoria e quando prescreve que o mesmo circule segundo as regras gerais dos títulos de crédito (podendo, por isso, ser nominativo, à ordem ou ao portador e podendo circular, nestes casos, por endosso ou por mera *traditio*).

E também quando se trata de regular certas vicissitudes do contrato de transporte e da sua execução, não se vai ainda de encontro às Regras de Haia, contanto que estas versem particularmente sobre os transportes em que haja sido emitido um conhecimento[276]. Na verdade, são vários os aspectos da "vida" da relação contratual que a Convenção deixa por regular, ainda que se trate de acontecimentos que se inserem no arco temporal para o qual a Convenção dita regras imperativas (ocupando-se

---

[276] Se bem que, como veremos, a sua imperatividade exija a aplicação do seu regime de responsabilidade a todos os transportes ordinários, mesmo na ausência de um conhecimento.

esta, em maior medida, das obrigações e da responsabilidade do transportador).

Assim, a propósito das operações de carregamento e de desembarque, no art.7.º da nossa lei, não se deixa de confirmar quanto resulta do art.2.º e do n.º 2 do art.3.º da Convenção, quando esta obriga o transportador a realizar diligentemente o carregamento e a decarga das fazendas, ficando sujeito à responsabilidade pelos danos sobrevindos nestas operações, de acordo com o regime de responsabilidade e de exoneração e limitação da mesma, previsto no n.º 8 do art.3.º e, *maxime*, nos arts.4.º e 5.º da Convenção citada.

Logo, o art.7.º limita-se a confirmar que o transportador responderá por tais operações, ainda que levadas a cabo por terceiros, ora por contrato realizado com estes pelo transortador, ora por imposição legal dos portos em questão, podendo, posteriormente, ser indemnizado por quem haja realmente carregado ou descarregado a mercadoria.

Por isso mesmo e porque o regime obrigacional do transporte é imperativo (aquele nacional, como aquele internacional), se no contrato de transporte for convencionada a cláusula FIO (*free in and out*, ou FIO – *stowed an trimmed*), esta não poderá alterar a distribuição imperativa das respectivas obrigações, continuando o transportador obrigado a realizar tais operações e sujeito à correspondente responsabilidade. Tal cláusula adquire então um significado meramente financeiro, apenas podendo incidir sobre a distribuição das despesas relativas às operações em causa, que, então, passarão a correr por conta do carregador[277] [278].

---

[277] Cfr. M.REMOND-GOUILLOUD, *op. cit.,* p.370; A.LEFEBVRE D'OVIDIO, G.PESCATORE, L.TULLIO, *op. cit.,* p.564; M.RAPOSO, *Fretamento, cit.*, p.43 ss., *Sobre o contrato, cit.*, p.37ss..

[278] Cfr., sobre as operações de carregamento e descarga, à luz da Convenção de Bruxelas de 1924, Ac. STJ de 25 de Novembro de 2003, proc. n.º 03A3624.

Além de regular os efeitos dos impedimentos ao transporte e o direito de resolução do mesmo (arts.13.º e 14.º), e ainda no que tange a questões relativas à execução do contrato de transporte, vem o diploma regular, no art. 15.º, a revogação do contrato e o direito de contra-ordem. Uma vez mais, não se contraria a disciplina uniforme, além de que essa disposição se confina a retirar as óbvias decorrências normativas do entendimento generalizado do contrato de transporte.

E poderá ainda dizer-se que, neste preceito, o diploma chega a dar arrimo à tese que vê como adequada ao desenho funcional do transporte a estrutura dogmática do contrato a favor de terceiro. Ora, este preceito importará também para aqueles casos em que não seja emitido um conhecimento de carga, ainda que o contrato haja sido vertido em forma escrita por outro meio.

Assim, se, por um lado, a não apresentação da mercadoria pode dar lugar à revogação do transporte, mantendo-se a obrigação de pagamento do frete, por outro, mesmo depois de entregue a mercadoria, conserva o carregador, qual estipulante ou promissário, o direito de revogar o transporte, ficando obrigado a pagar, não só o frete, mas também todas as despesas que essa revogação importe. Deverá entender-se, porém, que, seja à luz deste preceito (pois que *qui potest maius, potest et minus*), seja à luz do regime geral do transporte (cfr.art.380.º do Código Comercial) e do contrato a favor de terceiro, o carregador gozará do direito de contra-ordem em geral, tanto para revogar o transporte (enquanto promessa a favor de terceito), como para alterar o destino da mercadoria, caso em que, *mutatis mutandis*, ficará obrigado a pagar as despesas inerentes a essa mudança de destino (e/ou, eventualmente, de destinatário ou beneficiário)[279].

---

[279] Cfr. M.J.ALMEIDA COSTA, E.MENDES, *Transporte marítimo. Conhecimento de carga,* Direito e Justiça, v.IX, t.I, 1995, p.202 ss., *maxime*, p.206 s., mostrando também como a colocação das mercadorias à disposição dos destinatários faz caducar o direito de revogar o contrato (cfr. *supra*) e expli-

Este direito de contra-ordem deverá todavia cessar a partir do momento em que o conhecimento circula para a posse de um terceiro (mesmo que este seja o primeiro destinatário), como se tal viesse a coincidir com a adesão deste ao transporte. Sucede que, sendo emitido um título de crédito como o conhecimento, as características e a disciplina imperativa que este arrasta deverão prevalecer, a fim de que se satisfaçam os objectivos normativos prosseguidos pelo regime de um título com esta natureza[280].

A lei de 1986 contém ainda uma norma relativa aos efeitos das cartas de garantia, que virá confirmar os resultados da literalidade e da autonomia do conhecimento de carga, seguindo, por conseguinte, o valor probatório e representativo que é assacado ao título, também pelas Regras de Haia, ou pela interpre-

---

cando como a revogação implica, para o transportador, uma «prestação de carácter positivo», a de «pôr à sua [do carregador] disposição ou de outra pessoa por ele indicada [...] os bens confiados e que não tenha entregado aos referidos destinatários em execução do contrato». Em sentido algo diverso, M.RAPOSO, *Estudos, cit.,* p.151 ss..

[280] E ainda assim, quando se entenda que o direito de dar instruções relativas à mercadoria (contanto que se possa entender que o direito de contra-ordem, como o direito de revogar, se extinguem com a circulação do título) passa do carregador para os subsequentes portadores do título, atendendo à mutação normativa que a interferência deste provoca na regulação do transporte.

Vide L.CUNHA GONÇALVES, *op. cit.,* I, p.430 s., sobre o direito de contra-ordem, à luz do art.380.º do Código Comercial; J.PUTZEYS, *Droit des transports, cit.,* p.153 s., mostrando como as instruções sobre a mercadoria competirão a quem tenha o direito de dispor da mercadoria, que, no caso de emissão de um título representativo da mercadoria, seria o possuidor deste título.

Poderá, pois, aludir-se a uma interferência do conhecimento, enquanto título representativo da mercadoria, no desenho dos direitos e das obrigações relativos ao contrato de transporte, sobretudo, a partir do momento em que o mesmo circule. Cfr. J.CALVÃO DA SILVA, *Crédito documentário e conhecimento de embarque*, CJ, 1994, I, p.16 ss..

tação que delas se vem fazendo e que foi acolhida no Protocolo de 1968, que a alterou, como nas Regras de Hamburgo de 1978.

Como refere o n.º 1 do art.26.º, por carta de garantia[281] entende-se aquela pela qual o expedidor se compromete a indemnizar o transportador pelos danos pelos quais possa ser responsabilizado, como contrapartida pela emissão, pelo transportador, de um conhecimento de carga sem reservas (*clean bill of lading*), o qual será mais facilmente negociável (tornando-se mais fácil a venda da mercadoria), além de poder ser mais apetecível nas operações de crédito documentário.

Confirma-se que essa carta será *res inter alios* perante terceiros, o portador do titulo ou outro, como, por exemplo, uma seguradora ou um banco[282]. Mais, de acordo com este preceito,

---

[281] Não se deve confundir esta com aqueloutra carta de garantia que um destinatário possa emitir, a fim de obter mais rapidamente a disponibilidade da mercadoria das mãos do transportador, no porto de destino. Por esta, o destinatário, ainda sem o conhecimento de carga (ou porque ainda não chegou ou porque ainda não prestou quanto devia, de modo a recebê-lo do banco que, na sua praça, recebeu a sua ordem de pagamento ao carregador e que terá recebido os documentos necessários para o levantamento da mercadoria), compromete-se a ressarcir o transportador pelas indemnizações que deva pagar por haver entregue a mercadoria ao destinatário errado, ou, de qualquer modo, a um destinatário que não exbia o título necessário para lhe conferir o direito à entrega e à disponibilidade da mercadoria. Simultaneamente, o destinatário comprometer-se-á a apresentar o título, logo que o receba, e poderá fazer acompanhar estes compromissos de uma garantia (*collateral security*).

Cfr. M.REMOND-GOUILLOUD, *op. cit.* p.353 s.; S.ZUNARELLI, *Lezioni di diritto della navigazione,* Bolonha, 2000, p.159.

[282] Na verdade, como fazem notar Emmanuel Du PONTAVICE e Patricia CORDIER, não só o vendedor-carregador quererá ser pago o mais cedo possível, como, por outro lado, poderá suceder que o comprador ou o banco envolvido num crédito documentário recusem pagar se o documento de transporte não descrever as mercadorias de modo conforme com as condições acordadas no contrato de compra e venda (para além de que as mercadorias sempre poderão ser uma garantia do eventual crédito concedido, e, nestes

o portador do conhecimento e qualquer terceiro poderão opor a carta ao próprio carregador.

Estas cartas de garantia mostram uma prática corrente e são, as mais das vezes, destinadas a serem mantidas em segredo[283]. Contudo, uma vez conhecidas e reveladas, poderão ser opostas pelos terceiros interessados às partes desse acordo, ou seja, o carregador e o transportador (podendo este enviar àquele uma contra-carta). Permitindo esta oponibilidade e vedando a faculdade de tais documentos serem opostos a terceiros, o legislador seguiu a lei francesa de 1966[284]. Como então em França, também o legilslador nacional optou por não proibir este tipo de cartas (por se considerar a sua frequência e que a sua invalidade poderia não ser um meio dissuasor bastante). Por outro lado, prescreveu-se um regime particularmente severo para os casos em que o transportador omita reservas que digam respeito a deficiências que realmente conhecia ou devia conhecer, falando--se aí de cartas de garantia "fraudulentas"[285].

---

termos, à instituição financeira interessará que as mercadorias estejam em boas condições e que perfaçam a quantidade prevista) – *op. cit.,* p.79.

Sobre esta quesão, *vide* M.RAPOSO, *Sobre o contrato, cit.,* p.33 ss..

[283] No fundo, reconhece-se que nesta prática poderá ser visto, também, um modo, acordado *inter partes*, a fim de acelerar as operações marítimas, nomeadamente, o carregamento, o que não deixa de beneficiar a prática comercial do próprio carregador, apesar de, em última instância, tal prática poder "suavizar" o regime probatório e de responsabilidade a que está sujeito o transportador. E, neste sentido, defendendo a oponibilidade da carta de garantia pelo transportador, tanto ao carregador, como ao segurador deste (enquanto contra-prova de que as ditas cartas não estão infirmadas por um vício que gere a sua nulidade), E.DU PONTAVICE, P.CORDIER, *op. cit.,* p.80. Tentou-se, pois, confinar os efeitos desta prática, de modo a que a mesma não pudesse afectar os terceiros que dela nenhuma vantagem retiram. E ainda, entre nós, cfr. J.CALVÃO DA SILVA, *Venda CIF: carta-partida, conhecimento de embarque e seguro de carga,* RLJ, a.133.º, 2000, p.211.

[284] *Vide* R.RODIÈRE, *op. cit.,* p.92 ss..

[285] *Vide* anda M.RAPOSO, *op. cit., loc. cit.,* onde se sugere que se deve apenas atender a um desconhecimento que corresponda a uma negligência grave.

O terceiro portador do título, por sua parte, continuará a poder exigir a entrega da mercadoria nas condições descritas no conhecimento despido de reservas, além de que o transportador não poderá invocar os defeitos das mercadorias que provocaram a carta (isto é, no fundo, as deficiências que seriam objecto das reservas e que ficaram omissas em virtude do oferecimento de tal carta de garantia ao transportador), a fim de se exonerar da sua responsabilidade, desde que conhecesse (carta de garatia dita fraudulenta) ou devesse conhecer tais vícios. Logo, o transportador, munido de tal carta de garantia, não poderá opô-la ao terceiro portador do conhecimento, a fim de se eximir da sua responsabilidade, prevalecendo, mesmo perante o transportador, a literalidade do título que ele emitiu. A não ser assim, ao interessado na carga não restaria senão demandar o carregador, ficando menos protegido e à mercê destes acordos paralelos, de que, as mais das vezes, nada saberá, além de que ficaria desprovido das garantias oferecidas pelo património do transportador[286].

Por fim, ainda na esteira das prescrições da Convenção de direito uniforme, agora quanto à limitação do motante indemnizatório, o art.24.º e o n.º 2 do art.31.º da lei de 1986 procuraram clarificar os conceitos de volume ou unidade, contidos no n.º 5 do art.4.º da Convenção, quando esta determina que o transportador não deverá indemnizar para alé do montante correspondente a cem libras esterlinas por volume ou unidade. A clarificação foi considerada necessária devido às divergentes interpretações acerca do sentido dessas unidades de medida ou contabilização das mercadorias transportadas.

---

[286] E, nos transporte internacionais, ficaria ainda e forçado, eventualmente, a propor a sua acção contra o carregador em foro distante (*forum rei*), em virtude das regras relativas aos conflitos de jurisdições.

E, assim, de acordo com aqueles preceitos, volumes ou unidades de carga serão aqueles que forem enumerados no conhecimento, considerando-se também os recipientes de consolidação como volumes ou unidades, sempre que fornecidos pelo carregador. Falhando tal enumeração, contabilizam-se como volumes ou unidades os recipientes ou elementos de consolidação da carga (norma que poderá ser pertinente para diversos sistemas de consolidação, *v.g.*, contentores, sistema LASH ou sistema BACAT- *barges aboard catamaran*[287]).

O diploma, como vimos, tratou ainda de proceder à muito esperada actualização do limite indemnizatório (n.º 1 do art.31.º), antes previsto pelo diploma de 1950. Este limite passou a ser de 100.000$00 por unidade ou volume (hoje, 498,80 euros, de acordo com o DL n.º 323/2001, de 17 de Dezembro). E nem aqui contrata a lei interna com o direito uniforme, porquanto o 3.º parágrafo do n.º 5 do art.4.º, da Convenção de Bruxelas, também não obsta a que as partes estipulem convencionalmente um aumento do limite indmnizatório.

Outros aspectos há que, não disciplinados no direito uniforme, encontram todavia um regime no diploma interno, a saber: a responsabilidade do transportador até à operação de carregamento (que fica sujeita à disciplina civil do depósito – art.6.º [288]), o concurso de pretensões à entrega da mercadoria (art.20.º) e a recusa da mercadoria (art.19.º), o modo de apresentação da mercadoria à borda para embarque, as consequências da impossibilidade de cumprimento do contrato e, assim, dos impedimentos à viagem, imputáveis e não imputáveis ao devedor.

---

[287] Cfr. CHORLEY & GILES, *Shipping Law,* Londres, São Francisco, Kuala Lumpur, Joanesburgo, 1987, p.211, n.90.

[288] Assim, o art.7.º das Regras de Haia prevêem expressamente uma plena liberdade contratual relativamente às operações anteriores à fase do carregamento.

Quanto à regra sobre o conflito internacional de jurisdições do art.30.º, devemos aqui repetir quanto dissemos a propósito da sua congénere do diploma relativo ao fretamento.

Contudo, no âmbito de aplicação, conquanto exíguo, que lhe reste, o preceito determina que os tribunais portugueses serão competentes, se no nosso território se situar o porto de carregamento ou de descarga, o *locus celebrationis* do contrato ou a sede, sucursal, delegação ou filial do carregador, do destinatário ou do transportador, ou ainda se o navio utilizado arvorar a Bandeira Nacional.

## §5.º – Disciplina internacional uniforme

**58.** *A Convenção de Bruxelas de 1924 ("Regras de Haia").*
*A internacionalidade do transporte.* Como já fomos relatando, a
Convenção de Bruxelas, de 1924, sobre a unificação de certas
regras relativas ao conhecimento de carga (Regras de Haia),
representa um antigo esforço de unificação da disciplina material
do transporte que perdurou com sucesso. Sofreu, depois, alterações com os Protocolos de 1968 (regras de Visby) e de 1979, que
não se encontram em vigor entre nós.

Trata-se, pois, de uma convenção de direito uniforme material, cujo campo de aplicabilidade e de aplicação cumpre agora
desvendar.

Não é, por essência, uma lei uniforme, conquanto tenha
acabado por ter uma eficácia semelhante, ora porque certos países signatários criaram leis internas com preceitos idênticos ou
semelhantes aos da Convenção, ora porque, como sucedeu entre
nós, se optou por uma referência remissiva para o próprio texto
internacional.

Tratar-se-á, então, de um corpo de direito uniforme que
contém normas de direito internacional privado material. É este
o resultado internacionalmente sedimentado da interpretação da
vontade normativa da Conveneção e dos Estados contratantes,
nomeadamente, do seu art.10.º, não obstante este assevere que o
regime uniforme é de aplicar sempre que o conhecimento que
serve de título do transporte seja emitido no território dos Estados contratantes, o que poderia fazer supor que as regras uniformes pretenderiam abranger também os transportes internos.

252          *Direito dos Transportes*

Contudo, vem sendo entendido que é pressuposto da aplicação da Convenção a internacionalidade do transporte *sub iudice*, ainda que o pressuposto pareça implícito[289] no texto convencional. Essa internacionalidade há-de ser objectiva, traduzindo-se num transporte entre portos de países diferentes, independentemente da residência ou da nacionalidade das partes, ou da nacionalidade do navio. E este é um entendimento que se tornou *opinio communis*.

Logo, as normas da Convenção foram criadas tendo em conta a internacionalidade das relações e situações que constituem o seu objecto material, o que poderá ter influenciado as opções normativo-materiais das suas regras. Sucede, porém, que num domínio comercial, como este, se testemunha uma estreita proximidade dos interesses e objectivos dos agentes envolvidos, independentemente da diversidade das circunstâncias socio-económicas dos meios nacionais em que estão sediados, pelo que as necessidades e os propósitos normativos das disciplinas nacionais acabarão por não diferir grandemente daqueles que provocam um regime pensando para situações plurilocalizadas, como aquele da Convenção de que curamos[290].

Logo, o diploma internacional será apenas aplicável aos transportes internacionais, isto é, a situações de transporte que apresentem pontos de contacto com diversos ordenamentos jurídicos ou com diversos Estados. Trata-se, por conseguinte, de situações que interessam ao dieito internacional privado, conquanto não se deva convocar a respectiva regra de conflitos, sempre que o transporte em causa esteja incluído no âmbito de aplicabilidade/aplicação da Convenção. Para que isto aconteça, há-de ser um transporte internacional (nos termos que conti-

---

[289] E este entendimento acabou por ser recebido expressamente na alteração que o Protocolo de 1968 importou para o ar.10.º.

[290] E este arrazoado é ainda válido e sustentável para as demais convenções internacionais em matéria de transportes.

nuaremos a precisar *infra*), um transporte que se insira no objecto material da Convenção (cfr. *infra*), que, além disso, apresente com o território dos Estados signatários a conexão espacial relevante, ditada pela regra instrumental do art.10.°, e que, uma vez verificada, desencadeia a competência normativa, necessária e imediata, do regime uniforme da Convenção, permitindo-se, desta sorte, a prevenção ou superação do problema do conflito de leis nacionais. Sem embargo de não podermos recorrer ao sistema conflitual da *lex fori* (sempre que o foro seja num dos Estados vinculados inernacionalmente à Convenção), devido, ora à prevalência hierárquica da Convenção, ora à sua especialidade (*v.g.*, por confonto com a Convenção de Roma, de 1980, que unificou as regras de conflitos em matéria contratual, no âmbito da Comunidade Europeia), nem por isso as normas da Convenção de Bruxelas deixam de ser regras de direito internacional privado, ainda que substanciais. Ou seja, serão normas que regulam materialmente situações absolutamente internacionais, ainda que não por meio da escolha de uma lei nacional competente, mas ditando uma deliberada disciplina uniforme material, que tenha em conta a internacionalidade da situação.

**59.** *A internacionalidade do transporte (segue): caracterização.* A uniformização do direito material, que, assim, se atingiu, consegue ainda cumprir um desiderato fundamental do direito internacional privado, associado à preservação da segurança jurídica. Através do direito uniforme consegue-se proteger satisfatoriamente a segurança das partes envolvidas, ao consolidar a certeza jurídica, isto é, a certeza do direito aplicável à relação em que se encontrem envolvidos.

Mas, se este é um claro intento de um regime desta natureza, então deverá entender-se *cum grano salis* a noção de internacionalidade do transporte. Queremos dizer que não deverão ser negligenciadas as justas expectativas que as partes tenham no

254 Direito dos Transportes

momento da celebração do contrato quanto à aplicação do regime ditado pela Convenção de Bruxelas. Sempre que essa expectativa exista e seja justificada, parecerá que as regras uniformes deverão ser aplicadas, se não quisermos trair o obejectivo de certeza e de segurança que, precisamente, inspirou e fundou a sua elaboração e o processo de unificação do direito.

Por este motivo, tem sido defendida uma sorte de *vis expansiva* da aplicação do regime uniforme, a fim de que possa cumprir os objectivos propostos pelo regime e, em última instância, pela vontade soberana dos Estados contratantes. E, se assim é, então a Conevnção não se aplicará apenas quando exista uma internacionalidade real do contrato de transporte, mas ainda quando essa internacionalidade tenha apenas sido querida convencionalmente pelas partes, no momento em celebraram o contrato de transporte (como que uma internacionalidade virtual ou putativa). Deste modo, bastaria que carregador e transportador tenham acordado o transporte entre portos de países diferentes, ainda que, posteriormente, por qualquer motivo não querido pelas partes[291], o transporte não haja prosseguido para além das fronteiras marítimas de um único Estado, acabando por conduzir as mercadorias, apenas entre portos do mesmo Estado. Neste caso, sempre se poderá afirmar que, *ab initio*, as partes pretendiam um transporte internacional e, por isso, terão justamente ficado a contar com a aplicação do regime da Convenção de Bruxelas, pelo que a aplicação de uma lei nacional trairia injustamente esta confiança. Diríamos que, indepentemente das vicissitudes da sua execução material, o contrato de transporte nasceu já como internacional[292], fundando-se, por isso, a convocação

---

[291] Por exemplo, porque houve uma inundação no porto do Estado vizinho para onde se encaminhava o navio, tendo-se optado por perfazer o restante percurso por terra.

[292] Ainda que se possa ressalvar a hipótese de uma internacionalização artificial do contrato com vista a escapar à lei nacional do país, no interior

das Regras de Haia (desde que, claro está, se preenchesse o requisito espacial de aplicação ou de competência normativa da mesma, e que nos é dado pelo art.10.º – cfr. *infra*).

**60.** *Âmbito de aplicação material da Convenção de Bruxelas.* Quanto ao âmbito de aplicação material da Convenção importará determinar a que transportes internacionais[293] de mercadorias por mar ela se aplica imperativamente, mas convirá determinar, outrossim, qual o arco temporal que ela pretende regular, isto é, quais serão as operações relativas ao transporte que encontrarão na Convenção uma disciplina imperativa.

No que tange a estas, convém atentar no art.2.º, segundo o qual a disciplina imperativa é destinada a regular, *grosso modo*, as operações verificadas entre o carregamento e o desembarque das mercadorias, incluindo também estas duas operações, o que nos dispensa de ter de fixar o momento temporal em que tem início o transporte – esta é, na verdade, uma *vexata quæstio*, que, assim, se supera, ainda que a ela aluda a al. e) do art.1.º. Este âmbito temporal é ainda reiterado pelo art.3.º, quando este dita que o transportador deverá ser diligente nas operações de carregamento, estiva, manutenção, guarda, transporte e descarga das fazendas.

É, porém, certo que estas operações coimplicam algumas actividades prévias que a Convenção acabará por disciplinar. Pensamos nas obrigações de preparar o navio para o tipo de

---

do qual, desde o início, as partes sempre teriam querido fazer deslocar a mercadoria, caso em que, o contrato, na realidade, sempre teria sido meramente intero. Mas este seria já um caso de fraude à lei, cuja consequência passaria pela desconsideração da eventual internacionalidade fictícia do mesmo.

[293] Se bem que se possa reconhecer que já a internacionalidade, que também qualifica o seu objecto, acabará por influenciar o conteúdo normativo-material das regras uniformes.

transporte convencionado, de o armar e equipar convenientemente e de o colocar em estado de navegabilidade (operações estas que não terão de ser exectadas materialmente pelo transportador, conquanto ele deva responder por elas, mesmo quando confiadas a terceiros, como será o caso, *v.g.*, de um gestor de navios, ou como sucedrá quando o transportador utilize um navio fretado).

Tratemos agora de averiguar se a disciplina uniforme pretende regular todos os transportes internacionais de mercadorias por mar. Contaremos para tanto com o concurso dos arts.1.º, b) e c), 3.º, n.º 8, 6.º, n.º 3 e 10.º.

Da análise do art.10.º, pareceria resultar que a Convenção só seria de aplicar quando fosse emitido um conhecimento, isto é, quando o transporte viesse a ser titulado através de um conhecimento de carga. Já o transporte internacional documentado apenas por outro modo ficaria fora do seu âmbito de aplicação material.

Foi, contudo, obtemperado que, a ser assim, seria ameaçada a imperatividade do regime uniforme, pois que, para se furtar a este, ao transportador bastaria evitar a emissão do conhecimento de carga. E, acto contínuo, a Convenção acabaria por não conseguir realizar os seus propósitos unificadores e o particular equilíbrio de riscos e de cargas definido no seu regime. Ou seja, os Estados signatários, que teriam querido ditar para os transportes conectados com o seu território um regime uniforme, superando a divergência de disciplinas e o conflito de leis e prosseguindo a harmonia de decisões, e que teriam querido realizar certos propósitos de ordem pública, nomeadamente em relação ao regime da responsabilidade, através dos preceitos materiais uniformes, dotando-os de uma certa força imperativa, acabariam por ver estes objectivos gorados. Tudo se passaria como se o regime acabasse por surtir os efeitos de uma disciplina meramente dispositva ou facultativa.

Todavia, resulta do n.º 8 do art.3.º a imperatividade do regime uniforme. Ora, se quisermos garantir a imperatividade desejada pelos Estados e salvar o efeito útil deste preceito, haveremos de considerar integrados no âmbito material da Convenção, não apenas os transportes efectivamente titulados por um conhecimento de carga, mas, outrossim, aqueles transportes em que, não tendo sido emitido o conhecimento, tal emissão deveria ter ocorrido – sem embargo de se poder dar de barato que poderá não ser fácil ou pacífico saber em que casos se deve notar o dever de emissão de um conhecimento.

Parece, pois, impor-se esta interpretação do art. 10.º e da al.b) do art.1.º e, assim, do âmbito de aplicação material das regras uniformes, por isso que este parece, enfim, ser o único modo de permitir o cumprimento da teleologia normativa da Convenção. Por outro lado, este entendimento acaba por ser confortado pelo n.º 3 do art.6.º, quando esta norma vem contrariar qualquer derrogação convencional do regime da responsabilidade do transportador, sempre que o transporte em causa seja "ordinário", isto é, sempre que estejamos perante um "carregamento comercial ordinário".

Então, segundo este aviso[294], teremos a considerar como sujeitos à imperatividade da disciplina uniforme, todos os transportes em que a emissão do título seja devida, ou por acordo das partes, ou por imposição de usos comerciais (entre estes, encontraríamos, em princípio, os transportes de linha, os transportes realizados na sequência de ofertas generalizadas ao público e em que a emissão do título fosse imposta por usos comerciais[295],

---

[294] A.PAVONE LA ROSA, op. cit., p.240 s.; S.M.CARBONE, Le regole di responsabilità del vettore marittimo, Milão, 1984, p.27 ss.; Contratto, cit., p.84 ss.; W.TETLEY, Marine cargo claims, cit., p.10 ss., 88 s..Vide, ainda, CARVER, Carriage by sea, Londres, 1982, p. 201, 242 ss..

[295] Estes abrangerão, muitas vezes, os transportes de coisas determinadas que não preenchem a totalidade da capacidade de carga do navio, nem uma fracção notável do mesmo.

bem assim como qualquer transporte em que as partes houvessem previamente convencionado a emissão do conhecimento, não obstante, entretanto, esta não tivesse ocorrido).

Finalmente, a Convenção não se aplicará inderrogavelmente ao transporte de quaisquer mercadorias, de fora ficando o transporte de animais vivos, ainda que já se deva aplicar ao transporte de carcaças.

Também se não aplicará ao transporte no convés dito "regular", isto é, à carga cujo transporte no convés tenha sido convencionado pelo carregador e que, realmente, venha a ser transportada nessas condições. As razões desta excepção ficaram ditas *supra*, quando abordámos a extensão do regime uniforme ao transporte no convés, operada pela lei de 1986, em relação ao transporte interno, e prendem-se com a presença de maiores riscos nesse tipo de transporte e que são consabidos, pelo que, dando o carregadr a sua aquiescência e conhecendo amplamente tais riscos, passa a ser justificada a inclusão de cláusulas contratuais que venham exonerar ou diminuir a responsabiidade do transportador, mesmo para além do que permitiria a Convenção de Bruxelas, pensada para um transporte ordinário com menores riscos[296]. Note-se, contudo, que o regime uniforme já será de aplicar, sempre que a mercadoria, não obstante se haja acordado o transporte em convés, venha depois a ser realmente transportada nos porões, por iniciativa do próprio transportador, pois que, neste caso, *cessant rationes*, isto é, desaparece a razão que poderia justificar a dita suavização do regime de responsabilidade do transportador.

---

[296] Como se viu, todavia, não se poderá deixar de reportar este regime à condição técnica do tempo em que as Regras de Haia surgiram.

**61. Âmbito de aplicação espacial da Convenção de Bruxelas.** Caracterizada a internacionalidade dos transportes que são objecto do regime uniforme e identificados os tipos materiais de transporte subsumíveis ao seu âmbito de aplicação material, falta ainda determinar o âmbito de competência espacial da Convenção de Bruxelas. Por outro lado, vimos já que, uma vez verificadas *in casu* as condições que definem o seu âmbito de aplicação espacial, as normas uniformes deverão ser aplicadas necessária e imediatamente. Isto mesmo acabará por resultar, ora da inderrogabilidade ou imperatividade do regime uniforme, ora do facto de este regime estar contido numa convenção internacional que primará sobre as fontes meramente internas, pelo que a aplicação da Convenção não poderá ser preterida em favor das opções normativas internas e essa aplicação não carece da mediação de uma regra de conflitos interna que designe a sua competência.

A atribuição da competência normativa ao regime uniforme resultará imediatamente da fonte internacional fundada na vontade de Estados soberanos e, especialmente, da regra instrumental do art.10.º, que define o âmbito da competência espacial dessa disciplina internacional uniforme[297].

Trata-se de uma regra de aplicação instrumental, que assume uma estrutura de tipo unilateral, que vem definr o âmbito de aplicabilidade forçosa da disciplina uniforme, através da definição de uma conexão objectiva que provoca uma sorte de auto--reconhecimento da competência normativa da Convenção no espaço. Recorta-se, por este modo, as situações de transporte plurilocalizadas que ficarão sujeitas à competência normativa inviolável do regime uniforme.

---

[297] De outra banda, é também certo que esta vontade de aplicação necessária do próprio regime convencional uniforme é um meio adequado à realização, tanto do seu desiderato de unificação normativa, na medida em que esta foi procurada, como dos seus propósitos normativo-materiais.

E, por tudo quanto já dissemos, esta regra de aplicação prevalecerá sobre as normas de conflitos que façam parte dos sistemas conflituais dos Estados contratantes, seja pela fonte em que se insere aquela particular regra de aplicabilidade do art.10.° (que não deixa de ter, ela própria, um carácter conflitual), seja pela especialidade que ela enverga em face dos sistemas conflituais e mesmo em relação às regras de conflitos unificadas da Convenção de Roma, de 1980.

De acordo com o art.10.°, a Convenção aplicar-se-á sempre que o transporte internacional seja titulado por conhecimento que seja emitido no território de um dos Estados contratantes. Fica, assim, definda a conexão espacial objectiva que, uma vez concretizada, isto é, verificada no caso concreto, provoca a aplicação do regime uniforme. Por outro lado, respeita-se ainda o princípio da não-transactividade ou da não-transconexão, não se aplicando a Convenção a um transporte que não tenha qualquer contacto com o território dos Estados contratantes.

Todavia, para dar arrimo a quanto dissemos acerca da preservação da imperatividade da disiplina uniforme, que obrigaria a aplicá-la forçosamente a certos transportes em que não houvesse sido emitido um conhecimento, então, deveremos interpretar o art.10.° em termos hábeis. Destarte, em não se emitindo um conhecimento, quando o mesmo devia ter sido emitido, nos termos descritos *supra*, a Convenção também teria competência espacial para o regular, quando fosse de esperar que a emissão do conhecimento, a ter ocorrido, devesse ter tido lugar no território de um dos Estados contratantes. Ora, este local onde deveria ter sido emitido o conhecimento coincidirá, em princípio, com o local do carregamento.

Problema diverso é aquele que nos leva a averiguar se a Convenção será de aplicar quando as partes do contrato de transorte a escolham como disciplina reguladora, através da designada *Paramount clause* [298]. Se aceitarmos que a competência normativa do regime uniforme pode ser suscitada por este meio, acabaremos por reconhecer uma *vis expansiva* a esse regime.

O problema põe-se nos Estados vonculados à versão original da Convenção de Bruxelas, por isso que, quando a versão em vigor for aquela alterada pelo Protocolo de 1968, já a questão estará respondida pelo novo texto. Na verdade, a nova versão do art.10.º (como, de resto, sucede também na Convenção de Hamburgo de 1978), reconhece, expressamente, a vontade das partes como conexão relevante para designar a competência normativa do regime uniforme. Daí que os tribunais de um Estado vinculado às Regras de Haia-Visby devam aplicar a Convenção, sempre que as partes a escolham (bastando também que escolham uma lei nacional que aplique a Convenção[299]) como disciplina reguladora do seu contrato, mesmo quando o contrato não apresente com o território dos Estados signatários os contactos objectivos que desencadeariam a competência da Convenção.

Não prevendo a versão de 1924 esta hipótese, já se defendeu que a referência convencional feita pelas partes à disciplina uniforme não poderia ser senão uma referência material, isto é, as normas uniformes seriam aplicadas apenas na medida em que as suas prescrições não contrariassem as normas imperativas da *lex contractus*, ou seja, da lei que fosse competente segundo o sistema conflitual vigente no foro.

Por outro lado, vem-se defendendo que essa referênca deveria operar em termos conflituais, equiparando-se a escolha da Convenção, mesmo que o caso fosse apreciado no tribunal de

---

[298] Cfr., entre nós, em sentido algo diferente do que deixaremos exposto, Ac.STJ, de 29 de Abril de 1980, BMJ, n.º 296, 1980, p.289 ss..

[299] Isto é, o que importará será averiguar a real vontade das partes e concluir que elas quereriam ver o seu contrato regulado pelos preceitos da Convenção de Bruxelas (alterada pelo Protocolo de 1968).

um Estado vinculado a esta versão, à emissão do conhecimento no território de um Estado contratante. Neste sentido, apesar da não previsão expressa pela Convenção, admitir-se-ia que a sua eleição pelas partes também desencadeasse a sua competência normativa. A defesa desta tese assenta, de uma banda, no facto de a Convenção fornecer ima disciplina suficientemente coerente ao contrato de transporte, e de outra banda (e talvez principalmente), no facto de que, para obter o mesmo resultado, sempre bastaria às partes escolher a lei de um país que tivesse adoptado internamente o regime uniforme, ou (pelo menos, até certo ponto) até a lei de um país que se encontre vinculado à versão de 1968 da Convenção de Bruxelas, versão esta que, como vimos, já vem admitir expressamente a referência conflitual dirigida pelas partes para a Convenção de Bruxelas, através de uma *professio iuris* contratual.

Finalmente, repita-se que, não estando um contrato de transporte internacional incluído no âmbito de aplicação espacial da Convenção, não nos restará senão recorrer à lei considerada competente em matéria contratual pelos arts.3.º e 4.º, n.º 1, 4 e 5 da Convenção de Roma de 1980.

# §6.º – A responsabilidade do transportador

**62.** *O regime da responsabilidade e da prova.* Trataremos agora de descrever as linhas principais do travejamento normativo que sustenta o regime uniforme da responsabilidade do transportador, em caso de perda e de avaria das mercadorias transportadas[300].

Parte este regime da estipulação de uma presunção de responsabilidade do transportador, uma vez que o interessao na

---

[300] E, sem embargo de a Convenção de Bruxelas não aludir expressamente aos danos resultantes de demora, cremos que se poderá obtemperar que, não obstante o propósito unificador da mesma, isso não significará que deverão ficar desprovidos de reparação, por isso que tais danos representam um prejuízo notável no tráfico comercial, para além de poderem ser também frequentes, além de que uma tal solução poderia contrastar com o *intuitus favoris* ínsito nesta disciplina para protecção do interessado na carga. É claro que o problema se levanta sobretudo a propósito dos danos fundados em demora e que não se traduzam numa deterioração física ou no perecimento das coisas, pois que, nestes casos, se poderia aventar a sua inclusão expressa nas categorias de perda ou de avaria.

Por outro lado, e precisamente porque se não poderá esquecer, seja o intento unificador da Convenção, seja a imperatividade do seu regime, quer quanto à presunção de responsabilidade do transportador fundada nas condições contratuais inscritas no conhecimento, quer quanto ao equilíbrio proporcionado pela previsão de um limite indemnizatório, poderá defender-se que a teleologia do regime uniforme obrigará à sua aplicação, também a estes danos, não deixando a sua disciplina para a *lex contractus* que fosse designada pelo sistema conflitual do foro, com a consequente destruição do equilíbrio normativo prescrito pela disciplina internacional.

carga haja provado a desconformidade da mercadoria chegada em relação ao estado da mesma à partida, isto é, no momento em que tenha sido confiada ao transportador.

Para fazer essa prova, o interessado na carga poderá servir--se da presunção inerente à descrição da carga inscrita no conhecimento de carga, enquanto título de crédito representativo da mercadoria. Esta presunção, sendo *iuris tantum* em relação ao carregador que foi parte do contrato de transporte, tornar-se-á numa presunção absoluta a partir do momento em que o conhecimento circule, beneficiando o terceiro possuidor do título. Se em relação ao primeiro é admissível prova em contrário, apresentada pelo transportador, já o mesmo não será possível em relação a estes terceiros. Apesar de a previsão expressa desta presunção *iuris et de iure* só aparecer nas Regras de Haia-Visby, de 1968, cremos que o mesmo regime é necessário de acordo com os propósitos da versão de 1924. Só assim se conseguirá preservar as características de que está dotado o conhecimento, nomeadamente a sua literalidade, a fim de que este sirva a segurança do tráfico comercial, enquanto título representativo.

Seguindo-se a ordem da prova[301], o transportador poderá liberar-se da sua responsabilidade, recorrendo ao rol das causas de exoneração (causas ou perigos exceptuados) do art.4.º. Haverá, então, de provar o nexo causal entre o dano anteriormente apontado e provado e uma dessas causas de exoneração da responsabilidade.

---

[301] Para o relevo das noções de *burden of proof* e de *order of proof* (já se aludiu a uma sorte de *tennis match*) na compreensão do regime normativo da responsabilidade, cujos propósitos equilibradores passam pelo particular desenho da distribuição do *onus probandi* e do próprio *iter* probatório, W.TETLEY, *op. cit.*, p.133 ss.

Cfr. Cfr. o Ac. STJ, de 21 de Novembro de 1978, proc. n.º 067277, o Ac. STJ, de 3 de Outubro de 1980, BMJ, n.º 300, 1980, p.419 ss., o Ac. STJ, de 15 de Outubro de 1980, BMJ, n.º 300, 1980, p.424 ss, *maxime*, p.426.

Claro está que o interessado a carga sempre poderá oferecer uma contraprova. Frisá-lo não será um truísmo, na medida em que aquela prova etiológica, a cargo do transportador, acaba por ser facilitada em juízo pelo recurso a presunções de experiência (*præsumptiones hominum*), pois que certos tipos de danos provêm normalmente de algumas das causas típicas arroladas no art.4.º[302].

Ao fazer a prova da causa do dano e pertencendo essa causa ao rol dos perigos exoneratórios, como que ocorrerá uma reversão da presunção de reponsabilidade, passando a valer ao transportador uma sorte de presunção de irresponsabilidade.

Mau grado o transportador já tenha oferecido a prova do nexo causal concreto, não poderemos ainda falar de uma definitva exoneração de responsabilidade, porquanto o interessado na carga ainda terá a faculdade de provar o concurso da culpa do transportador. O interessado na carga poderá, pois, demonstrar que a negligência do transportador provocou (ou concorreu para) o surgimento da causa (do elenco "exoneratório" do art.4.º) do dano e/ou que esta concorreu para o agravamento dos danos oriundos dessa causa (mesmo que a conduta do transportador não tenha sido a causa do facto que veio a gerar os danos, facto esse que pertenceria ao círculo dos perigos exceptuados do art.4.º).

Justifica-se, por conseguinte, falar de uma (como que provisória) reversão da presunção de responsabilidade, porque a exoneração só ocorrerá, uma vez demonstrada a irresistibilidade

---

[302] Na verdade, que, geralmente, certas causas geram certos danos é até perceptível *in re ipsa*. O que acaba por nos conduzir a um resultado semelhante daquele que expressamente é prosseguido pela CMR, no seu art.17.º, quando propõe um elenco de riscos liberatórios (cfr. *supra*), conquanto aqui se exija mais, isto é, a prova de um nexo de causalidade concreta (e não meramente abstracta, como sucede nos arts.17.º, 4 e 18.º da CMR). Acontece, porém, que tais presunções judiciais concorrem também para o estabelecimento desta prova de causalidade concreta.

dos efeitos da causa exoneratória, isto é, uma vez demonstrada a força maior. Sucede, porém, que, numa primeira fase do iter probatório, basta ao transportador fazer a prova do nexo causal entre o dano e um dos factos da lista do art.4.°, como se a Convenção associasse a esses factos uma presunção de irresistibilidade e de imprevisibilidade ou uma presunção de força maior, ou, de outro modo, como se esta, nessas causas exoneratórias, resultasse *ictu oculi*. Mas nada impede que o intereesado venha a refutar esta presunção implícita, provando a presença ou o concurso de negligência do transportador[303].

Por outro lado, pelo menos em certos casos, se o interessado na carga não produzir esta prova de negligência, consolida-se o efeito liberatório das causas exoneratórias do art.4.°, isto é, o transportador que, ao provar o nexo causal, teria conseguido uma presunção de irresponsabilidade, ficará agora exonerado (tudo se passando como se de um liberação provisória se passasse a uma exoneração definitiva). Todavia, como veremos já de seguida, o iter probatório poderá não ser idêntico para todas as causas arroladas no art.4.°.

Assim, estas precisões cobram particular relevo, mercê de uma controvérsia que foi envolvendo a interpretação do dito art.4.° quanto à dimensão do ónus probatório que o mesmo assacaria ao transportador. Trata-se de averiguar se o transportador, a fim de lucrar o efeito liberatório dos casos exceptuados do art.4.°, deverá, não só provar o nexo causal entre o dano invocado e um desses casos, mas também, e simultaneamente, que

---

[303] No caso de dolo, e como *fraus omnia corrumpit*, tem-se entendido que o transportador não se poderá valer do limite indmnizatório previsto no regime uniforme, apesar de esta orientação não ter sido expressamente acolhida a versão de 1924 (o que veio a acontecer, mais uma vez à luz da interpretação que se foi fazendo das Regras de Haia de 1924, por obra da jursprudência e da doutrina).

actuou diligentemente, isto é, que a sua negligência não causou o facto gerador dos danos nem aumentou o volume dos danos.

Ora, atendendo, não apenas ao teor literal do texto (segundo o ensinamento da máxima *ubi lex non distinguit nec nos distinguere debemus, "sed ubi distinguit"*), mas também à teleologia do regime uniforme e ao equilíbrio que este prossegue, e ainda à diferença específica que distingue as diferentes causas exoneratórias aí listadas (no sentido, por exemplo, de que só em relação a algumas delas se poderá afirmar que a não imputabilidade ou a irresistibilidade das mesmas e das respectivas consequências resulta *in re ipsa* ou parece ser normal, tendo em conta os riscos do mar), deveremos defender que o transportador não está obrigado a fazer uma prova inicial e simultânea de diligência, a fim de que o caso ou perigo exceptuado produza o efeito de afastar a presunção de responsabilidade que o onerava, bastando--lhe provar o nexo causal entre o dano e uma das causa exoneratórias típicas.

Só não será assim, isto é, só se imporá a dupla prova (do nexo causal concreto e de uma actuação diligente concreta e especial), quando a Convenção, para que a causa do dano produza o seu efeito liberatório, expresamente exija que o transportador prove simultaneamente e *ab initio*, além do nexo causal, que actuou diligentemente, não tendo os factos geradores do dano nem a dimensão destes dependido de negligência sua (ou dos seus dependentes).

Ora isto é prescrito apenas no n.º 1 do art.4.º, relativamente aos danos provindos do estado de inavegabilidade do navio, na al. q) do n.º 2 do art.4.º (cláusula *omnibus*), em relação às causas inominadas de danos, cuja inimputabilidade, compreensivelmente, deveria ser apurada, e na al.b) do n.º 2 do mesmo artigo (embora o ponto não seja pacífico[304], na jurisprudência, como na

---

[304] Assim, em sentido algo divergente, entre nós, Ac.STJ, de 10 de Janeiro de 1978, BMJ, n.º 273, 1978, p.296 ss..

doutrina internacionais), quando se define que o transportador não responderá por danos provindos de incêndio a bordo, «*à moins qu'il ne soit causé par le fait ou la faute du transporteur*».

Este regime é ainda uma consequênca do entendimento da obrigação do transportador como uma obrigação de resultado, ficando aquele responsabilizado pelos danos provenientes de causa ignota (este é um risco que deverá suportar[305]), isto é, como vimos, para se liberar não lhe bastará uma prova genérica de diligência, pois que, se se quiser exonerar sempre deverá identificar a causa concreta do dano, e esta deverá fazer parte do rol das causa exoneratórias previstas ou integrar-se nas condições da al.q) do art.4.º.

Contudo, ainda aqui, quando nos damos conta de que o rol não é taxativo, o transportador não tem qualquer meio para se libertar da presunção de responsabilidade, se não identificar a causa concreta do dano, porquanto a dita al.q) exige a prova suplementar e contemporânea de ausência de negligência do transportador, mas o que se exige é ainda que ele prove que actuou diligentemente em relação a uma causa de um dano concreta e que lhe não é imputável. Ora, a não imputabilidade e a diligência concreta e especial cuja prova se lhe exige, só serão demonstráveis, uma vez que o transportador, primeiro, haja estabelecido a real causa do dano.


**63.** *O limite indemnizatório.* Finalmente, como soi acontecer nos diversos ramos do transporte, o transportador beneficirá de um limite indemnizatório, uma vez que se haja provado o dano e que aquele não tenha conseguido alijar a sua responsabilidade, recorrendo ao elenco dos casos exceptuados.

---

[305] O que aparece como sintoma da tendência objectivante deste regime de responsabilidade.

Já sabemos que a previsão de um tal limite joga um papel necessário no desenho do equilíbrio normativo procurado pelo regime uniforme, a fim de alcançar uma justa repartição dos riscos que o transporte envolve, tentando-se, do mesmo passo, segundo o bem comum, traçar uma disciplina que não impossibilite económico-socialmente uma actividade útil e necessária. E, afinal, é esta presença de propósitos de ordem pública que acabará por ditar a imperatividade do regime do transporte, o qual, ainda assim, admitirá derrogações *in favorem domini mercium* [306] [307].

Na Convenção de Bruxelas de 1924, o limite indemnizatório será o do n.º 5 do art.4.º, em conjugação com o art.9.º (para a definição do valor de referência). O limite foi então estabelecido em 100 libras esterlinas por volume ou unidade (conceitos estes que foram suscitando interpretações divergentes, o que terá explicado a vontade de clarificação da lei de 1986, mas levou, desde logo, a que, o Protocolo de 1979, tenha introduzido um outro e alternativo critério de determinação do *quantum respondeatur*, desta feita, com base no peso bruto).

Este limite indemnizatório só não será de aplicar no caso de os danos provirem de dolo do transportador (porque, como dissemos, *fraus omnia corrumpit* e porque a Convenção, não o mencionando expressamente, também não podia escamotear este princípio universal, entendimento que foi tão-só confirmado na

---

[306] Que não deixa de ser considerado como a parte "mais fraca", ou seja, a parte cuja vontade poderá ser forçada por outrem (pelo que a comutatividade seria pervertida e a vontade presente acabaria por ser realmente unlateral), o que levaria à subversão das relações que se esperam e se querem justamente comutativas e fundadas numa vontade bilateral, isto é, a uma degradação do objecto contratual de natureza comutativa e recíproca.

[307] Cfr., embora marginalmente, o Ac. STJ, de 28 de Abril de 1977, BMJ, n.º 266, 1977, p.153 ss..

letra do Protocolo de 1968) e nos casos em que as partes acordem num limite superior. Trata-se aqui de uma derrogação convencional do limite indemnizaório, conseguida, eventualemente, mediante um acréscimo ao valor do frete.

Note-se, contudo, que, sempre que o carregador declare à partida a natureza e o valor da mercadoria, este valor passará a constituir o limite indemnizatório (seja aquele valor superior[308] ou inferior ao fixado no n.º 5 do art.4.º)[309], ainda que o transportador sempre o possa contestar, demonstrando que a mercadoria teria um valor inferior no momento do embarque. Em qualquer caso, fazendo-se a prova do valor real da mercadoria, este passará a constituir o limite indemnizatório. Todavia, se o transportador aceita incluir essa declaração no conhecimento, ela terá o valor de uma presunção, conquanto sempre relativa. Por outro lado, se o transportador provar que o valor declarado pelo carregador antes do embarque cosistiu numa declarção falsa feita conscientemente, fica exonerado da sua responsabilidade.

Deste regime, parece decorrer que o limite das 100 libras esterlinas será apenas um limite supletivo que operará sempre que o valor da mercadoria seja superior a esse montante e não tenha sido declarado à partida, caso contrário, o transportador não responderá para além do valor da mercadoria.

Esta precisão é importante, sobretudo quando se entende que as regras uniformes deverão regular também a reparação de danos que se não traduzam numa perda ou deterioração física da mercadoria.

Por um lado, o n.º 5 do art.4.º alude aos danos «causados às mercadorias ou que lhe digam respeito». Por outro lado, cre-

---

[308] Caso em que poderá também ser exigido um suplemento de frete.

[309] Sobre o ponto, isto é, acerca da relação da declaração especial com o limite indemnizatório estipulado pelo regime uniforme, cfr. Ac. Trib. Rel. Porto de 17 de Junho de 2003, proc. n.º 0320964.

mos ser este o entendimento mais conforme aos propósitos unificadores e com a imperatividade do regime uniforme que se preocupam dispensar uma disciplina especial à responsabilidade, com ceros propósitos substantivos que sairiam gorados, se para certas questões relativas responsabilidade se recorresse a uma lei nacional indicada pelo sistema nacional do foro. Se isto acontecesse, não só o limite indemnizatório poderia acabar privado do seu efeito útil, como arriscaríamos perder a coerência normativa do regime que a Conevnção interncionalmente impõe, por ter sido querido pelos Estados contratantes. Por outro lado, deixar sem reparação esses outros danos pareceria ser irrazoável, sobretudo quando se tem em conta o intuito de protecção do interessado na carga, que permeia o regime. E repará-los não será um peso excessivo para o transportador, no sentido de que romperia o equilíbrio buscado pelo regime uniforme, se se tiver presente e se postular que ele só responda na estrita medida prevista pelo limite indemnizatório, mesmo nos casos em que nenhum dano físico dano físico foi infligido à mercadoria.

**64.** *A chegada da mercadoria e as reclamações (as reservas do destinatário). A propositura da acção.* Finalmente, no n.º 6 do art.3.º, a Convenção de Bruxelas prevê também, à semelhança do já vimos no domínio da Convenção CMR, um sistema de reservas escritas e de presunções, a ter em conta após a chegada da mercadoria e que também influirá sobre o regime probatório. Em relação às avarias e perdas aparentes, o destinatário deverá fazer delas uma reserva escrita, logo no momento em que retire as mercadorias, ou então esses danos deverão ser registados numa verificação contraditória. No caso de danos não aparentes, a reserva escrita deve ser enviada nos três dias subsequentes à entrega[310].

---

[310] Cfr. A.Lefebvre D'Ovidio, G.Pescatore, L.tullio, *op. cit.,* p.579.

Não sendo feitas estas reservas ou não se procedendo a uma verificação contraditória, presumir-se-á que as mercadorias chegaram de acordo com a descrição do conhecimento. Ora, posteriormente, o transportador poderá ainda prevalecer-se desta presunção. Note-se que, se o destinatário se abstiver de formular tais reservas, a prova posterior do dano poderá tornar-se assaz difícil, mesmo que se opte por proceder a uma perícia imparcial. A tempestividade da verificação sempre evitará ou ajudará a que se deixe por demonstrar que o dano não ocorreu após o levantamento das mercadorias.

Por outro lado, a manisfestação destas reservas não dispensará o interessado na carga de produzir prova bastante do dano ocorrido[311]. Mas, como se faça uma verificação contraditória, a prova da realidade do dano acabará por assentar nos seus resultados, se não se entender arrolar outros danos.

Finalmente, *ex vi* do quarto parágrafo do n.º 6 do art.3.º, o prazo para a propositura de uma acção relativa a quaisquer danos regulados pela Convenção será de um ano, contado a partir do dia da entrega da mercadoria, ou daquele em que a mesma deveria ter sido entregue.

Neste caso, como para o prazo das reservas do destinatário, os prazos merecem ser curtos, se se tiver em conta que, também neste domínio comercial, se sente uma premente necessidade de segurança e de uma pronta definição das situações comerciais. E tanto mais quanto é certos que qualquer lide judicial ou extra-judicial, no âmbito das relações internacionais, importará não pequenos esforços e deslocações eventuais a um foro distante.

---

[311] Cfr. E.Du Pontavice, P.Cordier, *op. cit.,* p.109 ss..

## §7.º – Os documentos de transporte

**65.** *O conhecimento de carga e as suas funções. O conhecimento de carga como título de crédito representativo das mercadorias e as suas características. A influência sobre o regime da prova.* O contrato de transporte marítimo de mercadorias pode dar lugar a um conhecimento de carga (*bill of lading, B/L*), documento este que desempenha diversas funções fulcrais nas relações económicas que subjazem à moldura contratual de que vimos curando[312]. Na verdade, o conhecimento de carga, emitido pelo transportador ou por alguém em seu nome (*v.g.*, o capitão ou um agente), servirá de prova do contrato, podendo nele encontrar-se descritas as condições contratuais, a saber, entre outras menções: porto de carga e de descarga, número,

---

[312] Sobre o conhecimento de carga e sobre as suas relações com o contrato de transporte, enquanto se considere que este ficará situado, *qua tale*, em momento anterior à emissão do conhecimento, o qual acabará por acarretarar um regime normativo próprio, *vide* R. RODIÈRE, *op. cit.*, pág.52 e s., 103 e ss., A.QUERCI, *op. cit.*, pág.497 e ss. A.PAVONE LA ROSA, *Polizza di carico*, Enciclopedia del diritto, XXXIV, pág. 210 e ss., 221 e ss., 230 e ss., G.ROMANELLI, S.ZUNARELLI, *Titoli rappresentativi di merci, III) Titoli di trasporto*, Enciclopedia Giuridica, p.1 e ss., A.LEFEBVRE D'OVIDIO, G.PESCATORE, L.TULLIO, *op. cit.*, pág.536 e ss., 571 e ss., R. RODIÈRE, E.DU PONTAVICE, *op. cit.*, pág.313 e ss., M. RAPOSO, *op. cit., passim, maxime,* pág. 28 e ss., CALVÃO DA SILVA, *Crédito documentário e conhecimento de carga,* Colectânea de Jurisprudência, II, 1994, pág.15 e ss., *Venda CIF: carta-partida, conhecimento de embarque e seguro de carga,* Revista de Legislação e de Jurisprudência, ano 133.º, p.202 ss.; M.J.ALMEIDA COSTA, E.MENDES *op. cit.*, p.190 ss..

quantidade e peso de volumes ou objectos (cfr. parágrafo 3.º do art.3.º da Convenção de Bruxelas sobre o conhecimento de carga e os arts.4.º, 5.º e 8.º do D.L. n.º 352/86).

Para além disso, o conhecimento servirá a função de recibo da mercadoria, ou seja, por ele saberemos que, nos termos, local e altura previamente convencionados, o expedidor entregou as mercadorias ao transportador e que este as recebeu – cfr. parágrafo 3.º do art. 3.º da Convenção de Bruxelas e art.5.º do D.L. n.º 352/86. Daí, e nomeadamente para efeitos de determinação da responsabilidade por danos sofridos pelas mercadorias recebidas, o relevo das menções nele contidas atinentes à quantidade e peso das mercadorias, ao tipo de embalagem, ao acondicionamento dos bens e ao estado aparente da mercadoria, bem como das reservas eventualmente apostas pelo transportador, no que tange à exactidão das informações recebidas do carregador (cfr. segunda parte do parágrafo 3.º, do art. 3.º da Convenção de Bruxelas) – assim, sempre que a informação prestada pelo expedidor não triunfe das suspeitas do transportador, no momento da recepção dos bens ou volumes[313].

Por último, cabe referir a não menos importante qualidade de título de crédito que assiste ao conhecimento de carga, en-

---

[313] *Vide* A. Querci, *op. cit.*, pág.506, A.Pavone La Rosa, *op. cit.,* pág. 230 e s., A.lefebvre D'Ovidio, G.Pescatore, L.Tullio, *op. cit.,* pág.588 e ss., R. Rodière, E.du Pontavice, *op. cit.,* pág.315 e ss. M. Raposo, *op. cit.*, pág.35 e ss.. Deve notar-se que não é, de todo, despicienda a possibilidade de apor reservas sobre o estado das mercadorias, uma vez considerada a presunção do n.º 4 do art.3.º, da Convenção de Bruxelas de 1924, sobre o conhecimento de carga, onde se lê que o «conhecimento constituirá presunção, salvo prova em contrário, da recepção pelo armador das mercadorias tais como foram descritas» (conquanto se deva entender esta disposição *cum grano salis* quanto à força probatória do título em face de um terceiro portador de boa-fé, questão que em diplomas internacionais mais recentes veio merecendo um tratamento expresso clarificador a saber: o Protocolo de 1968 que veio alterar a Convenção de 1924 e a Convenção de Hamburgo de 1978).

quanto título representativo de mercadorias, e que já se reflecte em quanto acabámos de dizer. O conhecimento poderá, deste modo, e uma vez transmitido, atribuir ao respectivo portador a faculdade de exigir e receber as mercadorias. Concomitantemente, a posse do título equivalerá à posse da própria mercadoria, pois que o título as representa (não interessando, para a economia da relação de transporte e para os propósitos da sua disciplina normativa, apurar o motivo pelo qual o possuidor do título recebe a posse dos bens, ou se este é titular da propriedade ou de outro direito real sobre as coisas transportadas; para a disciplina do transporte só interessará regular quem tem o direito de exigir a sua entrega, a sua disponibilidade física, mas já não o motivo pelo qual tal direito surge[314]).

*Ex vi* do art. 11.º do D.L. n.º 352/86, o conhecimento poderá ser nominativo, ou emitido à ordem ou ao portador, regendo-se a sua circulação pela disciplina geral dos títulos de crédito. Já se vê que, não só o conhecimento deverá ser incluído na remessa documentária, sempre que se proceda à abertura de um crédito documentário, porquanto o destinatário dele necessitará para receber as mercadorias[315], como poderá ser transmitido a pessoa

---

[314] E por isso, fazer incorporar a propriedade no título iria além de quanto exigem a teleologia e os propósitos da disciplina do transporte, além de bem poder ser uma causa de entorpecimento e de insegurança do tráfico jurídico, precisamente, quando se considera as características próprias de um título de crédito. Na verdade, qualquer negócio que tenha por objecto a transmissão dos direitos reais sobre as coisas transportadas é algo bem alheio à realidade do transporte e às preocupações do transportador, do qual, aliás, nem se exige que afira da legitimidade da posse do título em relação a quem o exibe à chegada das mercadorias.

[315] Cfr. art. 23.º das Regras e usos uniformes relativos aos créditos documentários, da Câmara de Comércio Internacional, segundo a revisão de 1993, que enumera requisitos que um conhecimento ou documento similar – cfr. al. b) do art.1.º da Convenção de Bruxelas sobre o conhecimento de carga, de 1924 – deverá apresentar, a fim de ser aceite por um banco, no âmbito de uma remessa documental.

diversa do comprador original quando as coisas em trânsito forem vendidas, com segurança reforçada para o subsequente comprador[316] (e assim se vai imbricando a teia de relações negociais a que, amiúde, o transporte anda associado, particularmente, quando precedido por uma venda praça-a-praça).

Enquanto título de crédito representativo das mercadorias transportadas, e, eventualmente destinado a circular segundo o modo daqueles, convém realçar as características da literalidade e da autonomia cartulares do conhecimento de carga.

Atendendo a esta sua natureza e a estas características, o conhecimento de carga constituirá perante um terceiro portador presunção absoluta do estado e da quantidade da mercadoria, conquanto perante a sua contraparte do contrato de transporte, isto é, perante o carregador, o transportador possa opor prova de que a mercadoria não correspondia à descrção do conhecimento, subsistindo nestas relações internas uma mera presunção relativa, baseada ainda no texto do conhecimento.

Além disso, o conhecimento incorpora um direito de crédito conformado de acordo com o desenho literalmente contido no título (obtido *ex chartula*)[317] [318]. O conhecimento de carga

---

[316] Gravitando em torno do contrato de transporte e da execução deste, deparamos, de igual modo, com outros e variados documentos, ora negociáveis, ora não negociáveis, nomeadamente, o *through bill of lading*, para transportes marítimos sucessivos, cartas de garantia, o *mate's receit*, a *delivery order,* a *sea waybill*, e, no campo do transporte combinado, o documento de transporte multimodal. *Vide*, a este propósito, A. QUERCI, *op. cit.,* pág.503 e ss., G.ROMANELLI, S.ZUNARELLI, *Titoli rappresentativi di merci, III) Titoli di trasporto*, Enciclopedia Giuridica, p.9, A.LEFEBVRE D'OVIDIO, G.PESCATORE, L.TULLIO, *op. cit.,* pág.539 e s., 590 e ss., R. RODIÈRE, E.DU PONTAVICE, *op. cit.,* pág.325 e ss., M.RAPOSO, *op. cit.,* pág. 28 e ss..

[317] Sobre este ponto, *vide*, entre nós, M.RAPOSO, *Fretamento, cit.*, p.52 ss., *O contrato de transporte marítimo. O seu espaço em confronto com o dos contratos de venda e de abertura de crédito documentário*, CJ, 1994, p.49 ss., *Estudos sobre o novo direito marítimo* – realidades internacionais e situação

incorporará o direito à entrega e a obter a disponibilidade física das fazendas transportadas, arrastando, outrossim, uma disciplina imperativa que lhe é própria, precisamente, a disciplina do contrato de transporte que seja titulado por um conhecimento, além dos preceitos que o regulam enquanto título representativo.

Consequentemente, ao terceiro portador não poderão ser opostas quaisquer excepções que se fundem tão-só nas relações entre o transportador e o carregador e que não tenham qualquer reflexo literal no título (o que poderá ser relevante, *v.g.*, quando a emissão do conhecimento suceda à celebração de uma carta--partida, que tenha as mesmas partes contratuais).

**66.** *As reservas e os seus efeitos.* Mas, se o conhecimento ocupa um tão importante papel na prova dos danos das mercadorias, nomeadamente, sempre que passe a valer como presunção absoluta do estado e da quantidade das mesmas à partida, então, convirá, uma vez mais, indagar sobre a possibilidade de aposição de reservas[319] e sobre quais os efeitos das mesmas em relação à força probatória a conferir ao conhecimento.

---

portuguesa, Coimbra, 1999, p.173 ss.; M.J.ALMEIDA COSTA, E.MENDES, *Transporte marítimo. Conhecimento de carga,* Direito e Justiça, v.IX, t.I, 1995; J.CALVÃO DA SILVA, *op. cit.*; e mais recentemente, J.CALVÃO DA SILVA, *Venda CIF: carta-partida, conhecimento de embarque e seguro de carga,* Revista de Legislação e de Jurisprudência, ano 133.º, p.210 s..

[318] Acerca da *vexata quæstio* da abstracção do conhecimento de carga, cfr. A.PAVONE LA ROSA, *op. cit.,* p.221 ss.; N.CASTELLO-BRANCO BASTOS, *Da disciplina do contrato de transporte internacional de mercadorias por mar – apontamento sobre as regras internacionais uniformes da responsabilidade do transportador marítimo e sobre o seu âmbito de aplicabilidade,* Coimbra, 1998 (policop.), p.221 ss., e a bicliografia citada *ivi.*

[319] Sobre estas, *vide* R.RODIÈRE, *op. cit.,* p.83 ss., 387 ss.; A.PAVONE LA ROSA, 201 ss.; A.LEFEBVRE D'OVIDIO, G.PESCATORE, L.TULLIO, *op. cit.,* 617 ss.; L.TULLIO, *Sulla disciplina probatoria in ordine alle indicazioni contenute nella polizza di carico,* RDN, 1970, II, p. 5 ss.; G.ROMANELLI, *Efficacia probatoria della polizza di carico,* DM, 1986, p.615 ss..

Já se sabe que os resultados desta indagação sempre hão-de ser encontrados à luz das característcas do conhecimento enquanto título de crédito representativo, o que passará, nomeadamente, pelo estudo das consequências da literalidade do mesmo. Além disso, como instrumento que é da certeza e da segurança do tráfico, importará assacar aos actos que envolvam a emissão e o preenchimento do conhecimento consequências normativas claras, unívocas e definitivas.

À luz do n.º 3 do art.3.º da Convenção de Bruxelas, e de acordo com a praxe já então existente, o transportador poderá, não só incluir reservas relativas às menções oferecidas pelo carregador acerca da mercadoria, como também poderá simplesmente omitir as menções relativas às marcas, volumes, números, quantidade e peso das coisas a transportar[320]. Note-se, porém, que essas reservas deverão ser justificadas, o que, desde logo implicará que sejam precisas e referidas especialmente ao carregamento em causa (cfr. que se disse *supra*, a propósito da Convenção CMR).

Mas isso significará também que a reserva (positiva ou omissiva[321]) só será eficaz se, considerando as condições da mercadoria e das operações de embarque e as circunstâncias que

---

[320] Cfr. F.A.QUERCI, *Diritto della navigazione,* Pádua, 1989, p.505, falando de *«sistema da omissão»*, por contraposição ao *«sisema das reservas»*; M.RAPOSO, *op. cit.,* p. 36, falando de «reservas de *recusa*». Cremos, no entanto, que, perante o silêncio das regras uniformes, se é certo que estas permitem expressamente a omissão, também não parecem excluir a possibilidade de fazer reservas positivas precisas e motivadas, que sejam apostas no conhecimento, mesmo em relação aos aspectos referidos no n.º 3 do art.3.º, *in fine*, isto é, aqueles que não são susceptíveis de verificação, recorrendo a meios razoáveis.

[321] Na verdade, a omissão de um certo dado quantitativo ou identificador da meradoria acaba por equivaler a uma reserva específica e precisa de tipo positivo que venha a acompanhar a descrição desse dado oferecida pelo carregador.

rodearem as operações iniciais da execução do contrato, não for possível proceder à verificação dos aspectos das mercadorias que constituam, precisamente, o objecto dessas reservas. A não verificabilidade da mecadoria constitui assim a justificação da reserva (ou da omissão de uma certa menção).

E por isso, compreende-se que a descrição do estado e acondicionamento aparentes das mercadorias não possam sofrer o remoque de uma reserva, uma vez que são sempre verificáveis, porque aparentes (trata-se de descrever aspectos qualitativos da mercadoria e da embalagem que sejam observáveis mediante uma sumária inspecção por parte de um *diligens nauta*, não se aludindo aqui a mais do que essa avaliação perfunctória, ainda que atenta, que sequer implica as artes de um perito em emba-lagens ou no tipo de bens que serão transportados)[322].

Mas, se a impossibilidade (irrazoabilidade) de verificação é condição da regularidade e da eficácia das demais reservas rela-tivas a quaisquer menções oferecidas pelo carregador[323] (sejam estas reservas positivas ou traduzam-se elas na omissão das refe-rências relativas às marcas identificadoras, ao número de volu-mes ou objectos, à quantidade ou ao peso), para que as reservas se digam justificadas e para que não se perverta a função proba-tória do título, nem se inutilize a utilidade da literalidade do título[324], convirá também justificar essa não verificabilidade dos aspectos que constituem objecto das reservas.

---

[322] A.Pavone La Rosa, *Polizza di carico,* Enc. dir., XXXIV, p.231; W.Tetley, *op. cit.,* p.267..

[323] As quais poderão corresponder às indicações a que aludem as als. a) e b) do n.º 3 do art.3.º, ou quaisquer outras que o carregador forneça e o transportador inclua no conhecimento, já que a listagem desse preceito não é exaustiva.

[324] É claro que, *stricto sensu,* o título não perderia a sua literalidade se essa justificação da irrazoabilidade da verificação se não exigisse, pois que as reservas sempre fariam parte da letra do título, e, só por isso, poderiam configurar literalmente o objecto do direito incorporado. Mas optar por este entendimento seria, afinal, esvaziar a utilidade que a literalidade traz relativa-

280         *Direito dos Transportes*

Competirá, pois, ao transportador o ónus de provar essa não verificabilidade, se quiser aproveitar da eficácia das reservas[325]. Assim, o transportador poderá motivar, no próprio conhecimento, a falta de condições de verificabilidade, de modo preciso e adequado às circunstâncias especiais daquele transporte. E se não o fizer, para salvaguardar a validade das reservas, sempre terá de produzir posteriormente a prova dessa impossibilidade, *rectius*, irrazoabilidade[326], de verificação (isto é, não verificabilidade, *hoc sensu*[327]).

---

mente à prova do estado da mercadoria (e destruindo-se a confiança que o conhecimento inspira), já que qualquer reserva precisa e especial passaria a ser regular, bastando para tanto que o transportador se recusasse a proceder à verificação, independentemente da possibildade ou facilidade desta.

[325] O ponto não é, todavia, pacífico, mas outra solução pareceria adulterar o equilíbrio pretendido pelo regime uniforme, contrariando o *intuitus favoris* do regime convencional em prol do interessado na carga, que, de outra maneira, sairia mais gravemente onerado. Na verdade, a ser de outro modo, estimular-se-ia a inserção "mecânica" de reservas, enquanto se esperava que o destinatário viesse depois provar a real verificabilidade do conteúdo das reservas, e a posição deste seria tanto mais desfavorecida, quanto é certo que essa prova seria, em muitos casos, extremamente difícil, pois que diria respeito a uma operação longínqua, espacial e temporalmente, e na qual o destinatário não participou. Já o transportador estará em muito melhores condições para prodzir essa prova.

Contudo, sempre que a motivação da não verificação conste do título, já o destinatário poderá ter interesse em refutá-la, provando a verificabilidade da mercadoria, com vista a precludir o efeito probatório das reservas, assim, recuperando a plenitude do valor probatório das menções que hajam sido objecto de reservas. Mas, claro está, a prestabilidade desta contraprova poderá depender de o transportador, apesar de ter alegado a falta de condições de verificabilidade, ter incluído no conhecimento as menções que foram objecto da sua suspeita e consequente reserva. Já perante a mera omissão, ao interessado na carga restará o recurso a qualquer meio de prova a fim de provar as condições iniciais da mercadoria.

[326] Que, segundo Antonio Pavone La Rosa, surgiria sempre que a verificação das caracteríticas da mercadoria implicasse exceder os «meios ordinários de verificação» – *op. cit.*, p.235.

[327] Bastará, com efeito, que o esforço para proceder à verificação se

Certas vezes, porém, essa motivação poderá ser dispensável. Em certos casos a não verificabilidade das mercadorias resultará *in re ipsa*, justificando-se, ora a omissão de certas menções, ora as equivalentes reservas genéricas[328] (*v.g., said to be, said*

---

revelasse irrazoável, não se tratando necessariamente de uma impossibilidade física ou legal.

[328] Estas reservas genéricas importam a impossibilidade (irrazoabilidade) de verificação para que sejam admissíveis ou regulares e para que, acto contínuo possam produzir o efeito próprio das reservas legítimas sobre o valor probatório do conhecimento, revertendo o *onus probandi*. Caso subsista a verificabilidade das mercadorias, estas tornam-se ineficazes ou inválidas, por isso que contrariam a necessidade de especialidade e de precisão prescita para as reservas. E isto é assim, pois que, podendo reportar-se, a aspectos tanto quantitativos ou de identificação das mercadorias, como qualitativos, acabam por equivaler à omissão das menções que acompanham, nomeadamente, daquelas quantitativas ou de identificação, já que, no que toca aos aspectos qualitativos, o transportador só pode aludir aos que sejam aparentes, e estas, *per definitionem*, não podem ser objecto de reservas, pelo que qualquer alusão a condições evidentemente ocultas dos bens só poderão ser da lavra do carregador. Isto é, num caso como o que se descreve no texto, a única menção relativa ao estado e acondicionamento das coisas que beneficiará do efeito literal do título, será uma eventual alusão ao estado da embalagem que o contentor também é.

No fundo, tudo se passará como se estas reservas genéricas equivalessem às omissões admitidas pelo.º 3 do art.3.º da Convenção, desde que aquelas só sejam admisssíveis nos precisos termos em que estas também o são, isto é, só perante a ausência de condições razoáveis de verificabilidade.

Cfr. R.Rodière, *op. cit.,* p.85, 387, *in fine*, ss.; Chorley & Giles, *op. cit.,* p.246 s.; A.Lefebvre D'Ovidio, G.Pescatore, L.Tullio, *op. cit.,* p.619 ss. e, *ivi*, n.43; RABE, *Seehandelsrecht*, Munique, 2000, p.719 s.; S.Zunarelli, *op. cit.,* p.155 s.; L.Tullio, *Sulla disciplina probatoria, cit.,* p.5 ss.; J.Calvão da Silva, *Venda CIF, cit.,* p.213, também aludindo ao relevo das indicações do título no regime probatório ditado (o qual, como temos vindo a mostrar, ocupa um notável protagonismo também na realização dos propósitos substantivos da disciplina da responsabilidade do transportador, não sendo, por isso, um mero comparsa adjectivo). Cfr. ainda W.Tetley, *op. cit.,* p.272 (diferindo da posição sustentada na segunda edição da obra, cfr. Chorley & Giles, *op. cit., loc cit.*), precisando que, no caso de um contentor preenchido

282 Direito dos Transportes

*to contain*, seguidas das menções oferecidas pelo carregador), e prescindindo-se mesmo da produção de prova dessa impossibi-

---

e selado pelo carregador, a aposição da reserva «*said to contain*» é válida e permite afastar a presunção que, em geral, o conhecimento produz acerca da mercadoria (e, assim, o *bill of lading*, quanto à descrição da mercadoria, deixa de constituir, seja *prima facie evidence*, em relação ao carregador, seja *conclusive evidence*, em relação ao terceiro possuidor do título, e estes deverão provar quais as mercadorias que realmente foram embarcadas).

O Autor junta ainda que, não se valendo o transportador da faculdade de omissão prevista no n.º 3 do art.3.º das Regras de Haia, e optando por incluir a descrição da mercadoria que o carregador lhe forneça, acompanhada da dita reserva genérica, o número de volumes que venha a constar do conhecimento, conquanto desprovida do valor probatório referido, poderá, ainda assim, servir para fixar o limite indemnizatório. O ponto talvez mereça alguma consideração. Atenda-se à função do limite, que também permite ao transportador programar a sua actividade comercial e escolher o montante do seguro que haja de obter. Neste caso, se, por um lado, a literalidade do título não cobria o elenco sujeito a reserva e é certo que o destinatário poderá fazer prova, por qualquer meio, de qual foi a mercadoria embarcada e consolidada no contentor, por outro lado, não se deve esquecer o n.º 5 do art.3.º da Convenção de Bruxelas, *ex vi* do qual o armador poderá exigir do carregador uma indemnização pelas perdas, danos e despesas causadas pelas inexactidões da descrição que o carregador faça da mercadoria. Defendendo que a dita reserva não poderá fazer baixar o multiplicador a usar no apuramento do limite indemnizatório, e ainda assim quando se postule que possa alterar a força probatória do conhecimento, nomeadamente, no caso de transporte em contentor selado pelo carregador, cfr. também CHORLEY & GILES, *op. cit.*, p.212 s.. E, no âmbito de um cenário próximo, esse limite ainda acabará por prevalecer, de certo modo, mesmo no caso de o interessado vir a fornecer prova de que o número de volumes embarcados excedia a quantidade indicada pelo carregador.

Todavia, já se defendeu um regime mais severo, propondo a irrelevância das reservas genéricas, sempre que o transportador tenha optado por as apor junto das descrições oferecidas pelo carregador, por isso que poderia simplesmente ter omitido as menções de que suspeitava e que não teve a oportunidade de razoavelmente verificar. Uma vez que teria aceitado incluir tais menções, conquanto as tivesse acompanhado de uma reserva genérica, poderia ser responsável pelo surgimento de uma certa confiança no terceiro

lidade de verificação, que será evidente. Como já referimos, tal sucederá, por exemplo, em caso de transporte de um contentor

portador, tendo contribuído para que o título fosse um instrumento de confusão e ferindo a sua missão de protector da segurança e da certeza do tráfico. Cfr.S.M.Carbone, *Il contratto, cit.,* p.382 ss..

Mas a literalidade e as exigências de segurança do tráfico parecem não exigir tanto, além de que, resguardada a literalidade do título, que, portanto, engloba as reservas regulares e motivadas, não se terá de premiar a imprudência do terceiro que aceita o título sem o estudar diligentemente.

Diferente será já a questão que nos levará a não ter por eficaz uma reserva excessivamente genérica, por lhe faltar a motivação que justificaria a sua eficácia, isto é, por não faltarem, de todo, os meios razoáveis para a verificação, ou porque ela abrangeu indistintamente aspectos verificáveis e não verificáveis da mercadoria, sendo, aí sim, uma reserva equívoca, que só pode frustrar a confiança de terceiros que o conhecimento inspira e deve inspirar, ignaros sobre qual a parte das menções que o transportador pretenderia afectar com a reserva.

Neste caso, e não sendo possível a verificação com meios ordinários, apenas de parte das características das coisas, o transportador terá de formular uma reserva inequivocamente confinada a essas características, ainda que apenas junte que tais menções (e só essas) correspondem aos dados do carregador e que ele não os pode razoavelmente verificar (*said to*), ou ainda que, mais laconicamente, mostre ignorar essas características (*ignored, unknown*). Na verdade, esta última reserva, sendo ainda vaga e não fornecendo dados alternativos, poderia acabar por ser especial, no sentido de que iria, por exemplo, dirigida tão-só àquela característica cuja verificação se mostrou impossível (ainda que venha apelidada de genérica, o que se justificará pelo uso geral e por não deixar de ser uma cláusula de estilo).

Mas isto levar-nos-á a crer que, tirando certos casos típicos contados, como aquele de um contentor selado, em geral, o transportador deverá apor reservas, que, além de motivadas, sejam específicas e adequadas ao preciso transporte e à precisa mercadoria em causa, e que, assim, individualizem as especiais menções ou características suspeitadas, se não quiser que a reserva seja "inutilizada" e "inutilizável", por ser execessivamente genérica, ao ponto de acabar por envolver, tanto os dados não verificáveis, como aqueles verificáveis, caso em que acabará por ser ineficaz (como afirma Martine Remond-Gouilloud, a faculdade de apor reservas não pode fundar um *«système où le doute est la règle» – op. cit.,* p.352).

completo e selado, recebido do carregador, pois que nesse caso será evidente que não foi dada ao transportador qualquer oportunidade de observação do seu conteúdo[329] (FCL-*full container load* – cfr. *supra*).

---

[329] *Vide* D.MALTESE, *Brevi note sull'onere della prova nel trasporto mediante* container, *in* Studi in memoria di Maria Luisa Corbino, Milão, 1999, p.339 ss., sustentando, para as reservas assim inseridas em caso de transporte em contentor, a eficácia probatória que, em geral, é atribuída às reservas válidas, isto é, estas como aquelas operariam a reversão do ónus da prova quanto ao estado e condições iniciais das mercadorias (cfr. *infra*). Aliás, o Autor chega a sugerir que, no caso de transporte em contentor estivado e fechado pelo carregador, não funcionaria sequer o sistema das reservas, precisamente, porque a impossibilidade de verificação do conteúdo apareceria *ictu oculi*. Pode, todavia, obtemperar-se que, se se quiser ter em conta a confiança de um terceiro portador do título, talvez se deva inserir uma reserva, mesmo que, eventualmente, esta consista na menção de que o contentor foi assim entregue e de que os sigilos não foram quebrados (além disso, como o Autor reconhece, em certos casos sempre persistirá a possibilidade de obter o peso da mercadoria).

O Autor acrescenta, compreensivelmente, que, nestes casos (e colocando entre parêntesis a necessidade de inclusão, pelo menos, de uma reserva genérica), é óbvia a impossibilidade de verificação do conteúdo e deixará de operar a presunção de conformidade do estado e das condições das mercadorias, em relação à descrição fornecida pelo carregador.

Por isso, as circunstâncias deste tipo de transporte (em contentor fechado) obteriam um resultado particular à luz do regime probatório. Mas, pode dizer-se que, nem por isso nos estaríamos a afastar de quanto prescreve o regime uniforme, antes estaríamos a ter em boa conta as particulares circunstâncias destes casos e os factos cuja percepção é evidente ou que decorrem necessariamente de outros factos provados, a fim de fazer funcionar aquelas regras probatórias e a repartição do *onus probandi* que elas ditam.

Logo, uma vez detectado um dano nos bens encerrados no contentor e uma vez apurada a integridade dos sigilos, o transportador, para se liberar deveria tão-só provar que observou as regras de bom manuseamento dos contentores, mas só depois de se fazer a prova do momento em que o dano ocorreu, pois que, perante um contentor fechado, resulta também óbvia a dúvida sobre o momento da produção desse dano, sem que o transportador

A par destas reservas ou omissões que têm lugar quando as menções a que digam respeito não sejam verificáveis, o transportador poderá acabar por corrigir as menções fornecidas pelo carregador e que sejam contrariadas pela sua verificação.

Quanto ao DL n.º 352/86, se o preceito do n.º 2 do art.25.º não veio alterar a orientação das Regras de Haia (art.3.º, n.º 3, *in fine*), também a norma do n.º 1 não contrasta com a al.b) do n.º 3 do art.3.º da Convenção de Bruxelas, pois que, ao permitir as reservas positivas, exigindo, todavia, que sejam «claras, precisas e susceptíveis de motivação», mais não faz do que precisar o seu sentido normativo, ao receber os resultados interpretativos que, internacionalmente, foram sendo constituídos pela jurisprudência e pela doutrina (e de que fomos dando conta), sempre à luz das características do conhecimento, cujas funções comerciais não deverão ser destruídas pela perversão da sua literali-

---

nada pudesse ter feito para a suprimir, dado que nunca poderia verificar o conteúdo do contentor.

Todavia, ainda assim, estaríamos a aplicar o regime probatório geral da disciplina uniforme. Senão vejamos. Admitida a validade de uma eventual reserva genérica em face de um contentor fechado, o interessado na carga deixa de beneficiar da presunção sobre o estado da carga, recaindo sobre ele o ónus de provar, por qualquer meio, o estado dessa mercadoria. Mas, se é assim, não satisfazendo a prova de que o dano referido não teria ocorrido antes da entrega do contentor, ao transportador nem se exigiria o esforço da exoneração de responsabilidade, pois que tão-pouco teria chegado a surgir a presunção de responsabilidade que viesse a implicar exoneração, mesmo que por recurso a al.q) do art.4.º.

Cfr. ainda W.Tetley, *op. cit.*, p.272, defendendo que, em caso de contentor entregue pelo carregador ao transportador já estivado e fechado, mesmo que nenhuma reserva seja aposta, competirá ao interessado na carga provar a condição da mercadoria e do seu estado no momento do embarque, e sustentando ainda que, relativamente a este tipo de carregamento, um *clean bill of lading* não priva o transportador de, posteriormente, invocar a causa de exoneração assente no vício próprio da mercadoria.

dade. Se assim não fosse e se se desse azo à inclusão de reservas genéricas e/ou injustificáveis, o conhecimento acabaria por não garantir a confiança que é suposto inspirar e converter-se-ia mesmo num mecanismo, ora inútil quanto à prova da carga, ora gerador de insegurança, ao semear esperanças vãs.

**67.** *Segue: os efeitos das reservas e o regime da prova.* Perceberemos bem como as reservas podem importar à luz do regime probatório e como desempenharão um papel determinante relativamente aos meios de oferecimento da prova, se nos fixarmos na literalidade do conhecimento de carga, cujo conteúdo e cujas indicações relativas ao estado, à quantidade e às condições da mercadoria constituem uma presunção absoluta, não podendo ser oposta prova contrária a um terceiro portador do título. Como já vimos, será só perante o carregador que o transportador poderá provar que, no embarque, a mercadoria não correspondia à descrição literal do título. O carregador é a contraparte do contrato de transporte e a este só assiste uma presunção relativa fundada na descrição do conhecimento. A partir do momento em que este é transmitido a um terceiro (incluindo o primeiro destinatário), essa presunção torna-se absoluta.

Neste contexto, o transportador poderá ter todo o interesse em formular reservas eficazes, isto é, aquelas que cumprem os requisitos de validade que acabámos de estudar.

Ora, também os efeitos próprios destas reservas válidas se acharão à luz das características e da disciplina imperativa do conhecimento, enquanto título de crédito representativo e dotado de literalidade.

Assim, uma reserva válida terá o efeito de reverter o *onus probandi* acerca da condição da mercadoria à partida. Se, perante um conhecimento limpo, ao interessado na carga basta apontar a desconformidade entre o estado da mercadoria à chegada e a descrição que dela se faz no conhecimento, havendo reservas, se a discrepância diz respeito ao objecto dessas reservas, então, o interessado na carga, a fim de fazer surgir a presunção de responsabilidade, deverá, primeiro, provar o estado da mercadoria à partida, servindo-se de qualquer meio de prova. Assim, se a reserva incide sobre o número de volumes, o destinatário terá de demonstrar o número de volumes que foram embarcados, se quiser demonstrar que estão em falta no destino. As reservas conseguem fazer separar o transportador da descrição e das indicações oferecidas pelo carregador, que o transportador já não faz suas.

Mas, assentando a reserva na falta de meios razoáveis para a verificação da mercadoria, o interessado na carga poderá ainda fazer precludir o efeito reversivo da reserva, refutando satisfatoriamente a motivação ou a prova oferecida pelo transportador quanto à ausência dessas condições de verificabilidade. Assim, demostrando-se a verificabilidade razoável das características da mercadoria, antes do embarque, a reserva será considerada ineficaz, não se operando a reversão do ónus da prova, pelo que as indicações do carregador que tenham sido inseridas no conhecimento e sobre as quais tenham versado essas reservas inváldas irão recobrar a plenitude da sua eficácia probatória (ora como presunção relativa a favor do carregador, ora como presunção absoluta para o terceiro portador).

Por outro lado, todas as indicações que se inscrevam no conhecimento e que sejam relativas às fazendas a transportar irão suscitar a confiança do portador do título, devendo, por isso, lucrar da literalidade do título. E isso mesmo sucederá com as indicações relativas ao estado aparente da mercadoria e da sua embalagem – cfr. al. c) do n.º 3 do art.3.º («estado e o acondicionamento aparentes das mercadorias»). Estas indicações, que, não sendo reservas, *stricto sensu*, pois que são imediatamente oferecidas pelo transportador e versam sobre aspectos aparentes e sempre verificáveis, terão também certo relevo no pano probatório, desde que sejam precisas, claras e motivadas (sempre para repeitar a função do conhecimento, como instrumento de segurança e de protecção da clareza e da confança do tráfico).

E têm-no, desde logo, porque uma vez inscritas fazem fé e passam a integrar o objecto das presunções referidas *supra*. Mas têm-no ainda, na medida em que possam facilitar a prova que o transportador deva fornecer a fim de se exonerar da sua responsabilidade.

E assim, quando os danos invocados à chegada são os que o transportador já apontara à mercadoria no preenchimento do conhecimento, caso em que, em relação a essas deficiências, e só em relação a essas, não teria surgido a presunção de bom estado da mercadoria. O interessado na carga terá agora de fazer prova de que a mercadoria, na verdade, fora embarcada sem essas deficiências, se quiser fundamentar o surgimento posterior dos danos.

Mas assim também, por exemplo, quando os danos alegados à chegada se relacionam causalmente com as deficiências de embalagem apontadas pelo transportador no conhecimento. Mas este nexo causal ainda deverá ser demonstrado pelo transportador, conquanto se possa valer de abundantes presunções de experiência que lhe tornarão mais fácil, também essa demonstração. Neste caso, a desconformidade da mercadoria ainda resultará da mera comparação com a descrição do conhecimento (supondo que a mercadoria estava em bom estado à partida e nenhum reparo foi apontado), subsistindo a presunção de bom estado da mercadoria e não sendo exigido ao interessado na carga que prove a condição dos bens antes do embarque. O dano, ficando assim imediatamente estabelecido, gera a presunção de responsabilidade do transportador. Mas, ainda assim, o transportador poderá ver o seu esforço probatório facilitado se apontou defeitos de embalagem (sempre que precisos e motivados), no momento em que se queira liberar de responsabilidade pelo recurso, neste caso, à causa exoneratória da al. n) do n.º 2 do art.4.º («insuficiência de embalagem»). Como já havia apontado no conhecimento as maleitas do acondicionamento ou da embalagem, poderá bastar que prove agora que o tipo de dano ocorrido se relaciona causalmente com o tipo de deficiência de embalagem descrito no título. E ao interessado na carga sempre restaria a faculdade de contraprova. Será o caso de, por exemplo, o transportador apontar a fragilidade das caixas ou dos sacos usados como embalagens, em relação ao peso e lotação das mesmas, e de, à chegada, se notar que a embalagem se partiu ou se rompeu, avariando-se a mercadoria, que, entretanto, saíra dessas embalagens, desde que a avaria estivesse causalmente relacionada com esse trem de acontecimentos (porque, por exemplo, não fora detectada humidade na mercadoria ou vestígios de dano por fogo ou qualquer outra avaria não assacável àquele defeito de embalagem).

Atente-se, porém, que, mesmo que o transportador não aponte esse defeito de embalagem, porque, por exemplo, não o notou, nem por isso ficará privado de recorrer ao rol dos casos exceptuados[330] e, nomeadamente, à causa exoneratória relativa à insuficiência de embalagem, se, na lide, conseguir provar que a deficiência desta já existia à partida. Lembre-se que a verificação feita pelo transportador, no momento em que recebe a carga, pode ser uma apreciação perfunctória e célere. Claro que, a não apontar imediatamente o defeito em causa, o transportador sofrerá a correspondente desvantagem em sede probatória.

---

[330] No entanto, ao abrigo da disciplina interna de 1986, o recurso pelo transportador ao regime das causas liberatórias já será tolhido se este tiver aceitado uma carta de garantia "fraudulenta", isto é, se, por este acordo com o carregador, tiver omitido deliberadamente um defeito de embalagem que conhecia ou devia conhecer.

# CAPÍTULO IV
## O transporte aéreo de pessoas e de mercadorias

Sumário: Disciplina interna. Disciplina internacional uniforme. A responsabilidade do transportador. Os documentos de transporte.

Bibliografia: PINTO COELHO, José Gabriel, *"A responsabilidade civil do transportador nos transportes aéreos e a validade das cláusulas de irresponsabilidade por acidentes ocorridos às pessoas"*, BFDUC, X, 1926-28, p.554 ss., e XI, 1929.

GOLGHIRSCH, Lawrence B., *The Warsaw Convention annotated*: a *legal handbook*, Dordrecht, Boston, Londres, 1988; MERCADAL, Barthélémy, *Droit des trnsports terrestres et aériens,* Paris, 1996; BALLARINO-BUSTI, *Diritto aeronautico e spaziale,* Milão, 1988; BUSTI, Silivio, *Contratto di trasporto aereo, in* Trattato di diritto civile e commerciale, dirigido por Antonio CICU, Francesco MESSINEO e Luigi MENGONI, Mlão, 2001; ROMANELLI, Gustavo, SILINGARDI, Gabriele, *Trasporto nella navigazione marittima e aerea, in* Enciclopedia Giuridica Trecanni, Trasporto, II, *Titoli rappresentativi di merci,* Enciclopedia giuridica Trecanni; SILINGARDI, Gabriele, *Reg. CE 2027/97 e nuovo regime di responsabilità del vettore aereo di persone,* Dir.Trasp., 1998, p.621 ss.; ROMANELLI, Gustavo, *Il regime di responsabilità del vettore aereo per infortunio al passaggero in base al regolamento CE del Consiglio n.2027/97, in* Studi in memoria di Maria Luisa Corbino, Milão, 1999, p.749 ss.; COMENALE PINTO, Michele, *Riflessioni sulla nuova Convenzione di Montreal del 1999 sul trasporto aereo,* DM, 2000, p.798 ss..

## §1.º – Disciplina interna

**68.** *O regime interno e o regime comunitário do transporte aéreo e o seu âmbito de aplicação.* Internamente, deveremos contar com o Decreto-Lei n.º 321/89 de 25 de Setembro, alterado pelo Decreto-Lei n.º 279/95 de 26 de Outubro, que veio regular alguns aspectos relativos à responsabilidade do transportador aéreo, para o transporte de mercadorias, como para aquele de pessoas e bagagens. Todavia, no que a este toca, somos confrontados com um outro regime aplicável internamente, aquele do Regulamento Comunitário de 1997, e que se sobreporá ao diploma nacional, sem embargo de se dever reconhecer a proximidade normativa de ambos, e aquilo que foi introduzido a mais pelo Regulamento, em geral, não levará a um contraste com a disciplina interna, apesar de ditar uma acrescida protecção para a vítima.

No que tange ao âmbito de aplicabilidade do regime do diploma interno, notaremos que o mesmo se não destina apenas ao trasporte aéreo meramente interno, como sucede com o regime do transporte terrestre de mercadorias. Estando aqui em causa a protecção a dispensar por lesões pessoais de vítimas de acidentes aéreos, que, ademais, não costumam interferir no processo técnico de um transporte tão sofisticado como o aéreo, confiando-se nas mãos dos técnicos do ar, o diploma acaba por conter normas de aplicação necessária e imediata que se poderão também aplicar necessariamente a certos transportes internacionais, sem que se recorra a uma regra de conflitos que determine a competência do nosso ordenamento, desde que os mesmos não fiquem sujeitos a uma Convenção internacional que vigore entre nós, ou à disciplina do Regulamento comunitário. Ficar-se-á a dever a extensão da aplicação do regime interno também à necessidade de realizar certas finalidades de ordem pública em relação a quaisquer transportes aéreos que se liguem de modo significativo com a área geográfica sob soberana nacional.

Assim, uma vez verificada *in casu* a conexão espacial definida pelo n.º 1 do art.1.º do DL n.º 321/89, caber-lhe-á disciplinar as questões por ele tratadas no transporte *sub iudice*, seja este interno ou internacional. Bastará, pois, que o transporte seja realizado por aeronaves matriculadas em Portugal, ou então por quaisquer aeronaves que façam uso de instalações de apoio à circulação aérea sitas em território nacional, ou que meramente sobrevoem o nosso território. Não interessará pois que se trate de um transporte meramente interno, e tão-pouco interessará a proveniência das vítimas ou das entidades transportadoras. As conexões escolhidas ligam-se, seja à nacionalidade do veículo que fisicamente está apto a gerar os riscos, seja à possibilidade de estes riscos afectarem o espaço soberano português; nestes casos, o Estado portugês, como que assume o encargo de acautelar, prevenir e remediar as consequências dos especiais e graves riscos ligados a este tipo de actividade.

Claro está que, no que tange aos danos cobertos pelo Regulamento de 1997, e que correspondem aos da al. a) do art.3.º, do DL n.º 321/89, haverá de prevalecer a disciplina do Regulamento, sempre que o caso *sub iudice* se subsuma ao respectivo campo de aplicação espacial. Segundo a versão de 1997 do Regulamento, a sua disciplina aplicar-se-ia, *grosso modo,* sempre que em causa estivesse uma transportadora aérea comunitária, nos termos do Regulamento (CEE) n.º 2407/92, ainda que a actividade ou as características da mesma preencham uma das conexões do diploma interno. Isto é, tratar-se-á de uma transportadora com licença de actividade e exploração concedida por um Estado membro, sendo, pois, indiferente o espaço geográfico coberto pelo transporte. À semelhança do que aconteceu no diploma nacional, também aqui se define o âmbito de aplicabilidade recorrendo às características do transportador e não do vôo, sem embargo de o regime interno cumular os dois critérios de definição. Compreeende-se que assim seja, considerando os objectivos de ordem pública prosseguidos, que, de certo modo, compelem as autoridades públicas a impô-los legislativamente a todos os operadores sobre os quais possam exercer o seu ascendente, mesmo quando aqueles praticam actos fora de certo espaço territorial sujeito a tais autoridades. Na verdade, o Regulamento ainda impera sobre transportadoras extracomunitárias que operem no território da Comunnidade, no que toca aos deveres de informação para com os passageiros relativos à responsabilidade.

E, com a alteração do preceito do art.1.º do dito Regulamento, introduzida pelo Regulamento de 2002, independentemente da nacionalidade do transportador ou da aeronave, todas as questões atinentes ao transporte de passageiros e bagagens relativas a qualquer transporte aéreo interno dos Estados membros passaram a ser reguladas pela Convenção de Montreal e pelas normas do Regulamento, contanto que se incluam no respectivo âmbito de aplicação material.

E tudo isto veio a significar uma compressão do âmbito de aplicabilidade do diploma interno, que, no que toca à questão da responsabilidade pelo transporte de pessoas e bagagens, já não poderá ser aplicado directamente ao transporte interno, pois que tal matéria costitui um dos objectos daqueles diplomas internacionais, não obstante se possa dar de barato a proximidade normativa do nosso regime relativamente a estes. Logo, quanto a estas matérias, parecerá que a disciplina interna só poderia ser convocada para aeronaves que sobrevoassem o território nacional, realizando transportes extracomunitários que não se inserissem na alçada espacial do regime de Montreal, ou se, por exemplo, um transportador extracomunitário pudesse empregar aeronaves matriculadas em Portugal para realizar transportes fora do espaço europeu. Um tão exíguo campo de aplicabilidade, mormente considerando que nada nesses casos parece exigir um diferente tratamento normativo[331] e a estreita semelhança do

---

[331] Para já não se pensar nas *chances* de propositura de acções judiciais em Portugal relativamente a tais casos.

diploma interno em face dos regimes internacionais, talvez aconselhasse à alteração do diploma, a fim de fazer aplicar, também a esses casos marginais, a disciplina, ou de Montreal, ou do Regulamento.

Quanto à responsabilidade inerente ao transporte de passageiros e bagagens, a conjunção do novo art.1.º com o novo n.º 1 do art.3.º parece provocar a aplicação do Regulamento a qualquer transporte interno de um Estado membro (ao qual se aplicarão as regras da Convenção de Montreal – art.1.º, segunda parte), bem como a qualquer transporte realizado por uma transportadora aérea, dita comunitária nos termos do Regulamento (CEE) n.º 2407/92.

O diploma de 1989 prevê ainda, no seu art.17.º, a obrigatoriedade de um seguro de responsabilidade civil, o qual cobrirá a extensão dos danos previstos no art.3.º (morte e lesões corporais, danos materais das bagagens e das mercadorias e danos provocados pela demora) até aos montantes máximos estipulados pelos arts.4.º e 5.º. Nota-se, uma vez mais, a extensão da aplicabilidade das normas do diploma a certos casos que possam estar dotados de elementos de estraneidade. Desta feita, a obrigatoriedade deste seguro alcança qualquer transportadora com sede efectiva em Portugal («transportadores aéreos de nacionalidade português» – n.º 1 do art.17.º), mas também qualquer transportador estrangeiro que realize transporte interno em território pátrio (n.º 2 do art.17.º).

Todavia, e tendo em conta o novo texto do n.º 2 do art.3.º, do Regulamento de 1997, introduzido pelo Regulamento n.º 889/2002, de 13 de Maio, talvez seja mais conforme com o novo preceito exigir, pelo menos, dos transporatdores abrangidos pelo âmbito de aplicação do Regulamento de 1997 (isto é, todas as transportadoras aéreas comunitárias), que façam um seguro até ao montante máximo da indemnizaçao fundada em responsabilidade objectiva, de acordo com a Convenção de Montreal,

296  *Direito dos Transportes*

por isso que o preceito do n.º 1 do art.3.º, na versão de 2002, acaba por fazer uma remissão material para o regime uniforme de Montreal, prescrevendo o n.º 2 que o seguro seja apto a cobrir os montantes totais previstos pelo Regulamento (mas, tanbém o preceito do art.50.º dita aos Estados contratantes uma obrigação de legislar, a fim de que se torne obrigatório o seguro para as transportadoras nacionais).

Já a obrigatoriedade do seguro relativo a danos na superfície ou a danos derivados da utilização ilícita da aeronave, só abrange os proprietários ou exploradores em relação a engenhos registados em Portugal (art.18.º).

Na verdade, a disciplina interna da responsabilidade aquiliana por danos a terceiros na superfície encontra-se prevista nos arts.10.º e seguintes deste diploma, incluindo os danos provocados pela aeronave ou por objectos que dela provenham, qualquer que seja o motivo por que se soltem ou venham a ser alijados[332]. Tratar-se-á de uma responsabilidade objectiva, que se ligará a certos limites indmnizatórios, fazendo recair sobre o explorador da aeronave o risco da utilização do engenho de que se serve para a sua actividade (*ubi comoda ibi incomoda*, além de que só ele se encontra em posição de dominar as implicações técnicas do mesmo – estes motivos justificarão ainda os fundamentos de responsabilidade objectiva que indicaremos de seguida). Mas responderá nos mesmos termos em caso de a aeronave ser utilizada ilicitamente por outrem (n.º 1 do art.14.º). E (*a maius*, conquanto a lei o refira expressamente) responderá ainda, e do mesmo modo, pelos danos deste tipo que provenham de actos de

---

[332] Internacionalmente, nesta matéria, encontramos a Convenção sobre danos provocados por aeronaves estrangeiras a terceiros na superfície, assinada em Roma, em 1952, que não foi ratificada por Portugal.

prepostos seus, mesmo que não sejam praticados no exercício das respectivas funções (n.º 2 do art.18.º).

Justifica-se que se dê sobretudo atenção à nova Convenção de Montreal de 1999, não só devido à sua intenção de substituir o "sistema" de Varsóvia-Haia pelo seu regime uniforme, mas também ao facto de esta nova Convenção reunir as condições adequadas para ter sucesso, porquanto, não provocando uma ruptura com o anterior regime, recolhe algumas tendências amplamente defendidas e outras interpretações já sustentáveis, mesmo *de lege lata*, ao abrigo do regime de Varsóvia. Mas, a mais disso, a promissora Convenção poderá agora começar, após a ratificação dos Estados Unidos, a realizar amplamente os seus propósitos, se considerarmos o volume de tráfego aéreo internacional oriundo e destinado a este país e se nos lembrarmos que a aplicação da nova Convenção continua a depender da localização do ponto de partida e do ponto de chegada no território de Estados membros[333].

---

[333] Cfr. *infra.*

## §2.º – Disciplina internacional uniforme

**69.** *As fontes internacionais. De Varsóvia a Montreal.* A unificação das regras relativas ao transporte aéreo de pessoas, bagagens e mercadorias foi obtida bem cedo, com a Convenção de Varsóvia para a unificação de certas regras relativas ao transporte aéreo, de 1929.

A Convenção foi objecto de vários Protocolos de alteração, a saber: o Protocolo de Haia de 1955 (doravante, à conjunção da Convenção de Varsóvia e deste Protocolo, que originou o "sistema" de Varsóvia-Haia, chamaremos tão-só Convenção de Varsóvia), que modificou profundamente o regime da Convenção, o Protocolo de Guatemala City de 1971, que traria significativas modificações, nomeadamente, em matéria de responsabilidade no transporte de pessoas, mas nunca chegaria a entrar em vigor, e os quatro Protocolos de Montreal, de 1975, incidindo os três primeiros sobre o limite indemnizatório e o quarto sobre o regime da responsabilidade do transportador em caso de transporte de mercadorias, mas também sobre questões atinentes aos documentos de transporte (este Protocolo viria a entrar em vigor a 14 de Junho de 1998 e marcaria o início de uma etapa normativa, seguida e aprofundada pela Convenção de Montreal de 1999). Portugal vinculou-se a estes diversos diplomas, conquanto nem todos tenham entrado em vigor internacionalmente.

Paralelamente, em 1961, celebrou-se em Guadalajara uma Convenção que pretendia ser complementar da Convenção de Varsóvia. Esta Convenção versava sobre a clarificação das posições do transportador contratual e do transportador efectivo ou de facto, ditando que ambos ficassem submetidos às regras uniformes em matéria de responsabilidade.

Em 1999, concluiu-se uma nova Convenção em Montreal, no âmbito da ICAO (Organização Internacional da Aviação Civil da ONU), que pretenderia substituir o "sistema" de Varsóvia (cfr. art55.º, onde se dita a prevalência da nova Convenção). A Convenção de Montreal de 1999 viria a entrar em vigor a 4 de Novembro de 2003, depois de, em Setembro do mesmo ano, os Estados Unidos terem completado as trinta ratificações exigidas pelo n.º 6 do art.53.º.

Esta nova Convenção foi ainda assinada e aprovada pela Comunidade Europeia, *a se*, que, ademais, estimulou os Estados membros a adoptá-la. Aliás, quanto ao regime da responsabilidade do transportador em caso de transporte aéreo de pessoas, o direito comunitário como que anteciparia o que se anunciava para este novo acordo internacional. Como vimos, sso viria a suceder com o Regulamento (CE), do Conselho, n.º 2027/97, de 9 de Outubro. E, mais tarde, o direito comunitário, nesta matéria, viria a ser alinhado com as disposições da nova Convenção, nomeadamente, no que tange aos limites indemnizatórios, através do Regulamento (CE), do Parlamento Europeu e do Conselho, n.º 889/2002, de 13 de Maio de 2002 (que, logo no n.º 1 do art.1.º, declara pretender transpor as normas da Convenção de Montreal).

**70.** *O âmbito de aplicação material da Convenção de Montreal.* O objecto material da nova Convenção coincide, *grosso modo*, com o da Convenção de Varsóvia.

A Convenção de Montreal, como os demais diplomas internacionais arrolados, contém normas de direito internacional privado material, enquanto normas de direito material uniforme que se destinam a disciplinar tão-só o transporte internacional.

Como já vimos suceder em relação a diplomas de outros ramos dos transportes, também aqui, e pelos mesmos motivos, o que interessará será que o transporte haja sido contratualmente projectado ou acordado como transporte internacional, o que sempre faz nascer a confiança na sujeição do mesmo ao regime uniforme. Essa internacionalidade, por conseguinte, poderá ser meramente querida ou "virtual", na medida em que, por qualquer motivo, o transporte acabe por não ultrapassar as fronteiras de um só Estado.

O regime uniforme visa disciplinar as diversas espécies de transporte, isto é, o transporte de pessoas e de bagagens (registadas ou de mão), como aquele de mercadorias.

Por outro lado, o objecto desta Convenção, como já acontecia na Convenção de Varsóvia, inclui, tanto o transporte oneroso, como aquele gratuito. Incluem-se ainda os transportes realizados pelo Estado ou por entidades públicas, uma vez que estes sejam internacionais, no sentido já delineado, e que cumpram os requisitos de aplicação espacial definidos no art.1.º.

De fora continuam os envios postais, determinando-se tão-só que a titularidade do direito à eventual reparação caberá à administração postal que haja encomendado o transporte em causa.

Recolhendo as orientações da Convenção de Guadalajara, o regime de Montreal irá aplicar-se, não só ao caso do transporte sucessivo ou cumulativo (art.1.º, n.º 3 e art.36.º s.), mas ainda à responsabilidade do transportador de facto (arts. 39.º ss.). O transportador de facto será aquele que realiza materialmente a operação de transporte, apesar de não ter sido contraparte do contrato de transporte celebrado com o passageiro ou com o carregador. E fá-lo porque o transportador contratual o incumbe de o fazer (porque o «autoriza», de acordo com o art.39.º), porque a ele recorre[334].

---

[334] Na verdade, o contrato de transporte, podendo sê-lo, não tem por que ser um contrato celebrado *intuitu personæ*.

302 *Direito dos Transportes*

Claro está que o transportador contratual continuará a responder perante o passageiro ou perante o carregador pela totalidade da prestação de transporte acordada (art.41.º), não obstante o interessado possa reagir contra qualquer destes transportadores (art.42.º). Por outro lado, o transportador de facto ficará submetido ao regime imperativo da responsabilidade previsto na Convenção (arts.39.º e 40.º). Deste modo, dá-se um passo mais para a superação do problema da dupla fundamentação da responsabilidade, ora contratual, ora extracontratual, o que já fora sendo prosseguido pela extensão dos regimes uniformes em matéria de responsabilidade dos diversos tipos de transportadores, também aos seus dependentes. Mas este não deixa de ser outrossim um passo para a garantia da unformidade da disciplina para a realização dos propósitos materiais que a mesma defende, o que poderia ser precludido pela intervenção de uma legislação nacional que viesse regular estes outros aspectos.

É também certo que a convocação de um transportador de facto se poderá fazer por meio de um contrato de subtransporte, seja para a totalidade do transporte assumido pelo transportador contratual, seja apenas para um segmento desse. Em ambos os casos, porém, para que a actuação do transportador de facto fique necessaria e imediatamente sujeito ao regime uniforme, bastará que o contrato principal preencha os requisitos de aplicação material e espacial previstos nos arts.1.º e 2.º da Convenção (cfr. art.40.º)[335]. Na verdade, a ser de outro modo, o desmem-

---

[335] Já o mesmo não sucederá se for o passageiro ou o carregador a celebrar diferentes contratos de transporte para diferentes partes do percurso, desde de que se não contemple uma hipótese de transporte cumulativo ou sucessivo e desde que nenhum desses transportes parcelares recaia no âmbito da Convenção, o que acontecerá em todos os trajectos meramente internos. Contudo, considerando a emulação que o regime uniforme vem provocando, ora nas legslações nacionais, ora no direito comunitário, a eficácia normativa das orientações uniformes vêm ultrapassando os confins da sua *vis ordinaria*, isto é, do seu estrito campo de aplicação internacional.

bramento do transporte em vários segmentos meramente nacionais poderia frustrar a vontade de aplicação do regime uniforme, nomeadamente, ao transportador de facto.

Quanto ao transporte sucessivo, a Convenção regulá-lo-á, *mutatis mutandis*, nas mesmas condições. Ou seja, se o transporte na sua totalidade for subsumível ao âmbito de aplicação material e espacial da Convenção, não interessará que um dos segmentos entregue a um dos transportadores sucessivos não preencha tais requisistos, por exemplo, por ser um trajecto meramente nacional (cfr. art.1.º, n.º 3 e arts.36.º e s.). A identificação de um transporte como sucessivo para os efeitos da Convenção poderá não ser fácil, considerando os diferentes tipos de desenhos contratuais (transporte cumulativo, *stricto sensu*, mas também transporte com subtransporte e transporte com reexpedição[336]). Mas, como alertava o Professor Gustavo ROMANELLI, a propósito do idêntico n.º 3 do art.1.º da Convenção de Varsóvia, a necessária análise casuística e indiciária sempre deverá ter em conta a inderrogabilidade do regime uniforme e, assim, o respeito pelo âmbito de aplicação desejado pela Convenção, que não deverá ser iludido[337].

Em todo o caso, de acordo com o citado n.º 3 do art.1.º, por transporte sucessivo deverá entender-se aquele complexo de diversos transportes, realizados por vários transportadores, mas que tenha sido pretendido pelas partes, desde a conclusão do contrato, como uma operação unitária, sem embargo de poder dar lugar à emissão de vários documentos de transporte[338], ou, nos termos do preceito, «independentemente de ter sido acordado

---

[336] Cfr. A.PESCE, *Il trasport, cit.,* p.68 ss..

[337] G.ROMANELLI, *Il trasporto aereo di persone,* Pádua, 1966, p.178, n.71. Cfr. também A.PESCE, *op. cit.,* p.73 ss..

[338] *Ibidem,* p.176 s.. E ainda, H.KRONKE, *Münchener Komentar, cit.,* p.1961.

sob a forma de um único contrato ou de uma série de contratos». Deste modo, será exigível que todos os envolvidos, incluindo o passageiro ou o carregador, estejam conscientes da sua participação num transporte complexo e unitariamente considerado, ainda que decomposto em diversas partes e realizado por vários transportadores.

A fim de distinguir o transportador sucessivo do transportador de facto (senão de um subtransportador), tem-se dito que, no caso do transporte sucessivo, o passageiro ou o carregador manterão sempre um vínculo contratual, seja com o primeiro transportador, seja com os tranportadores sucessivos, o que já não acontece com o transportador de facto. Daí que todos os transportadores sucessivos sejam também transportadores contratuais[339].

Assim, o interessado poderá celebrar com os diversos transportadores um único ou vários contratos, desde que estes estejam conscientes da unicidade da operação de transporte. Contudo, como vimos, pode-se defender a subsistência de um único vínculo obrgacional envolvendo a participação de uma cadeia de sujeitos, o qual poderá ser acompanhado da emissão eventual de diversos documentos de transporte para diferentes fases da execução dessa obrigação unitária e indivisível, própria do transporte cumulativo[340].

Amiúde, porém, o interessado só contactará com o primeiro transportador, obtendo deste um ou vários documentos de transporte, correspondentes à totalidade do percurso desejado. Ora, nestes casos, e admitindo que o transportador visível não actuou tão-só como representante ou *agent* [341], isto é, admitindo que

---

[339] Cfr. L.B.GOLDHIRSCH, *op. cit.,* p.160; A.LEFEBVRE D'OVIDIO, G.PESCATORE, L.TULLIO, *op. cit.,* p.567.

[340] Cfr. G.ROMANELLI, *op. cit., loc. cit.*; S.BUSTI, *op. cit.,.*409 s..

[341] J.NAVEAU, M.GODFROID, *Précis de droit aérien,* Bruxelas, 1988, p.193.

também assumiu a responsabilidade por uma prestação de transporte, por que modos se poderá justificar o surgimento de um vínculo contratual entre o passageiro ou o carregador e os demais transportadores da cadeia, os quais, aliás, poderão ser desconhecidos daqueles, ou, pelo menos, poderão sê-lo inicialmente, porque escolhidos pelo primeiro transportador?

Têm sido aventadas diversas propostas para o desenho destas relações contratuais. Assim, Silvio BUSTI[342], para que se não confunda este transporte de desenho cumulativo com a hipótese de transportadores cumulados, em que cada transportador apenas assume a obrigação e a responsabilidade relativas a uma parte do percurso (havendo uma verdadeira multiplicação de contratos de transporte autónomos), sugere que a obrigação unitária e indivisível, como é querida e encarada no transporte sucessivo, poderá surgir, por exemplo, ora quando o primeiro transportador actue, não só como tal, mas ainda em representação dos demais transportadores sucessivos, ora quando estes adiram à poposta negocial «"aberta"», que lhes seria comunicada pelo primeiro transportador, na qualidade de *nuntius* do passageiro ou do carregador.

Por outro lado, também Jacques NAVEAU e Marc GODFROID[343], sublinhando a importância da consciência e da vontade, por parte dos vários transportadores sucessivos, de participarem de uma operação considerada como única e indivisível, lembra que a prova poderá ser facilitada pela inclusão no documeno de transporte de uma cláusula que venha reconhecer isso mesmo. E como casos de transporte sucessivo adianta aquele em que a intervenção dos diversos transportadores foi logo considerada e estabelecida no momento inicial da celebração do contrato, mas também aquele em que o primeiro transportador (ou o transportador sucessivo antecedente, diríamos) venha a ser substituído por outro e este emita um documento de transporte novo, pelo

---

[342] *Op. cit., loc. cit.*.Cfr. também, A.PESCE, *Il trasporto,* p.74.
[343] *Op. cit.*, p.191 ss..

qual o transportador subsequente se viesse a ligar contratualmente ao passageiro ou ao carregador.

E Angelo PESCE chega a lembrar que o transportador sucessivo acaba por assumir «a responsabilidade solidária pela totalidade do transporte, tornando-se, com o transportador contratual, parte do contrato»[344].

Mas, sendo os transportadores verdadeiros transportadores contratuais, poderá suceder, na ausência de impedimento contratual, que cada um destes, por seu turno, encarregue outras empresas de realizarem materialmente a deslocaçao, estas, na qualidade de transportadores de facto.

Finalmente, também o caso do transporte combinado merece a atenção da Convenção de Montreal, para receber a orientação geralmente defendida do regime de responsabilidade em rede (cfr. *supra*), isto é, para ditar a aplicação do regime da Convenção apenas para o trajecto aéreo, contanto que o mesmo preencha as condições de aplicação espacial e material da Convenção (cfr. art.38.°).

Todavia, a Convenção vem admitir que, no âmbito da liberdade contratual permitida pelas demais Convenções em matéria de transportes, as partes escolham o regime uniforme aéreo também para disciplinar os transportes realizados por outras vias, no domínio de uma operação complexa de transporte combinado.

**71.** *O âmbito de aplicação espacial da Convenção de Montreal.* O âmbito de competência inderrogável e imediata do regime uniforme é delimitado autonomamente pelas conexões expressas

---

[344] *Il trasporto, cit.,* p.70 s., apelando, contudo, à noção de contrato *de facto.* Porém, o Autor, sublinhando a indivisibilidade da prestação, não deixa de recordar que se tratará de uma solidariedade atenuada – *ibidem*, n.11 e p.72.

da regra instrumental do n.º 2 do art.1.º. Para a aplicação espacial da Convenção de Montreal, será necessário que o transporte internacional se realize entre locais situados nos Estados contratantes, ou então, de e para um mesmo local sito (ou de e para locais sitos) num Estado contratante, contanto que haja sido convencionada uma escala num outro Estado, signatário ou não, a fim de se obter um transporte dotado da já estudada internacionalidade "convencional" (ainda que não real).

Mas, a consideração destas conexões objectivas, que, assim, ligam o transporte ao espaço geográfico dos Estados signatários, deve ser feita do ponto de vista da vontade das partes, ou seja, o que interessará serão os locais acordados de partida e chegada do vôo e não os locais reais. Uma vez mais, pretende-se, por este modo, proteger a confiança legitimamente depositada na aplicabilidade do regime uniforme, e que assenta na vontade expressa contratualmente.

## §3.º – A responsabilidade do transportador

**72.** *O historial do "sistema" de Varsóvia e das suas altera-ções e a nova Convenção de Montreal.* O regime da responsabi-lidade do transportador à luz das regras de Varsóvia-Haia (texto de Varsóvia alterado pelas normas do Protocolo de Haia de 1955) encontra-se previsto nos arts.17.º e seguintes. O regime desta Convenção, como aquele contido nos correspondentes arts.17.º e seguintes da actual Convenção de Montreal, é um regime impe-rativo, que não poderá ser afastado pela vontade das partes, pelo menos para ampliar as causas de exoneração e para diminuir o limite indemnizatório (cfr. arts. 23.º e 32.º da Convenção de Varsóvia e arts.26.º e 49.º da Convenção de Montreal, mau grado o art.49.º já permita, como o anterior art.32.º, acordos posterio-res ao surgimento do dano, mesmo a fim de determinar a lei aplicável[345]). O preceito do art.27.º da actual Convenção de Montreal vem, também, clarificar que as disposições divergentes acordadas pelas partes poderão ser admissíveis se forem mais favoráveis ao passageiro ou ao carregador. Por outro lado, o seu art.25.º prevê concordantemente a faculdade de as partes estipu-larem limites indemnizatórios superiores aos prescritos, ou até de os abolirem.

---

[345] Neste caso, permitir pactos posteriores não contrasta com a intenção de favorecimento da parte considerada mais fraca, porquanto esta já não se supõe constrangida pela necessidade de obtenção de um serviço fornecido por poucos prestadores. A previsão destes pactos posteriores, de resto, tem sido uma nota de diversos regimes atinentes às relações com consumidores.

310 *Direito dos Transportes*

Deste modo, seguindo uma tendência jurisprudencial que propendia para a atribuição de compensações mais elevadas, em 1966, no âmbito do tráfego aéreo americano, chegou-se a um acordo que viria a ter importantes repercussões, seja porque os casos resolvidos com base em tal acordo obteriam uma conclusão bem diferente do que continuaria a acontecer nos demais Estados, seja porque as orientações desse acordo haveriam de influenciar as alterações posteriores do regime unifome (com efeito, as opções desse acordo seriam recebidas, logo no Protocolo de Guatemala City de 1971, mas também na actual Convenção de Montreal se viria a sentir a sua influência).

Trata-se do acordo de Montreal/*CAB*, de 4/V/1966 para o tráfego com partida ou destino sitos nos EUA, celebrado entre a *Civil Aeronautical Board* dos Estados Unidos e a *International Air Transport Association* (IATA), fundada em Havana, em 1945, como herdeira da *International Air Traffic Association*, esta nascida em 1919. Sendo esta última uma associação privada, o acordo não poderia ser qualificado como uma Convenção de direito internacional público, mas, nem por isso, a sua eficácia deixou de ser notável[346], ao ponto de o vindouro Protocolo de Guatemala City de 1971 não chegar a ser ratificado pelos Estados Unidos, uma vez que já seguiam as opções aí recebidas e por ter assim autonomamente fixado novos limites indemnizatórios, mais conformes com as atribuições compensatórias aí praticadas (o que não deixou de influir no insucesso desse Protocolo).

Por este acordo, as companhias filiadas na IATA deixariam de invocar a causa de exoneração do art.20.° relativamente a

---

[346] Cfr. S.Busti, *op. cit.,* p.670 ss., lembrando que os Estados Unidos haviam considerado deveras diminutos os limites indemnizatórios então previstos, mesmo após a duplicação ocorrida com o Protocolo de Haia de 1955.; L.Tapia Salinas, *Derecho Aeronautico,* Barcelona, 1993, p.346, que relata ter sido assinado por quatrocentas e vinte e cinco companhias.

danos pessoais sofridos pelos passageiros. Além disso, elevava-
-se o tecto do limite indemnizatório para U.S.$75.000, o qual
passaria a ser mencionado no documento de transporte ou em
anexo ao mesmo.

Na verdade, sendo previsíveis divergências quanto aos limites indemnizatórios, a nova Convenção dedica um preceito à
actualização dos mesmos, que será feita quinquenalmente pelo
depositário, com base na taxa de inflação (art.24.º) – um tal
programa de actualizações, enquanto necessário por justiça e
para evitar que a uniformidade normativa fosse rompida no plano
jurisprudencial, era já previsto e antecipado pelo art.7.º do Regulamento comunitário de 1997, ao ditar a elaboração de um
relatório sobre a aplicação do diploma durante os dois anos
subsequentes à sua publicação (no texto deste Regulamento conforme às alterações do Regulamento de 2002, esse prazo é agora
de três anos desde a data de publicação deste último e já se prevê
que se atenda às notificações do depositário da ICAO).

Por outro lado, e também com o fito de atenuar as possibilidades de *forum shopping*, o preceito do art.29.º (*in fine*) vem
impedir que se decida condenar a transportadora a fazer uma
atribuição patrimonial que não seja compensatória, do tipo dos
chamados *punitive damages*, tentando-se, também por este modo,
atenuar a diferença entre as tendências jurisprudenciais dos diversos Estados signatários[347].

---

[347] E, se é certo que, numa Convenção aberta como é esta, se teve
particularmente em conta a diferença das elevadas "indemnizações" decidi-
das nos processos intentados nos Estados Unidos (processos que significam
uma muito considerável percentagem de todos os processos nestas matérias),
não é menos certo que, também na Comunidade Europeia, se vem tendo em
conta a necessidade de precisar expressamente esta diferença entre sanções
compensatórias ou reparadoras e sanções punitivas. Assim, por exemplo, no
art.24.º da Proposta de Regulamento para a unificação das regras de conflitos
em matéria de responsablidade extracontratual, de 27 de Julho de 2003,
prevê-se que é contrária à ordem pública comunitária a aplicação de uma

312 *Direito dos Transportes*

**73.** *Perspectiva diacrónica do regime da responsabilidade.* Nas alterações introduzidas ao "sistema de Varsóvia", foi-se notando uma objectivação e um agravamento crescentes da responsabilidade do transportador, no que toca aos danos devidos a perda e avaria das mercadorias, ou, então, uma clarificação do sentido do regime da responsabilidade, entretanto, explicitado pela doutrina e pela jurisprudência.

Vejamos alguns exemplos desta tendência. Desde logo, o desaparecimento, no Protocolo de Haia de 1955, da culpa de pilotagem[348] como causa de exoneração da responsabilidade, em caso de perda ou avaria de mercadorias.

Por outro lado, no Protocolo IV de 1975, deu-se o abandono da clásula geral de diligência do art.20.º, no que toca à perda ou avaria da mercadoria – até aqui, em relação a qualquer dano, o transportador eximia-se da sua responsabilidade provando que ele e os seus propostos haviam tomado «todas as medidas necessárias para evitar o prejuízo ou que lhes era impossível tomá-las» (embora esta disposição já fosse interpretada num sentido objectivante, na medida em que se vinha exigindo ao transportador a prova do facto causador do dano, demonstrando só depois a sua diligência em face de tal facto, e, assim, se assacando ao

---

norma da lei competente que resulte na atribuição patrimonial de natureza não compensatória.

[348] Paralelo da culpa náutica prevista no direito marítimo. A rápida progressão técnica e sofisticação dos meios aéreos e a consideração do tipo de relação existente entre as companhias aéreas e os pilotos levaram também a uma mais pronta eliminação desta causa de exclusão, diferentemente do que sucedeu no domínio marítimo, no qual, a supressão do caso referente à culpa náutica só viria a acontecer na Convenção de Hamburgo de 1978. Todavia, mesmo à luz da versão original da Convenção de Varsóvia, devia-se ainda chamar à colação o n.º 2 do art.25.º, que excluía a faculdade de o transportador se prevalecer das normas convencionais, em caso de uma culpa equiparável ao dolo.

transportador a responsabilidade pelos danos derivados de causa ignota[349]).

Mais ainda. Com as modificações do Protocolo IV de Montreal, de 1975, a exoneração da responsabilidade do trasportador aéreo por perda ou avaria de mercadorias seguirá um modelo próximo da disciplina internacional uniforme em matéria de transporte terrestre (CMR) e de transporte marítimo (Regras de Haia), pois que ele só afastará a sua responsabilidade provando que o dano proveio de certos casos ou perigos exceptuados, arrolados taxativamente, no n.º 1 do art.18.º e bo n.º 2 do art.25.º (neste sentido, o Protocolo IV aparta-se da orientação do Protocolo de Guatemala City, de 1971, pelo qual se manteria a norma de 1929, no que tocasse ao transporte de mercadorias). Esses casos exceptuados englobavam factos inimputáveis de terceiros ou do carregador – als. c) e d) do n.º 3 do art.18.º e n.º 2 do art.25.º – e factos da mercadoria (natureza ou vício) e da embalagem (defeitos, desde que a mesma não houvesse sido fornecida e preparada pelo transportador) – als. a) e b) d n.º 3 do art.18.º.

Ainda em relação a bens patrimoniais, no Protocolo IV, já se manteria a norma do art.20.º, e, portanto, a cláusula geral de exoneração pela prova de diligência (entendida nos termos descritos *supra*), quanto à exoneração de responsabilidade pela demora no transporte de mercadorias e de bagagens, e pela perda ou deterioração de bagagens.

Por contraponto, ainda quanto ao transporte de mercadorias, no Protocolo IV de Montreal, desaparece a possibilidade de superar o limite indemnizatório, provando o dolo ou a "conduta

---

[349] *Vide, inter alia,* L.B.GOLDHIRSCH, *The Warsaw Convention annotated: a legal handbook*, Dordrecht, Boston, Londres, 1988, p.84 ss., *maxime,* p.88. Em sentido divergente, R.RODIÈRE, *Droit des transports,* Paris, 1977, p.765 s..

temerária" ou equiparável (*wisful misconduct*), sinal do equilíbrio geralmente almejado pelas regras uniformes e inderrogáveis, em matéria de transportes internacionais.

Destas últimas opções comunga também a Convenção de Montreal, de 1999, conquanto agrave ainda mais o regime de responsabilização do transportador, ao reservar a possibilidade de prova de diligência apenas para os caso de atraso no transporte de mercadorias ou bagagens (ou passageiros), e, portanto, excluindo este modo de exoneraçao, no caso de perda ou deterioração da bagagem registada.

No caso de perda ou deterioração da bagagem de mão, ou se entendia, a bem do intuito unificador e do desejado carátcter "sistemático" da Convenção de Varsóvia (versão de 1929, Protocolo de 1955, Protocolo de 1975), que era de exigir a prova da culpa do transportador ou dos seus propostos (arts.17.º e 18.º, *a contrario*), ou se entendia que a Convenção se quisera apenas ocupar do limite indemnizatório em caso de perda ou avaria da mesma (art.22.º, n.º 3), ou, enfim, se entendia ter querido a Convenção ocupar-se também deste transporte, pois que lhe fixara um limite de ressarcimento, sugerindo-se a aplicação de outras regras do regime uniforme, ainda que analogicamente, nomeadamente da regra do art.17.º, relativo ao transporte de pessoas, embora considerando como indemnizáveis os danos próprios das coisas, à luz do art.18.º (atendendo a que se trata de bens, cujo transporte é acessório do transporte de pessoas, e cuja detenção não é transferida para o transportador, viajando tal bagagem junto do passageiro). O Protocolo de Guatemala City, de 1971 (que não chegou a entrar em vigor), por seu lado, viria abolir a distinção entre bagagem registada e aquela não registada. A Convenção de Montreal de 1999 – art.17.º, n.º 2, *in fine* –, exige a prova da culpa do transportador ou dos seus propostos.

Mas também quanto aos danos pessoais se nota uma tendencial objectivação (que cresce no Regulamento comunitário de 1997 e na Convenção de Montreal de 1999, nomeadamente pela exclusão da cláusula de exoneração de responsabilidade presente no art.20.º da Convenção de Varsóvia). Isto mesmo é ainda confirmado desde logo, pela já aludida exclusão, no Protocolo de Haia de 1955, do recurso à causa de exoneração fundada em culpa de navegação. Por outro lado, assistiu-se ao prenúncio do Protocolo de Guatemala City, de 1971, que jamais entrou em vigor: aí se previa uma nova formulação para o art.17.º da Convenção de Varsóvia, segundo o qual o transportador seria responsável pelos danos sofridos pelo passageiro – morte ou lesões corporais – ou pela sua bagagem – registada ou de mão –, desde que o "evento" causador houvesse ocorrido a bordo ou durante as operações de embarque ou desembarque, assim se afastando a noção de "acidente"[350], presente no art.17.º da Convenção de Varsóvia (como, de resto no Regulamento comunitário de 1997, como no diploma interno de 1989); de outra banda, já aí se excluía a possibilidade de o transportador se exonerar, em caso

---

[350] A diferença entre estes conceitos acaba por não se reflectir, não causando uma grande distância entre os regimes. Senão vejamos: o Protocolo de 1971, ao escolher a noção de "evento", sente a necessidade de individual e expressamente excluir do campo de responsabilidade do transportador os danos oriundos do estado de saúde do passageiro e da natureza ou de vício próprio da mercadoria, já os demais diplomas (sistema de Varsóvia, Regulamento de 1997, Convenção de Montreal) ao elegerem o conceito de acidente, esperam uma correcta interpretação do conceito (a precisão já não será feita no texto dos diplomas, sem embargo de se dever prosseguir uma interpretação uniforme que atenda à teleologia material e unificadora dos instrumentos normativos internacionais em causa), a qual colocará fora das suas estremas esses mesmos danos. Aliás o art. 2.º, al.l) do DL n.º 321/89, de 25/IX, alterado pelo DL n.º 279/95, de 26/X, mostra isso mesmo, ao referir *ex abundante* que as lesões resultantes de acidente, a considerar na aplicação do regime de responsabilidade aí prescrito, deverão excluir aquelas que resultem de «causas naturais».

de danos pessoais ou das bagagens, desde que o dano não proviesse do estado de saúde do passageiro, ou da natureza ou de vício próprio da bagagem (arts.17.° e 20.°); já se mantinha a exoneração de responsabilidade em caso de atraso no transporte de passageiros ou bagagens, pela prova da diligência, nos termos descritos *supra* (art.20.°). Neste sentido, vai também o regime da Convenção de Montreal de 1999 e aquele do Regulamento comunitário de 1997 (considerando porém que a aplicação deste se limita aos danos sofridos em caso de morte, ferimento ou qualquer outra lesão corporal, não abrangendo o atraso, nem o dano das bagagens).

No regime dos diversos diplomas brevemente visitados, sempre se prevê o caso de concurso de culpa do lesado ou do titular do direito à indemnização – cf.art.21.° /Varsóvia, art.20.° /Montreal e art.3.°, n.° 3/Regulamento.

De outra banda, e seguindo as reflexões que se iam fazendo, no âmbito de outros meios de transporte, a propósito da responsabilidade dos agentes dos transportadores e da eventual responsabilidade extracontratual dos seus dependentes ou prepostos, o Protocolo de Haia de 1955 acrescentou o art.25.°-A, a fim de estender (ou de clarificar esta extensão) o regime uniforme ao *«préposé»* do transportador, no transporte de passageiros e de mercadorias, desde que o mesmo actuasse no exercício das suas funções.

Mas, como fossem prosseguindo tais reflexões, sempre se foi mirando a incolumidade do efeito unificador, isto é, à semelhança do que propunham certas interpretações para a *vis ordinaria*, por exemplo, da Convenção de Bruxelas sobre o conhecimento de carga, percebia-se que deixar a disciplina da responsabilidade dos dependentes do transportador às legislações nacionais que fossem competentes segundo o sstema conflitual da *lex fori* seria incompatível com a preservação da uniformidade normativa e, assim, do respeito pelo equilíbrio criado pelo regime da responsabilidade, fundado, ora na responsabilidade objectiva ou na presunção de respnsabilidade do transportador, ora no estabelecimento do limite indemnizatório, que também não deveria ser superado (sem embargo da sua derrogabilidade contratual a favor do passageiro ou do carregador). E, destarte, a resposta a estes problemas, a saber, o do regime da responsabilidade dos dependentes e dos auxiliares do transportador[351] e o da eventual dupla fundamentação da responsabilidade destes e do próprio transportador, recebem uma ainda mais clara resposta nos arts.29.º e 30.º da Convenção de Montreal, que os faz resolver sempre à luz do regime uniforme que aí se dita para a responsabilidade, contanto que os danos em causa façam parte do objecto da Convenção (o que poderá ser sobretudo uma referência ao arco temporal que o regime uniforme pretende abranbger).

Tudo visto, em matéria de danos pessoais, pode afirmar-se uma aproximação do regime uniforme (seja do "sistema" de Varsóvia, seja da nova Convenção de Montreal, de 1999) em relação ao acordo CAB, de 1966, citado *supra*, e pelo qual, em caso de morte ou lesões corporais, as companhias aéreas abrangidas se comprometiam a não invocar a causa de exoneração de respon-

---

[351] Sobre estas noções («trabalhador ou agente», *«préposé ou mandataire»*, *«servant or agent»*, por contraponto com a referência que o anterior regime fazia aos prepostos do transportador, e sobre o problema da eventual inclusão dos auxiliares independentes (que, segundo uma interpretação largamente defendida, à luz do regime de Varsóvia-Haia, não estariam previstos no seu art.25.º-A), *vide* M.COMENALE PINTO, *Il* catering *aeronautico, in* Dai tipi legali ai modelli sociali nella contrattualistica della navigazione, dei trasporti e del turismo, Atti del Convegno di Modena de 31 marzo 1995, sob a direcção de G.Silingardi, Milão, 1996, p.283, 290, *La nozione di «preposto» nel trasporto aereo,* conferência proferida no «Convegno di studi *Il nuovo diritto aeronautico,* in riccordo di Gabriele Silingardi, Modena, 4-5 maggio 2001 (no prelo), *passim.*

318            *Direito dos Transportes*

sabilidade do art.20.º da Convenção de Varsóvia, até um certo montante. Este agravamento e esta objectivação crescentes do regime de responsabilização do transportador poderão também ser explicados, como lembra Barthélémy MERCADAL, pela *«entière soumission du passager à la technique de plus en plus sophistiquée et performante des transports aériens»*, e pela *«supériorité économique des compagnies américaines ainsi que la prépondérance statistique des transports aériens américains qui appliquent déjà ce système* [...] *dès lors que l'avion touche le sol des États Unis»*[352], em virtude do Acordo CAB de Montreal.

**74.** *O sistema binário de responsabilidade do regime comunitário e da Convenção de Montreal de 1999 (the two-tier system).* Em matéria de danos pessoais (lesões corporais e/ou morte de passageiros), a Convenção de Montreal de 1999 trouxe algumas diferenças, que já haviam sido anunciadas pelo regime comunitário do Regulamento comunitário de 1997. As novas disposições reafirmam e aprofundam a tendência para a objectiação da responsabilidade, que se faz acompanhar de um sistema de seguros generalizado e vai assentando na já muito apontada orientação, segundo a qual o encargo do seguro acabará por gravar quem estiver em melhores condições para programar a necessidade e os montantes desses seguros.

Este novo regime apresenta-se como um sistema binário de responsabilidade (*two tier system*), no qual, em absoluto, acabam por desaparecer os tectos indemnizatórios. Assim, devendo-se o dano de lesão corporal ou de morte a acidente ocorrido a bordo ou durante as operações de embarque ou desembarque, a transportadora responderá até certo montante (100.000 direitos

---

[352] B.MERCADAL, *Droit des transports terrestres et aériens,* Paris, 1996, p.400.

de saque especiais[353]), independentemente de culpa e sem que lhe seja possível recorrer a qualquer outra causa de exoneração ou de limitação da respectiva responsabilidade, para além do facto de o dano se dever apenas a culpa do próprio interessado ou de se dever também ao concurso desta (arts.17.º, n.º 1, 20.º, 21.º, n.º 1).

Para os danos que excedam esse montante, a transportadora ainda poderá responder sem que se fixe qualquer limite indemnizatório. Todavia, para estes, uma vez provada a localização temporal do dano dentro dos limites referidos *supra*, partindo-se embora de uma presunção de responsabilidade do transportador, este poderá exonerar-se, *grosso modo,* pelos meios que o regime anterior já lhe oferecia (arts.17.º, n.º 1, 20.º e 21.º, n.º 2).

Assim, poderá exonerar-se (total ou parcialmente), provando que o dano proveio, ora de culpa do próprio interessado (art.20.º), ora exclusivamente de culpa de terceiro (al. b) do n.º 2 do art.21.º) – esta exclusividade causal do facto de terceiro em relação ao dano ocorrido deve fazer-nos pensar num facto de terceiro que se apresente irresistível e cujos efeitos não poderiam ter sido minorados ou evitads por uma actuação diligente do transportador.

Mas a exoneração da responsabilidade também poderá derivar da prova que já era prevista pelo preceito do art.20.º da Convenção de Varsóvia-Haia, isto é, a prova geral de diligência, que deverá continuar a ser entendida nos termos objectivantes que já vinham sendo postulados para aquela norma, tanto mais que a formulação negativa agora dada à norma parece indiciar o acolhimento desta interpretação. Assim, o trasportador, para provar que o dano não proveio de negligência ou de dolo dos seus dependentes, terá, primeiro, de identificar a causa do mesmo, demonstrando, de seguida, que esta causa e que os seus efeitos não seriam evitáveis.

---

[353] Já era este o montante previsto pelo regime comunitário de 1997.

Este mesmo regime era já contemplado pelo Regulamento comunitário de 1997, no seu art.3.º, ainda que para os danos que excedessem os 100.000 DSE se referisse, *a contrario*, a possibilidade de exoneração aludindo à formulação positiva do antigo art.20.º da Convenção de Varsóvia-Haia. Hoje, com a alteração de 2002 introduzida no Regulamento de 1997, o novo art.3.º limita-se a fazer uma remissão material para o regime da Convenção de Montreal em matéria de responsabilidade no caso de lesões corporais ou de morte do passageiro, além de destinar um montante adequado para o seguro obrigatório que já era imposto pelo art.7.º do Regulamento (CEE) n.º 2407/92, do Conselho, de 23 de Julho.

Este modelo não é completamente contrariado pelo diploma nacional de 1989, já que se estipula aí que, até ao limite indemnizatório, o transportador responderá independentemente de culpa, não se impedindo uma indemnização superior, posto que, seguindo o padrão habitual de distribuiçao do *onus probandi*, o lesado prove a culpa (dolo ou mera cula) do transportador (não se prevê, pois, no diploma interno uma presunção de responsabilidade para este último caso).

Considerando, ora a gravidade das consequências pessoais, familiares e patrimoniais que podem advir dos danos físicos sofridos pelos passageiros, ora o facto de as transportadoras poderem mais facilmente prover a adequadas coberturas seguradoras, ora à eventual morosidade da lide, a nova Convenção de Montreal, não ditando a obrigatoriedade geral dos adiantamentos (como fazia já o Regulamento comunitário de 1997 – art.5.º), ainda assim prevê o dever de prestar adiantamentos, se o mesmo for imposto pela lei nacional e nos termos em que esta os exija (art28.º). No âmbito dos transportes abrangidos pelo Regulamento cmunitário de 1997/2002, esta disposição levar-nos-á a ter em conta, precisamente, o preceito do actual art.5.º deste diploma, *ex vi* do qual os adiantamentos deverão ser razoáveis e feitos prontamente, no prazo máximo de quinze dias após a identificação do interessado.

Note-se, porém, que ambos os diplomas reiteram não constituir qualquer adiantamento um reconhecimento de responsabilidade, além de afirmarem dedutibilidade dos adiantamentos.

**75.** *A questão dos danos não físicos.* Sobre a inclusão no objecto da Convenção de Varsóvia da reparabilidade dos danos não físicos sofridos pelos passageiros, eram várias as teses defendidas. O panorama poderá manter-se, atendendo a que, sem embargo das vozes divergentes que se ouviram durante os trabalhos preparatórios, a Convenção de Montreal veio manter, *grosso modo*, a orientação do texto do anterior regime[354].

Poderão, pois, subsistir as diversas hipóteses de interpretação que eram propostas para a Convenção de Varsóvia, a saber: a) por um lado, prosseguindo o escopo da uniformdade do regime internacional, ora excluindo o ressarcimento desses danos, de todo, ou, pelo menos, quando não baseados em lesões corporais, ora agregando os danos morais ao objecto do regime uniforme, baseando-se ou não em lesão corporal (orientação aparentemente divergente da Convenção de Montreal de 1999); b) por outro lado, já abandonando tal uniformidade, remetendo para a actuação das regras de direito internacional privado do foro a missão de apurar os danos ressarcíveis, ou, pelo menos, a ressarcibilidade dos danos morais não derivados de lesões corporais; c) finalmente, sugere-se um regime misto, recorrendo à lei competente segundo as normas de direito internacional privado, tão-só para determinar a admissibilidade da compensação de tais danos, para então voltar a convocar a disciplina da

---

[354] Cfr. M.Comenale Pinto, *Riflessioni, cit.,* p.826 ss..

Convenção, no que toca ao limite indemnizatório. A hipótese de derteminar o sentido de *lésion corporelle* recorrendo à *lex fori* (ao seu direito material ou também ao seu direito internacional privado).


**76.** *O transportador sucessivo (o transporte cumulativo) e o transportador efectivo ou de facto.* Como vimos *supra*, a identificação de um transporte de tipo sucessivo, para os efeitos da Convenção, passará pela cuidada averiguação da vontade das partes e dos efeitos negociais em que depositaram a sua razoável confiança, a fim de determinar se as mesmas pensaram o transporte como uma operação complexa unitária, pela qual todos os transportadores subsequentes se vinculariam perante o passageiro ou perante o carregador. Uma tal indagação, a propósito de um transporte, poderá apartar as hipóteses de subtransporte ou de transporte com reexpedição (ambos *stricto sensu*) e passará também pela consideração, não só das cláusulas do(s) documento(s) de transporte, mas outrossim dos usos comerciais relativos ao tipo de operação de transporte em causa. A par disso, poderão ser atendidas as eventuais disposições aplicáveis em matéria de protecção de consumidores e da respectiva confiança, bem assim como a necessidade de resguardar o carácter imperativo do regime uniforme, que não haverá de ser iludido, pelo desmembramento do transporte complexo em trajectos (ou em alguns) puramente internos.

O regime não segue uma solidariedade absoluta. Assim, de acordo com o n.º 2 do art.36.º da Convenção de Montreal, no caso de morte ou de lesões corporais ou de atraso de pessoas, o passageiro só poderá exigir a indemnização do transportador em cujo percurso tenha ocorrido a causa do dano ou contra o primeiro transportador, se este houver assumido expressamente a responsabilidade pela totalidade do percurso (ou, *a maius*, pelo menos, também pelo segmento em que esse facto gerador do dano teve lugar).

No caso do transporte de coisas, bagagens (registadas ou não – cfr. n.º 4 do art.17.º) ou mercadorias, a Convenção (n.º 3 do art.36.º) distingue em razão dos diferentes autores. Para os danos sofridos por bagagens, o passageiro poderá reagir contra o primeiro ou contra o último transportador e ainda contra aquele que realizou a parte do trajecto em que se verificou o facto causador da lesão (incluindo a demora). Para a perda ou avaria de mercadorias, o carregador e o destinatário poderão demandar, ambos, o transportador responsável pela parte do percurso em que ocorreu a causa do dano (incluindo o atraso). Por outro lado, o primeiro transportador poderá ser demandado pelo expedidor e o último pelo destinatário das mercadorias.

Consideremos agora o transportador de facto, cuja responsabilidade perante o passageiro ou carregador, com o qual não mantém um vínculo contratual, era regulada pela Convenção de Guadalajara de 1961 (que não está em vigor entre nós), que se assumiu como complementar do "sistema" de Varsóvia-Haia. Trata-se, como vimos, do transportador que realiza materialmente a operação de transporte, desde que o transportador contratual o tenha encarregado ou autorizado.

Esta orientação foi agora incorporada e continuada pela Convenção de Montreal de 1999 (art.39.º ss.). Ficando o transportador de facto sujeito ao regime uniforme da responsabilidade, embora só responda pelos factos ocorridos na parte do trajecto que haja materialmente realizado, ao passo que o transportador contratual sempre responderá pela totalidade do transporte que tenha constituído o objecto do contrato.

O resultado da disciplina prevista nos arts.41.º e 42.º será a responsabilidade solidária de ambos os transportadores (contratual e de facto) relativamente aos danos provocados por factos ocorridos durante o percurso realizado pelo transportador de facto. Junta-se ainda que o regime convencional se estende aos actos e omissões dos «trabalhadores e agentes» de ambos os transportadores, contanto que praticados no exercício das respectivas funções, na esfera (ou a propósito) das operações atinentes ao cumprimento do transporte (cfr. também art.43.º).

Consequentemente, a acção com vista à obtenção da relativa indemnização poderá ser proposta contra qualquer destes transportadores (art.45.º), alijando-se, uma vez mais, o problema da fundamentação da responsabilidade civil e justificando-se a unidade do regime da responsabilidade. Aliás, o cúmulo é vedado expressamente pelo art.44.º [355].

---

[355] Sobre a questão da fundamentação da responsabilidade, conquanto a propósito de um transporte interno, cfr. Ac. STJ de 16 de Maio de 1991, proc. n.º 0035162.

## §4.º – Os documentos de transporte

**77.** *A simplificação da documentação e os novos meios de documentação.*

Uma tendência comum aos vários ramos de transporte vem sendo a da crescente simplificação da documentação do transporte. Ora, tal tendência vem sendo compossiblitada pela rapidez crescente dos meios de transporte, que fará com que se torne desnecessária a transacção de *res in transitu* e desnecessária também a emissão de um título que as represente.

Por maioria de razão tal tendência verifica-se igualmente no transporte de passageiros, conquanto se venham redobrando as exigências relativas às informações devidas aos consumidores e que haverão de ser inscritas nos bilhetes de transporte

No domínio do transporte maítimo, por exemplo, já se vê entregar um documento abreviado (*short form bill of lading*), deixando para depois o envio de um documento mais completo (*regular bill of lading*).

E, no domínio do transporte aéreo, dessa simplificação já davam mostras, particularmente, o Protocolo IV de 1975, em cinjunção com a previsão de meios alternativos de registo.

Na verdade, a par da simplificação eventual e complementar em relação a esta surge, depois, o recurso a uma documentação não cartular, isto é, baseada em registos e trocas de informações electrónicas, quer para atestar as condições contratuais, quer para assentar as indicações atinentes às mercadorias. Cresce, pois, no transporte de passageiros e de mercadorias, o uso do

326  *Direito dos Transportes*

designado *EDP-Electronic Data Processing* ou *EDI-Electronic Data Interchange* ou ainda *Electronic ticketing*, ainda que, geralmente, se preveja a necessidade de oferecer ou a faculdade de pedir um documento cartular.

O uso destes registos electrónicos levanta, porém, o problema da sua eficácia probatória, que vem sendo alvo de estudos recentes[356].

---

[356] Cfr., *inter alia*, S.BUSTI, *Nuovi documenti del caontratto di trasporto di cose*, Pádua, 1983, p.134, tentando também mostrar como as novas elaborações electrónicas, em certos casos, acabam por não pedir meças à tradição cartular. Ora, segundo o Autor, isso poderia suceder quando se previsse uma sorte de assinatura electrónica a fim de reforçar a eficácia probatória do documento electrónico (cfr.art. 14.º, n.º 3 da Convenção de Hamburgo de 1978 e o art.5.º, n.º 3 da Convenção de Genebra de 1980, sobre o transporte multimodal), caso em que os dados electrónicos se converteriam em mero sucedâneo do documento físico, mas reunindo certos caracteres de segurança próprios de um documento cartular, sem que se viesse a operar uma ruptura funcional ou qualitativa entre os dois e adiando-se, deste modo, o problema, especificamente distinto, da força probatória dos registos electrónicos desprovidos dessa assinatura. Ora, a solução deste problema poderá passar pela consideração de três questões distintas, em torno da realidade de uma base de dados electrónicos que registe os dados factuais e contratuais atinentes ao transporte, a saber: a identificação de quem poderia introduzir tais registos, a identificação de quem poderia consultar ou aceder a tais registos e a configuração dos eventuais meios de acesso, e, particularmente, o da determinação das sanções aplicáveis para o caso de inexactidão ou insuficiência dos dados registados. Note-se, contudo, que o problema fica despido da gravidade maior que poderia ter, uma vez que se estabeleça que o documento físico alternativo já não terá uma eficácia representativa e constitutiva (cfr. *infra*, sobre a carta de porte aéreo).

Por outro lado, a possibilidade de acesso, ou o oferecimento do acesso ou de uma cmunicação electrónica (como acontece generalizadamente no chamado *electronic tcketing*, correntíssimo, desde há muito, no território dos Estados Unidos, para o transporte de passageiros), poderão ser relevantes para dar cumprimento aos deveres de informação dos consumidores, problema que poderá ser, contudo, superado se o registo electrónico for acompanhado de um documento físico.

Tentemos, agora, averiguar a posição que a este propósito tomaram, ora o Protocplo IV de Montreal, ora a nova Convenção de Montreal.

Para o transporte de mercadorias, o Protocolo IV de 1975, no n.º 2 do art.5.º, permitia-se a substituição da carta de porte aéreo por qualquer outro meio de registo dos dados relativos ao transporte, desde que o expedidor aquiescesse. Contudo, se tal fosse pedido pelo carregador, o transportador entregar-lhe-ia um recibo de carga (*cargo receipt*). A mesma orientação veio a ser seguida pelo n.º 2 do art.4.º da Convenção de Montreal, onde se diz também que tal recibo, se pedido, deverá mencionar os dados necessários para a identifaicação da carga.

Quanto ao transporte de passageiros, prevê-se igual possibilidade de registo electrónico no n.º 2 do art.3.º da Convenção de Montreal, como, de resto, já se fazia no art.II do Protocolo de alteração de Guatemala City, de 1971. No entanto, *ex vi* do mesmo preceito da Convenção de Montreal, no caso de transporte de passageiros, o transportador não deverá aguardar que o passageiro lhe peça a redução a escrito dessas indicações atinentes ao transporte, antes o transportador se deverá adiantar, oferecendo-se imediatamente a fornecer tais dados reduzidos a escrito, conquanto o passageiro possa eventualmente dispensar tal documento[357].

Todavia, a garantia de cumprimento dos preceitos relativos à documentação não parece ser clara. Assim, o incumprimento das normas relativas à documentação não afectará a existência, nem a validade do contrato, e tão-pouco a sujeição do mesmo às regras uniformes em matéria de responsabilidade (n.º 3 do art.3.º e art.9.º). E, se no transporte de mercadorias se prevê que o transportador sempre responderá pelos prejuízos que advenham da inexactidão dos eventuais registos alternativos ou electrónicos (n.º 3 do art.4.º), já no que tange ao tansporte de passageiros, a

---

[357] Contudo, normalmente, faz-se uma comunicação electrónica susceptível de acesso fácil e de impressão pelo passageiro.

garantia da disponibilização de um documento escrito poderá passar por sanções administrativas ditadas no plano nacional do país de cada transportador ou daquele em que o mesmo desenvolva a sua exploração comercial[358].

Ainda a respeito do transporte de passageiros, importa referir o dever de informação dos utilizadores a cargo do transportador, o qual deverá ser cumprido mesmo quando se recorre a um "bilhete" electrónico. Além das indicações relativas à viagem, horários e escalas, o transportador deverá informar o passageiro acerca do regime normativo aplicável ao transporte.

A versão de 1929 da Convenção de Varsóvia, como o texto de 1955, respectivamente, na al. e) do n.º 1 do art.3.º e na al. c) do mesmo artigo, previam já que o transportador deveria informar, mediante menção no bilhete escrito, que o transporte estaria sujeito ao regime da Convenção. O Protocolo de 1955 acrescentaria algo, exigindo que se precisasse que este regime poderia impor um limite indemnizatório em caso de lesão corporal ou de morte, como em caso de perda ou de avaria de bagagens. O n.º 4 do art.3.º da Convenção de Montreal prossegue esta última orientação, juntando a obrigatoriedade de igual indicação para o caso atraso e o dever de mencionar todas estas informações num aviso escrito dirigido ao passageiro[359].

---

[358] Atendendo também às respectivas normas em matéria de contratos de consumo.

[359] Aliás, a acentuação deste dever de informação e, particularmente, a necessidade de o cumprir por aviso escrito remetido ao passageiro, não deixam de ser uma cautela que poderá compensar o carácter "menos reflexivo e mais fugidio" destas novas modalidades de registo. Esta derradeira cautela, isto é, a de impor um aviso escrito é, porém, uma novidade da Convenção de 1999, não se encontrando no Protocolo de Guatemala City de 1971, onde, a mais disso, se excluía de todo a necessidade de informar o passageiro acerca da sujeição do transporte de passagem ao regime da Convenção e às normas sobre exoneração e lmitação da responsabilidade. Cfr.M.COMENALE PINTO, *Riflessioni, cit.,* p.816.

A sanção aplicável à omissão de tais avisos foi, contudo, variando e a nova Convenção retomaria a posição do texto de 1929, segundo o qual, uma vez mais, o incumprimento deste dever de informação não implicaria a inexistência ou a invalidade do contrato, ou sequer a não aplicabilidade das normas uniformes sobre a responsabilidade e respectiva exoneração ou das normas sobre a limitação da indemnização a prestar[360] – n.º 2 do art.3.º da Convenção de 1929 e n.º 5 do art.3.º da Convenção de Montreal.

Entrementes, o Protocolo de Haia de 1955 sustentaria uma orientação mais severa, ao impedir ao transportador a invocação do limite indemnizatório, sempre que omitisse o aviso sobre a sujeição do transporte ao regime da Convenção e, portanto, sobre a pssibilidade de limitação do montante de reparação dos danos ocorridos durante o mesmo[361].

---

[360] Segundo a versão original da Convenção de Varsóvia só a não emissão do bilhete de passagem precludiria a invocabilidade das normas sobre exoneração da responsabilidade sobre o limite indemnizatório.

[361] A respeito das bagagens, para as indicções do respectivo boletim, emitido em conjunção com o bilhete (o que, quando, permitido, faria estender as menções deste as efeitos sobre as bagagens) ou separadamente, cfr. n.º 2 do art. 4.º da Convenção de Varsóvia, nas versões de 1929 e de 1955, e o n.º 5 do art.3.º da Convenção de Montreal, aplicável também ao designado bilhete de bagagem. E para as mercadorias, cfr., respectivamente, art.9.º para todos os diplomas. Para as bagagens e mercadorias, as duas versões previam a impossibilidade de o transportador se prevalecer das normas relativas à responsabilidade, se não avisasse o carregador da submissão do contrato ao regime de responsabilidade da Convenção (versão de 1929) ou se, além disso, não precisasse tembém que este regime previa uma limitação para o montante indemnizatório (versão do Protocolo de Haia de 1955).

Tal sanção, no que toca às mercadorias viria a ser suprimida pelo Protocolo IV de Montreal, anunciando a tendência do diploma convencional de 1999. Por seu turno, o Protocolo de Guatemala City já acolhia também a orientação da nova Convenção de Montreal, tanto para o bilhete, como para o boletim de bagagens.

330 *Direito dos Transportes*

A nova Convenção, ao voltar à orientação de 1929 e ao suprimir a sanção introduzida pelo Protocolo de Haia de 1955, poderá fazer recair o reforço da garantia do cumprimento deste preciso dever de aviso na previsão de sanções administrativas (colimadas, também, a fazer respeitar as prescrições vigentes em matéria de contratos com consumidores e em matéria de contratos à distância[362]). Contudo, esta nova orientação acaba por rimar como novo regime da responsailidade, que, como vimos já, veio abolir o limite indemnizatório que antes se previa para os casos de danos pessoais[363].

O mesmo poderá ainda ser dito acerca do Regulamento comunitário de 199/2002, que além do dever de informação que referimos relativa ao regime de responsabilidade e da sua limitação aplicável ao vôo em causa (n.º 2 do art.6.º do Regulamento),

---

[362] Entre nós, uma vez determinada a sua aplicabilidade material e espacial, poderemos ter em conta o DL n.º 143/2000, de 26 de Abril, sobre os contratos celebrados à distância, conquanto parte das suas normas (arts., 4.º, 5.º, 6.º a 8.º e 9.º, n.º 1), e, nomeadamente aquela que atende ao chamado «direito de livre resolução», não sejam aplicáveis ao transporte, *ex vi* da al.b) do n.º 2 do art.3.º. Ainda assim, poderemos apontar que, de acordo com o n.º 1 do art.11.º o recurso pelo prestador do serviço a meios automatizados de comunicação à distância carece do consentimento da contraparte.

[363] Cfr. M.Comenale Pinto *op. cit.,* p.816 ss., *maxime,* p.819. Por outro lado, a ausência de limites indemnizatórios juntamente com a clara inflexão do novo diploma acerca da não decadência do regime de responsabilidade uniforme, mesmo no que toca às disposições favoráveis ao transportador, poderão evitar a divergência interpretativa no plano jurispudencial, pelo que não teremos de esperar uma corrente semelhante à que surgiu nos Estados Unidos, mesmo enquanto era vigente o texto de 1929, que não previa, como sanção, a não invocabilidade do limite indemnizatório, como viria a suceder no Protocolo de 1955. Segundo essa orientação, a não informação ou a informação deficiente da sujeição do transporte ao regime de limitação da responsabilidade impediriam a oponibilidade deste a passageiro – cfr. *Lisi v. Alitalia, in* Riv.Dir.Nav., 1966, II, p.189 (no caso o aviso era feito mas em letra dificilmente legível – *lilliputian prints*).

obriga ainda os transporadores a fornecer aos potencais passageiros um resumo do regime da responsabilidade relativa a danos pessoais e de bagagens, que deverá acenar ao prazo de propositura da acção e à faculdade de fazer uma declaração especial de valor para a bagegem (n.º 1 do art.6.º).

Finalmente, a nova Convenção e o Protocolo IV de Montreal (este, relativamente ao transporte de mercadorias), não contêm qualquer disposição que expressamente trate do valor probatório destes registos electrónicos alternativos. O problema tem sido debatido, sobretudo, por se ter presente que a emissão de um documento físico pode não chegar a ocorrer.

Não nos deteremos aqui sobre este ponto, ainda que se possa reafirmar que, no que tange aos registos com eventual imortância probatória para o contrato, haveremos de ter presente a lei competente em matéria de prova, segundo o art.14.º da Convenção de Roma de 1980 (que unificou, para o espaço comunitário, as regras de conflitos em matéria contratual), o qual dita uma distribuição da competência normativa relativa à prova entre a *lex fori* e a *lex contractus* [364].

Contudo, podemos anotar a sugestão do Professor Michele COMENALE PINTO, segundo o qual, no caso de utilização de meios de registo de dados fechados à intervenção ou inter-acção do passageiro ou do carregador (ainda que lhe fossem acessíveis, como a Convenção prevê a respeito do expedidor), se deveria propender para reconhecer a oponibilidade dos registos electró-

---

[364] Cfr. S.Busti, *op. cit.,* p.140 ss. e T.Ballarino, S.Busti, *Diritto aeronautico e spaziale,* Milão, 1988, p.715. Aliás, não sendo o problema da perfeição do contrato tratado pela Convenção de Montreal, também haveremos de recorrer ao sistema conflitual, a fim de identificarmos a lei que regulará as questões atinentes à conclusão do contrato, nomeadamente, no caso de contratos celebrados a distância e por via electrónica. Cfr..Comenale Pinto, *op. cit.*, p.819 s..

nicos apenas contra o transportador, e, no caso de emissão conjunta de um documento cartular, as indicações deste deveriam prevalecer sobre aquelas registadas electronicamente[365].

**78.** *A carta de porte aéreo.* No transporte de mercadorias poderá ser emitida uma carta de porte aéreo (*lettre de tansport aérien, airway bill, lettera di trasporto aereo, Luftfrachtbriefe*), cujas características nos deverão merecer alguma atenção, sobretudo, a fim de a comparar com o conhecimento de carga[366].

A carta de porte aéreo, que conterá as menções indicadas no art.5.º, já não será um título negociável, não aparecendo como um documento com efeitos constituvos, que criaria uma relação autónoma de base cartular, mas antes como um documento de carácter probatório.

É certo que o Protocolo de Haia de 1955 viera clarificar, no n.º 3 do art.15.º, que se poderia criar uma carta de porte aéreo negociável, caso em que teria os caracteres de um título representativo das mercadorias *in transitu*, arrastando consigo o regime que lhe seria próprio, à semelhança do que sucede com o conhecimento de carga. Claro está que este carácter seria tão-só eventual e a prática comercial dos vários tráfegos aéreos demonstrou como era pouco apetecível um título deste tipo, que constituiria um direito cartular. Na verdade, devido à velocidade destas operações de transporte e sendo, portanto, diferentes as necessidades do transporte aéreo em relação ao que se passa naquele

---

[365] *Ibidem* e *vide*, ainda, *La prenitazione elettronica di spazio aereo, in* Archivio Giuridico "Filippo Serafini", 1988, p.137 ss..

[366] Sobre a carta de porte aéreo, cfr. T.BALLARINO, S.BUSTI, *op. cit.,* p.710 ss.; S.BUSTI, *Nuovi documenti del contratto di trasporto di cose,* Pádua 1983, p.47 ss., 54 ss.; J.NAVEAU, M.GODFROID, *op. cit.,* p.217 ss.; G.ROMANELLI, *La lettera di trasporto aereo non negoziabile,* Dir. Trasp., 1988, II, p.1 ss. (de cuja posição nos aproximamos no texto); S.BUSTI, *Contratto, cit.,* p. 372 ss.; H.KRONKE, *op. cit.,* 1968 s., 1997 ss..

marítimo, a prática não chegou a conhecer o uso desse tipo de documento, pois que o normal sempre foi a carta de porte aéreo não negociável.

Todavia, a previsão da possibilidade da criação de um título desta natureza foi eliminada pelo Protocolo IV de Montreal e o correspondente art.15.º da nova Convenção continua a não prever tal faculdade. Tais omissões, segundo um entendimento que tem sido unânime, visam impedir a emissão de uma carta de porte aéreo negociável[367].

Ora, este documento, além de acompanhar a mercadoria (um dos três exemplares), terá diversas funções probatórias, já que prova a conclusão do contrato e as condições deste nela inscritas e prova, outrossim, a recepção da mercadoria, bem como as características da mesma que aí sejam relatadas.

Mas, a carta de porte aéreo, sendo não negociável, isto é, não se destinando à circulação e a possibilitar a transferência dos direitos a que aluda mediante endosso ou tadição, terá uma função mais limitada do que aquela que é atribuída ao conhecimento de carga. Assim, não incorpora os direitos de crédito que emergem do contrato e valerá apenas como elemento de prova, ainda que se constitua uma presunção relativa quanto a algumas das suas menções.

E o mesmo se diga em relação às mercadorias. A carta de porte aéreo, sem embargo de constituir uma presunção *iuris tantum* a respeito das características das mercadorias recebidas para embarque, não só não incorpora o direito à entrega das mercadorias nela descritas e nas condições em que estejam descritas, como, *et pour cause*, não representa as coisas transportadas.

Este regime diferente da carta de porte aéreo justifica-se devido à velocidade das operações de transporte aéreo, que assim

---

[367] Cfr. A.LEFEBVRE D'OVIDIO, G.PESCATORE, L.TULLIO, *op. cit.*, p.605 ss..

não exigem o expediente do título de crédito a fim de possibilitar a transacção segura das *res in transitu*.

E o mesmo é corroborado pelo art.13.º, por isso que a legitimação passiva da entrega não dependerá da exibição de um títitulo, isto é, o transportador não se liberará da sua obrigação entregando a quem exiba um título, antes o cumprimento do dever contratual de entrega dependerá da correcta identificação do destinatário indicado pelo expedidor. O transportador só cumprirá diligentemente a sua obrigação de entrega, uma vez que se haja certificado da identidade do destinatário, não se exigindo a este a exibição de um documento. Além disso, o n.º 3 daquele preceito chega a exigir que o transportador avise o destinatário da chegada da carga.

Em geral destituída de carácter negociável, a carta de porte aéreo (*airway bill*) desempenhará as funções de prova do contrato, de recibo das mercadorias e de prova do número, quantidade, qualidade e estado da mercadoria (cfr. n.º 1 do art.11.º ). No que toca, contudo, ao seu efeito probatório, ele será mais limitado do que o que se liga a um conhecimento de carga, pois que este é um verdadeiro título representativo. A carta de porte aéreo constituirá tão-só uma *præsumptio iuris tantum*, uma *prima facie evidence*, e, no que tange à quantidade, volume global e estado não meramente aparente da mercadoria, só se a verificação da mesma for realizada pelo transportador na presença do carregador e anotada no documento – cfr. n.º 2 do art.11.º.

**79.** *A carta de porte aéreo e o direito de contra-ordem.* O exercício do direito de contra-ordem corresponde ainda a uma necessidade funcional do contrato de transporte, enquanto contrato a favor de terceiro (cfr. *supra*), pois que se deveria consentir ao expedidor a revogação da promessa, pelo menos, até que a mercadoria chegasse e ficasse à disposição do destinatário (cfr. n.º 4 do art.13.º). Por outro lado, nada impede que essa faculdade de revogação ou de contra-ordem, fique sujeita a um termo ou a uma qualquer condição resolutiva que o façam cessar antes desse momento (cfr.art.15.º), por qualquer motivo fundado nas relações entre o expedidor e o destinatário. Posto que nada preclude um acordo quanto à cessação anterior desta faculdade de revogação ou de contra-ordem, como esclarece o n.º 1 do art.12.º, o expedidor poderá «dispor da mercadoria, retirando-a no aeroporto de partida ou de destino, retendo-a no decurso da viagem por ocasião de uma aterragem, fazendo-a entregar no ponto de destino ou no decurso da viagem a pessoa dferente do destinatário originalmente designado ou pedindo o seu retorno ao aeroporto de partida»[368].

Perante o desenho funcional que assim se deixou feito da carta de porte aéreo, poderia levantar alguma preplexidade o preceito do n.º 3 do art.12.º, segundo o qual o transportador, que deverá seguir as instruções dadas pelo expedidor, no exercício do seu direito de contra-ordem, responderá perante terceiros preju-dicados, se vier a cumprir essas instruções sem ter exigido ao expedidor a exibição da carta de porte aéreo que fora entregue ao próprio expedidor.

Se, em relação à posição do destinatário e ao direito à entrega das mercadorias, já vimos que a carta de porte aéreo não será um título de crédito, não se destinando a circular e a ser transferida, pelo que a transmissão do documento não implicará uma transmissão cartular do direito[369], convém agora determinar

---

[368] Claro está que o transportador será reembolsado pelas despesas acrescidas que deva fazer e deverá informar o expedidor se for impossível dar cumprimento às suas instruções, além de que as não deverá cumprir em detrimento dela própria ou de terceiros – cfr. n.º 1 do art.12.º, *in fine*.

[369] Cfr. G.ROMANELLI, *op. cit.*, p.6, 9, 13 ss, defendendo para a carta de porte aéreo o valor de mero documento probatório, desprovido de qualquer função cartular ou constitutiva. Seguimos aqui a lição do Professor Roma-

se o efeito meramente declarativo se mantém em relação a certos direitos emergentes do contrato de transporte, mais particularmente, o direito de disposição das mercadorias durante a viagem e o consequente direito de contra-ordem. Tal equivalerá a averiguar se a carta de porte aéreo assumirá uma natureza jurídica diferente e efeitos diferentes (aqueles assacáveis a um título de crédito ou a um título representativo ou alguns deles, à guisa de um título impróprio), nomeadamente, quanto ao destinatário, a propósto da extinção do direito de revogação da promessa de transporte e da extinção do direito de contra-ordem, e quanto a um eventual cessionário do expedidor (de todos os direitos emergentes do contrato de transporte ou apenas daquele de contra-ordem e de revogação).

Assim, em virtude da exigência de exibição do documento pelo expedidor, a fim de que o transportador possa executar as suas instruções sem por isso ser responsabilizado, tem-se dito que ele assumiria as vestes de documento de legimação ou de título impróprio, posição que, nomeadamente na doutrina italiana, veio recolhendo variados apoios, à luz da noção que estes institutos recebem no art.2002 do *Codce Civile* [370], conquanto em formulações diversas.

---

nelli, nomeadamente, quando afirma que «*chi emette un titolo* «not negotiable» *non intende emettere un titolo di credito, la cui caratteristica e finalità è proprio la destinazione alla circolazione*» e quando afirma que o transportador, «*nel caso di L.T.A non negoziabile, effettua la prestazione (riconsegna della merce) al destinatario indicato nella L.T.A.*» e que o destinatário «*non è tenuto a presentare un esemplare della L.T.A.*» e, finalmente, que a «*L.T.A., non esonerando il vettore dall'identificare il destinatario (anzi non avendo alcuna funzione ai fini dell'identificazione dell'avente diritto della riconsegna) e non consentendo alcuna cessione dello stesso diritto, non può considerarsi né come documento di legitimazione, né come titolo improprio*».

[370] Segundo este preceito, documentos de mera legitimação seriam aqueles que serviriam apenas para identificar o titular do direito à prestação

É esta a posição defendida, por exemplo, por Silvio BUSTI[371], para quem, em relação ao direito de contra-ordem, a carta de porte aéreo actuaria como documento de legitimação e como título impróprio, atendendo a que a sua exibição perante o transportador permitiria o exercício de tal direito e a que, a mais disso, a sua tradição para um cessionário do transportador dispensaria a notificação da cessão ao transportador, eventualmente necessária para que a mesma fosse eficaz perante este.

Por outro lado, ainda no cenário da doutrina italiana, o Professor Gustavo ROMANELLI obtempera que, mesmo à luz dos preceitos da Convenção de Varsóvia (que neste ponto se mantiveram inalterados na nova Convenção de 1999), nem para o direito de contra-ordem, seria sustentável a qualificação da carta de porte aéreo não negociável como documento de legitimação ou título impróprio E não o seria, desde logo, porque, como dissemos, o transportador não cumpre a sua obrigação, entregando no destino as mercadorias a quem exiba o título (ainda que sem *dolus malus*), mas somente entregando-as ao destinatário previamente determinado, que deverá identificar[372]. Mas, no que tange à eventual cessão do direito de contra-ordem, que agora mais nos interessa, não o seria também, porquanto o transportador, se, para dar cumprimento regular às instruções sobre a mercadoria, deve pedir a apresentação do documento ao expedidor, é também certo que «*non può dare corso ad un contror-*

---

(como seria o caso de um bilhete de espectáculo ou para um transporte regular urbano) e títulos impróprios os documentos destinados a consentir a transmissão de um direito sem observar as formalidades próprias da cessão. Cfr. G.ROMANELLI, *op. cit.*, p.11.

[371] *Nuovi documenti, cit., loc. cit., Contratto, cit., loc. cit., maxime,* p.373 s..

[372] E, nesta vertente da carta em face do destinatário, encontramos a opinião conforme de Silvio BUSTI – *Nuovi documenti, vit.*, p.52, quando analisa a natureza jurídica das *sea-* e *airway bills*, enquanto títulos não negociáveis.

338               *Direito dos Transportes*

*dine che non provenga del mittente, neppure se chi pretenda di esercitare il relativo diritto esibisca l'originale LTA di spettanza del mittente, documento che resta caratterizzato dal suo carattere non trasferibile»*[373].

Que sentido dar então àquele preceito do n.º 3 do art.12.º da Convenção de Montreal[374] e, concomitatemente, por que natureza optar para a carta de porte aéreo a respeito do exercício do direito de revogação e de contra-ordem? Para tanto, haveremos de considerar quanto exige o preceito do n.º 3 do art.12.º com as demais normas relativas à documentação e com os propósitos do regime uniforme.

Ora, a norma em questão não faz senão exigir apenas ao expedidor, e a ninguém mais, a exibição do documento para que este possa exercer o direito de contra-ordem a seu talante, embora a finalidade do seu exercício possa depender das vicissitudes da relação de valuta, existente entre o mesmo expedidor e o destinatário.

A par disso, é unanimemente reconhecido que o intento da norma terá sido o de proteger a segurança do destinatário, a partir do momento em que, por exemplo, em virtude do acordo

---

[373] *Op. cit.,* p.12 s. (e n.38, afirmando, segundo cremos, que o transportador que cumpra tal ordem não se liberará da sua obrigação, se se demonstrar que quem exibira tal documento, na verdade, não era um cessionário ou não era o titular do direito de contra-ordem).

[374] O sentido deste preceito manteve-se inalterado desde a versão de 1929 da Convenção de Varsóvia. Aliàs, como aconteceu com este, vários dos preceitos relativos à carta de porte aéreo apenas foram alterados pelo Protocolo IV de Montreal, a fim de receberem a menção alternativa ao recibo de mercadoria, que, como dissemos, a partir deste Protocolo, passou aparecer como sucedâneo da carta mais desenvolvida, no caso de se recorrer a meios alternativos de registo dos dados atinentes ao transporte em causa. E, daí, vários preceitos passaram sem solução de continuidade normativa para a nova Convenção de Montreal.

celebrado entre este e o expedidor, se extinga o direito de revogar o transporte e de exercer a contra-ordem, o que geralmente
vai acompanhado da entrega ao destinatário da carta de porte
aéreo do expedidor. Não acautelar o interesse do destinatário
nestas circunstâncias constituiria uma pecha funcional do regime, que, assim, estaria menos adequado a garantir a segrança
económica e comercial que se deseja para as operações de transporte. Mas, do mesmo passo, conseguir-se-á, outrossim, proteger
a segurança da posição de qualquer cessionário do expedidor,
que deste haja obtido o direito de contra-ordemm, sem que o
mesmo se haja extinguido (e não nos parece que subsista qualquer
obstáculo que impeça a transmissão do mesmo para o próprio
destinatário inicial[375]).

Sendo estes, tão-só, os objectivos prosseguidos, bem se
compreenderá a parcimónia da norma, quando apenas exige do

---

[375] Aliás, foi-se difundindo muito uma prática de matizes financeiros
que igualmente reclama a protecção deste objectivo de segurança que a norma em debate parece mirar e que poderá importar a sobrevivência do próprio
direito de contra-ordem. Pensamos no hábito de uma entidade bancária ser
designada pelo expedidor como destinatário das mercadorias, o que poderá
permitir a este ver-se pago pelo banco, o qual, no local do destino acordará
com o eventual pretendido comprador das mercadorias as condições para que
este as possa receber, sendo o banco posteriormente pago por este. Claro está
que uma tal entidade bancária só aceitará este papel financiador se estiver
segura de que o expedidor já não poderá exercer o seu direito de contra-
-ordem (e o correlativo direito de revogação que se transmitirá ou extinguirá
juntamente com aquele), para o que, precisamente, lhe exigirá a entrega do
seu exemplar da carta de porte aéreo. Cfr. sobre esta prática, que, como se
tem dito, acaba por, senão significar, pelo menos, "(en)cobrir" ou sugerir
uma particular sorte de venda documental (ou, como precisa o Professor
Romanelli, «um negócio que apresente largas semlhanças com a venda sobre
documentos»), e sobre a sua difusão, G.ROMANELLI, *op. cit.*, p.14; F.PELLE-
GRINO, *La vendita su documenti delle merci in viaggio: dal modello legale
alla crise dei documenti rappresentativi, in Dai tipi legali ai modelli sociali
nella contrattualistica della navigazione, dei trasporti e del turismo*, Milão,
1996, p.300 s..

340      *Direito dos Transportes*

expedidor a exibição do documento. Diríamos que a norma não quis ir além dos propósitos unificadores deste regime internacional do transporte, assim não invandindo áreas jurídicas que não entravam nas possibilidade do acordo de unificação, e, portanto, ditando o estritamente necessário para realizar aquele propósito de segurança e certeza. Assim, a anterior Convenção, como a actual, quiseram proteger tais objectivos, sem interferir no regime da extinção do direito de contra-ordem e de revogação[376] (relativos ao transporte, enquanto visto – eventualmente e dependendo das várias configurações que nacionalmente se lhe dêem – como contrato a favor de terceiro), excepto para o fazer coincidir, no máximo, com o momento em que o destinatário designado faça a reclamação da carga, e sem interferir também no regime da cessão dos direitos do expedidor, cuja disciplina permanece entregue à competência normativa da lei designada pelo sistema conflitual do foro[377].

Na verdade, só se exige do expedidor a exibição do documento como uma sorte de condição do seu exercício, mas tão-só por parte deste, pois que já não se exige tal exibição de um terceiro cessionário do expedidor. Por conseguinte, a dita exibição

---

[376] Estas, aliás, poderão depender de circunstâncias e acordos respeitantes às relações entre o expedidor e o destinatário (relação de vauta) que sujazem a contrato de transporte (como relação de provisão), à guisa de causa final.

[377] No nosso caso, haveríamos de ter em conta o art.12.º da Convenção de Roma, de 1980, para a unificação de regras de conflitos em matéria contratual, já citada. Segundo este preceito, *ex vi* do art.3.º da mesma Convenção, a *lex contractus* seria a lei escolhida pelo cedente e pelo cessionário (ou então, de acordo com o n.º 1, 2 e 5 do art.4.º, na ausência de *electio iuris*, a lei competente haveria de ser, em princípio, a lei da residência ou do estabelecimento pertinente do cedente), conquanto a oponibilidade da mesma ao transportador, devedor do crédito originário, sempre ficasse dependente das disposições da lei que regesse o contrato de transporte, e, por conseguinte, também as formalidades exigíveis e, assim, a necessidade de uma eventual notificação do transportador.

do documento não aparece ditada como uma condição da perfeição da cessão, como uma formalidade da mesma ou como uma condição da sua oponibilidade ao transportador, enquanto devedor do crédito eventualmente cedido. Logo, as condições de perfeição e de oponibilidade da cessão continuarão a ser regidas pela lei competente.

Se assim é, como nos parece, o transportador ainda estará obrigado perante um terceiro que seja um cessionário regular e que queira exercer o direito de contra-ordem. Todavia, nada dizendo a Convenção, a regularidade e a oponibilidade da cessão dependerão do regime da lei internacionalmente competente. Mas, o silêncio da Convenção virá também a significar que, perante um eventual terceiro que se arrogue a qualidade de cessionário e que pretenda exercer tal direito, o transportador só se desobrigará, cumprindo as instruções do cessionário, e só não responderá perante o expedidor inicial, se se certificar da regularidade da cessão ou se esta lhe for oponível, por exemplo, porque foi regularmente notificado de acordo com a lei competente. E, concomitante, ao cessionário, que possa exercer o direito de contra-ordem, não terá o transportador de exigir a exibição do título, ou, pelo menos, não lhe bastará, para que fique desobrigado, uma tal exibição, se não se certificou da regularidade da cessão[378].

Por outro lado, à não exibição do documento por parte do expedidor ou ao facto de este já não o possuir, não liga a Convenção qualquer consequência no plano da titularidade do direito de contra-ordem, limitando-se a impedir o seu exercício, na medida em que o transportador se poderá recusar e, se não o fizer, poderá ser responsabilizado perante um eventual cessionário ou perante o destinatário.

---

[378] Na verdade, sendo velozes os transportes que aqui estão em causa, dificilmente se apresentará num mesmo transporte a circunstância de o direito ter sido cedido mais que uma vez ou de ter sido cedido e de posteriormente se ter extinto, em virtude de acordo com o destinatário.

Por conseguinte, se se disser que a carta de porte aéreo, permanecendo sobretudo um documento de valor e eficácia probatórios, ainda assim, terá uma função de legitimação[379], esta legitimação não decorrerá de uma incorporação do direito de contra-ordem no título e não ocorrerá à guisa do acontece nos títulos de crédito. A reconhecer-se uma marginal função legitimadora, ela sempre será, por um lado, limitada (senão mesmo exígua) quanto ao sujeito, pois que apenas se exige a apresentação do documento por parte do expedidor, e, por outro, no que toca à titularidade do direito, condicionada, uma vez que a posse do dcumento verdadeiramente não a confere, isto é, o expedidor que exiba a carta só poderá exercer o direito de contra-ordem, se ainda for o seu titular, *rectius,* se o mesmo não se tiver extinguido ou não houver sido transmitido por qualquer outro modo que seja eficaz e oponível ao transportador[380]. Logo, como vimos, permanecendo, em relação ao contrato de transporte e aos direitos dele emergentes, como documento meramente probatótrio (ainda que admita esta função como uma função de legitimação limitada e condicionada), a carta de porte aéreo não chega a operar uma legitimação passiva do transportador que cumpra um direito de contra-ordem provindo de pessoa diferente do expedidor, só porque este lhe haja exibido o exemplar documento de transporte que era do expedidor[381].

---

[379] Cfr. J.NAVEAU, M.GODFROID, *op. cit., loc. cit.*.

[380] Tudo se passa como se, sem a apresentação do exemplar do documento de transporte, o direito em causa, que dele não deriva nem depende, não fosse oponível nem eficaz em relação ao transportador, mas só por parte do expedidor e não bastando a um cessionário do mesmo direito tal exibição, sempre que a cessão não seja eficaz em relação ao transportador, por qualquer outro meio previsto na lei competente. Se quiséssemos optar por uma comparação, diríamos que a carta de porte aéreo se comporta qual acto de publicidade, exigível para que o direito seja exercido e oponível pelo expedidor ao transportador, mas surtindo, ainda assim, um efeito meramente declarativo.

[381] Cfr., em sentido diferente, S.BUSTI, *Contratto, loc. cit.*.

Quanto acabámos de expor, mostrando como a carta de porte aéreo será mais uma condição de oponbilidade do direito de contra-ordem pelo expedidor ao transporador, parece receber o arrimo do n.º 1 do art.15.º, quando adverte de que o preceito do n.º 3 do art.12.º (bem como todas as disposições deste artigo e dos arts.11.º e 13.º ) não afectará «a relação entre o expedidor e o destinatário nem as relações mútuas de terceiros cujos direitos emanem do expedidor ou do destnatário».

Para garantir a segurança do tráfico entre profissionais, este desenho funcional da carta de porte aéreo pareceu ser suficiente. Por um lado, é certo que o expedidor, mesmo quando permanece o legítimo titular do direito de contra-ordem, não o poderá exercer se não exibir o documento ou se já não o possuir. Sucede que a mera não apresentação do título aparece como um indício factual bastante para fazer presumir que o expedidor já não será titular do direito em causa, pelo que este se torna inoponível ao transportador, nenhum efeito se produzindo sobre a titularidade do mesmo[382]. Impedir o exercício do direito é quanto basta para proteger a segurança do tráfico.

Por outro lado, é também certo que, se o expedidor pretende exercer o direito de contra-ordem e exibe a carta de porte aéreo, já não sendo, porém, o legítimo titular do direito, o transportador, ainda assim, libertar-se-á da sua obrigação cumprindo as instruções que receba, contanto que a extinção ou a transmissão do direito ainda não produza efeitos em relação a ele, por exemplo, porque delas não foi ainda notificado. Mas este desenho normativo ainda convém à intenção de segurança do tráfico em que se envolva um *bonus paterfamilias* ou um comerciante razoável e diligente. Esta consequência só nos levará a concluir que, tendo-se extinguido ou transmitido o direito de contra--ordem, o destinatário ou o terceiro cessionário farão bem em,

---

[382] E ainda assim, se, por qualquer motivo, se tiver transferido a detenção da carta.

diligentemente, exigir do expedidor a entrega do seu exemplar da carta de porte aéreo (o que poderá suceder, na sequência das condições do contrato que una o expedidor ao destinatário ou de um acordo paralelo, por exemplo, o da própria cessão).

## §5.º – Reclamações e acções

**80.** *Entrega da mercadoria e as reclamações.* À chegada, importa ver a atitude a tomar perante a avaria ou a perda das bagagens registadas e das mercadorias. Dando de barato que a perda será, as mais das vezes, imediatamente notada e protestada, diga-se, contudo, que o levantamento das coisas sem reclamações constituirá uma presunção relativa da chegada integral e em boas condições da carga ou da bagagem registada, *rectius*, da sua chegada no estado e com as características relatadas no documento de transporte, que poderá também ser o mais breve recibo de carga, no caso de ter sido feito um registo em meios alternativos (cfr. n.º 1 do art.31.º).

Esta presunção poderá ser contrastada, o que não tolherá que também o possa ser a presunção que emergia do próprio documento (cfr. *supra*). No entanto, a bem da segurança do tráfico e da certeza jurídica, no caso de avaria das mercadorias ou das ditas bagagens, deverá ser feita uma reclamação escrita perante o transportador. Por outro lado, a apresentação desta reclamação deverá fazer-se num prazo imperativo, o qual, como não seja cumprido, precludirá a faculdade de pedir civilmente uma indemnização do transportador (cfr.n.º 4 do art.31.º).

Estes prazos, de outra banda, não se distinguirão consoante o tipo de avaria, isto é, consoante se trate de uma avaria aparente ou não, como sucede para outros meios de transporte, não se levantando, no transporte aéreo, os problemas de qualificação que aquela distinção poderá importar. Bem se compreende que assim seja e que se preveja um prazo uniforme para ambos os

346     *Direito dos Transportes*

tipos de avarias, se se considerar as circunstâncias que envolvem o levantamento das coisas transportadas e, particularmente, o modo veloz como são retiradas as bagagens, sem possibilidade de contra-verificação ou mesmo de verificação *in loco*, aturada ou até ligeira, pelo passageiro. Assim, as reclamações por avarias deverão ser resentadas no prazo máximo de sete ou de catorze dias, após a recepção, respectivamente, das bagagens que viajaram no porão ou das mercadorias. E, havendo demora na entrega, nos vinte e um dias após as mesmas terem sido postas à disposição do interessado.

**81.** *Os conflitos de jurisdições. O chamado critério da "quinta jurisdição"* ("fifth jurisdiction"). A nova Convenção de Montreal, prosseguindo quanto se encontrava na Convenção de Varsóvia (que, neste ponto, não fora alterada pelo Protocolo de Haia de 1955), contém ainda normas uniformes para regular os conflitos de jurisdições, a serem observadas pelos Estados contratantes[383].

Para o amplo respeito destas normas, dentro do universo dos transportes sujeitos ao campo de aplicação espacial da Convenção, poderá contar o facto de aqueles transportes serem realizados entre pontos geográficos situados no território de Estados signatários, pelo que, as mais das vezes[384], as acções relativas aos danos sobrevindos num transporte que se submiria

---

[383] Cfr., sobre esta questão e sobre os efeitos destas normas, S.Busti, *Contratto, cit.,* p.818 ss.; M.Comenale Pinto, *Riflessioni, cit.,* p.802 s..

[384] Embora não necessariamente, por isso que, pensando no princípio geral *actor sequitur forum rei,* se pode pensar no caso de um transporte que estaria sujeito abstractamente ao campo espacial de competência da Convenção, mas em que o lesado viesse a propor a acção no país da sede do transportador, não sendo este parte da Convenção e não estando, por isso, obrigado a aplicá-la ou a respeitar as suas regras de competência.

ao âmbito de aplicação espacial imperativo da Convenção, em virtude das suas conexões, serão igualmente propostas perante tribunais de Estados signatários, que, então, haverão de determinar a respectiva competência de acordo com os arts. 32.º e 46.º e 49.º da Convenção de Montreal.

Os critérios de atribuição da competência internacional estão previstos nos n.º 1 e 2 do art.33.º e no art.46.º, este relativo aos casos em que intervenha um transportador de facto, *hoc sensu*. Assim, as acções relativas a danos provocados durante o transporte (*rectius*, durante as operações abrangidas pelo regime uniforme, no arco temporal aí definido[385]) poderão ser propostas pelo interessado num dos quatro locais que já vinham indicados na Convenção de Varsóvia (art.28.º), a saber: «no território de um dos Estados Partes, seja perante o tribunal da sede da transportadora, do estabelecimento principal desta ou do estabelecimento em que tenha sido celebrado o contrato» (critérios que seguem o princípio geral *actor sequitur forum rei*), ou ainda «perante o tribunal do local de destino». Estes quatro critérios determinam, não só os países onde, à escolha do autor, a lide pode ser iniciada, mas identificam ainda o tribunal territorialmente competente, dentro desses países.

O mesmo já não sucede no quinto critério de atribuição de jurisdição internacional, o qual deverá ser completado pelas regras internamente vigentes quanto à identificação do tribunal competente em razão do território. Este derradeiro critério, chamado da *fifth jurisdiction*, determina que, além dos locais já mencionadas, no caso de acção que tenha por objecto a compensação por morte ou lesões corporais, o autor pode ainda propô-la «no território do Estado Parte no qual, no momento do acidente, o passageiro tinha a sua residência principal e permanente e a partir ou com destino ao qual a transportadora explore serviços

---

[385] Sobre este, cfr. Ac. Trib.Rel. de Lisboa, de 18 de Maio de 1989, CJ, 1989, t.III, p.127.

de transporte aéreo de passageiros, em aeronaves próprias ou em aeronaves de outra transportadora ao abrigo de um contrato comercial, e no qual essa transportadora conduza a sua actividade de transporte aéreo de passageiros em instalações por ela arrendadas ou de que seja proprietária ou arrendadas ou propriedade de outra transportadora com a qual tenha um acordo comercial».

A par destes critérios, como a nova Convenção, na esteira do que se pretendera com a Comvenção complementar de Guadalajara de 1961, dispensa regras especiais para a intervenção do designado transportador de facto, concedendo que o lesado reaja contra este, foi necessário incluir um outro critério, alternativo em relação aos demais locais já enunciados e que dizem respeito ao transportador contratual, permitindo ao interessado propor a acção também nos locais em que de algum modo se encontre sediado ou estabelecido o transportador de facto, isto é, «perante o tribunal competente no local em que a transportadora de facto tem a sua sede ou estabelecimento principal» (cfr. art.46.º). Sem embargo de a epígrafe do art.46.º aludir a esta jurisdição como se fora uma jurisdição suplementar, este atributo haverá de ser entendido *cum grano salis*, porquanto, à luz do art.45.º, o autor poderá propor uma única acção contra ambos os transportadores, estando habilitado a escolher qualquer um dos vários locais arrolados nos art.33.º e 45.º. E ainda que a proponha contra um deles, o outro transportador (o contratual ou o factual, dependendendo do destinatário da acção) poderá ser chamado à acção (cfr. art.45.º, segunda parte). Cremos todavia que, de acordo com o princípio *forum rei*, que acaba por ser recebido na Convenção, se, por acaso, o interessado optar por demandar apenas um dos transportadores em causa, fá-lo-á nos locais da sede ou dos estabelecimentos, ora do transportador contratual, ora do transportador de facto, consoante o destinatário que, respectivamente, haja escolhido para a sua acção de responsabilidade.

Além desta, a outra novidade da Convenção de Montreal é a inclusão do referido critério da *fifth jurisdiction*, que, no Protocolo de Guatemala City de 1971, de qualquer modo, já tivera certo acolhimento, conquanto mais limitado, mas com um objecto mais alargado[386]. A designação da competência internacional dos tribunais do Estado da residência do passageiro, não só vai ao encontro da tendência de protecção da posição dos consumidores, como fora uma antiga reivindicação dos Estados Unidos, mormente, porque aí geralmente se via atribuir ressarcimentos mais avultados, tanto mais que, aí, já se provera a um aumento dos tectos indemnizatórios, nomeadamente, em virtude do já referido acordo CAB[387]. O n.º 2 do art.33.º, como já vimos, para

---

[386] O art.XII deste Protocolo acrescentaria ao art. 28.º da Cnvenção de Varsóvia um preceito (que passaria a ser o novo n.º 2 desse artigo), segundo o qual, no caso de lesões corporais, morte ou atraso do passageiro e no caso de perda, avaria ou atraso da bagagem (e, assim, objecto desta norma seria mais lato do que o do actual preceito, que só atende às acções por morte ou lesões corporais), o interessado poderia também propor a acção num local onde o transportador tivesse um estabelecimento, desde que houvesse uma outra conexão a ligar o caso a esse país, qual fosse a da residência ou a do domicílio do passageiro em casa. O reconhecimento desta quinta jurisdição era, pois, mais limitado, porquanto se preveria um agrupamento ou cumulação de conexões relevantes para que a competência fosse atribuída, a qual acabaria por ser mais exigente do que a cumulação de conexões que veio a ser acolhida na Convenção de Montreal, segundo a qual, como veremos, já se não exige a existência, nesse país, de um estabelecimento do transportador demandado. Por outro lado, resistindo às orientações anglo-saxónicas, previa-se imediatamente o tribunal que, no interior do Estado contratante, seria territorialmente competente, diferentemente do que, para este quinto critério, veio a suceder na Convenção de 1999, que apenas identifica o país cujos tribunais poderão ser competentes (cfr. o que ficou dito em texto).

[387] Ainda que essas prestações pudessem não corresponder integralmente a um montante estritamente reparador, se se considerasse a possibilidade de atribuir os designados *puntive damages*. Como quer que seja, apesar de se vir reconhecer a faculdade de propor a acção no país da residência, os dois argumentos que eram oferecidos perderam algum fôlego, ora porque os

os danos relativos a morte ou lesões corporais de um passageiro, permite ao autor optar por propor a acção no país da sua residência principal e permanente (já não se prevê o domicílio como conexão alternativa, como sucedeu no Protocolo de Guatemala City), mas apenas se o réu, isto é, o transportador demandado, tiver uma particular relação com esse teritório. Não será, contudo, exigível que aí tenha a sua sede ou um estabelecimento próprio, bastando que opere realmente nesse país, oferecendo os seus serviços de transporte que aí são praticados, em engenhos próprios ou de outro tansportador, e actuando em instalações suas ou arrendadas por si, ou então, até em instalações de outro transportador. Todavia, ainda a fim de realizar a boa e célere administração da justiça e de perfazer o equilíbrio normativo desejado na distribuição das eventuais cargas e desvantagens entre passageiro e transportador, impõe-se uma outra condição, a de que entre o tranportador-réu e este outro transportador exista um acordo comercial, o qual, não sendo uma relação de agência, mire a prestação de «serviços comuns de transporte aéreo de passageiros» – cfr. al. a) do n.º 3 do art.33.º. Apesar dos problemas de qualificação acerca dos acordos comerciais que sejam subsumíveis a esta previsão, tem sido afirmado que o mesmo

---

montantes já foram aumentados, além de a nova Convenção prever expressamente um mecanismo de actualização futura, ora porque o novo regime proibe expressamente a condenação à prestação de montantes que não tenham um escopo reparador ou indemnizatório, *stricto sensu* (não obstante se possa dar de barato que a responsabilização civil, pelo menos quando intercorra uma acção culposa, sempre acaba por ter um efeito dissuasor e retributivo). Subsiste, porém, o argumento que nos leva a tentar proteger justamente a posição do passageiro, mesmo enquanto consumidor.

Assim, como lembra o Professor Michele COMENALE PINTO, à previsão, sem mais, da residência do passageiro como conexão que atribuiria a competência jurisdicional internacional poderiam opor-se os interesses dos passageiros em que se usasse atribuir indemnizações menos elevadas e os dos próprios transportador, que poderiam ser levados a responder em juízo em tribunais distantes (*op. ci., loc. cit.*).

poderá, por exemplo, corresponder a um acordo de partilha do código de navegação aérea da IATA (*code-sharing*) ou a um acordo de franquia (*franchising*), mas já não bastaria uma relação de mandato pela qual uma companhia emite o bilhete por conta de outra (*interagency* ou acordos de *interline*)[388].

Competirá depois à lei interna do Estado assim determinado identificar o tribunal interno material e territorialmente competente.

Estas normas definem critérios de competência jurisdicional internacional que serão imperativos e prevalecerão sobre as regras nacionais relativas aos conflitos de jurisdições, além de prevalecerem, também em virtude da sua especialidade, em face dos critérios do Regulamento comunitário "Bruxelas I", já citado (cfr. art.67.º ss. deste Regulamento).

Por outro lado, estes critérios deverão ser vistos como taxativos e rígidos, sendo excluída qualquer flexibilização interna (o que já decorreria da natureza da fonte de que promanam e da inderrogabilidade do regime uniforme), como excluídos são os *pacta de foro rogando* prévios, isto é, só se admitirão acordos quanto à competência internacional celebrados após o surgimento do dano que constitua o objecto da acção (cfr.art.49.º).

Note-se, contudo, que a disciplina uniforme apenas pretendeu ditar normas sobre competência internacional dos tribunais

---

[388] *Vide* S.Busti, *Contratto, cit.*, p.831 ss., *maxime*, p.833 e 840 s. e n.974, lembrando, a propósito dos acordos de *code-sharing*, que seria indiferente a companhia que aparecesse no cabeçalho do bilhete, interessando apenas que entre esta e o outro transportador existisse um acordo comercial do tipo descrito.

Sobre estes acordos de *code-sharing*, *vide* B.Franchi, *Gli accordi di codesharing, in* Dai tipi legali, *cit.*, p.519 ss., entre os quais inclui, por exemplo, aqueles pactos pelos quais duas ou mais companhias dirigem os seus códigos de designação IATA para a mesma aeronave, pois que, sendo o vôo realizado por uma delas apenas, todas o comercializam como seu e poderão, portanto, aparecer como transportadores contratuais.

dos vários Estados contratantes em relação a certo tipo de acções, o qual deverá ser limitado quanto ao sujeito com legitimidade passiva e quanto ao objecto da mesma. Assim, estas regras só serão aplicáveis às acções movidas contra um transportador, e já não àquelas que tenham por destinatário um seu agente, preposto, dependente ou auxiliar. Por outro lado, só dirão respeito às acções que se fundem em danos relativos à morte ou a lesões corporais de passageiros, ou em danos relativos à perda e às avarias das coisas transportadas (bagagens ou mercadorias) e à demora, em geral. Já não estarão sujeitas a este regime de competência internacional as acções movidas pelo transportador aos passageiros ou aos carregadores, como aquelas que tenham a ver com certas questões e efeitos contratuais que se não prendam com o apuramento da responsabilidade pelos danos arrolados.

Finalmente, a Convenção, à semelhança do que vemos acontecer nos demais regimes uniformes em matéria de transportes, não se pronuncia expressamente sobre os problemas do caso julgado, da litispendência ou do reconhecimento e da execução de sentenças obtidas noutro Estado contratante[389]. Ainda que se defenda que estas questões haverão de ser resolvidas à luz das normas que vigorem nos Estados contratantes (e, nos Estados membros da Comunidade, observando o que a este propósito disponha o direito comunitário, nomeadamente, o Regulamento "Bruxelas I"), à face da imperatividade das regras uniformes da Convenção de Montreal, designadamente, tendo em conta os propósitos unificadores desta disciplina internacional, parece, pelo menos, que não se deverá permitir que no Estado *ad quem* se negue o reconhecimento a uma decisão com fundamento unicamente na violação de regras de competência jurisdicional internacional, se, no Estado *a quo*, foram respeitadas as regras uniformes da Convenção.

---

[389] Sobre estas questões, *vide* S.Busti, *Contratto, o. vit.,* p.825 ss..

# BIBLIOGRAFIA SUMÁRIA

ALMEIDA COSTA, Mário Júlio de, MENDES, Evaristo, *Transporte marítimo. Conhecimento de carga,* Direito e Justiça, v.IX, t.I, 1995.

ALMEIDA COSTA, Mário Júlio de, *Direito das obrigações,* Coimbra, n.º 30.2.1., 48.2, 52 (*maxime,* 52.1, 52.2, 52.2.4.), 94.

ANTUNES VARELA, João de Matos, *Direito das obrigações,* I, Coimbra, 1998, p.418 ss., 678 ss..

AZEREDO PERDIGÃO, José, *O princípio da autonomia da vontade e as cláusulas limitativas da responsabilidade civil,* ROA, a.VI, 1946, n.º 3 e 4.

AZEVEDO MATOS, *Princípios de direito marítimo,* I, II, Lisboa, 1956.

CALVÃO DA SILVA, J., *Crédito documentário e conhecimento de embarque,* CJ, 1994, I.

CALVÃO DA SILVA, J., *Venda CIF: carta-partida, conhecimento de embarque e seguro de carga,* Revista de Legislação e de Jurisprudência, ano 133.º, p.202 ss..

CASTELLO-BRANCO BASTOS, Nuno Manuel, *Da disciplina do contrato de transporte internacional de mercadorias por mar – apontamento sobre as regras internacionais uniformes da responsabilidade do transportador marítimo e sobre o seu âmbito de aplicabilidade,* Coimbra, 2004

CASTELLO-BRANCO BASTOS, Nuno Manuel, *Responsabilité du tansporteur – Rapport portugais, in* Travaux de l'Association Henri Capitant, La responsabilité – Aspects nouveaux, t.L, 1999, Paris, 2003, p.121 ss..

CUNHA GONÇALVES, Luís da, *Comentário ao código comercial português,* II, III, Lisboa, 1918.

FERREIRA DE ALMEIDA, Carlos, *O contrato de transporte no Código Civil,* Revista dos Tribunais, n.º 87, p.147.

FERREIRA DE ALMEIDA, Carlos, *A responsabilidade do transportador ferroviário,* Revista dos Tribunais, n.º 88, p.149.

FERRER CORREIA, António Arruda de, *Lições de direito comercial,* v.I e III, Coimbra, 1975.

NUNES, Victor Augusto Pereira, *Questões de direito marítimo,* Revista dos Tribunais, n.º 1642.

OLIVEIRA COELHO, Carlos de, *Jurisprudência e direito marítimo,* Coimbra, 1987.

PALMA CARLOS, Adelino H. da, *O contrato de transporte marítimo, in* Novas perspectivas do direito comercial, Coimbra, 1988.

PALMA CARLOS, Adelino H., *Objecto do contrato de fretamento,* Gazeta da Relação de Lisboa, a.43, 1929, n.º 13.

PALMA CARLOS, Adelino H.da, *O contrato de fretamento no código comercial português,* Lisboa, 1931.

PINTO COELHO, José Gabriel, *"A responsabilidade civil do transportador nos transportes aéreos e a validade das cláusulas de irresponsabilidade por acidentes ocorridos às pessoas",* BFDUC, X, 1926-28, p.554 ss., e XI, 1929.

PROENÇA, Alfredo, *Transporte de mercadorias por estrada,* Coimbra, 1998.

RAPOSO, Mário, *Direito marítimo – uma perspectiva,* ROA, a.43, 1983 (Maio-Set.).

RAPOSO, Mário, *Estudos sobre o novo direito marítimo –* realidades internacionais e situação portuguesa, Coimbra, 1999.

RAPOSO, Mário, *Sobre o contrato de transporte de mercadorias por mar,* Boletim do Ministério da Justiça, n.º 376, Maio, 1988.

RAPOSO, Mário, *Temas de direito marítimo,* ROA, a.57 (Jan./1997).

RAPOSO, Mário, *Transporte e fretamento – algumas questões,*Boletim do Ministério da Justiça, n.º 340 (Novembro/1984).

VASCONCELOS ESTEVES, José M.P., *Direito marítimo, I, Introdução ao armamento,* Lisboa, 1990.

VASCONCELOS ESTEVES, José M.P., *Direito marítimo, II, Contratos de utilização do navio,* Lisboa, 1988.

VASCONCELOS ESTEVES, José M.P., *Direito marítimo, III, Acidentes marítimos,* Lisboa, 1987.

VIEGAS CALÇADA, António, *Responsabilidade dos navios em geral e dos navios de pesca em especial,* BMJ, n.º 24, Maio/1951.

AA.VV., *Münchener Kommentar zum Handelsgezetsbuch*, B.7, sob a direcção de J.Basedow, Munique, 2000.

Ballarino-Busti, *Diritto aeronautico e spaziale*, Milão, 1988.

Busti, Silivio, *Contratto di trasporto aereo, in* Trattato di diritto civile e commerciale, dirigido por Antonio CICU, Francesco Messineo e Luigi Mengoni, Mlão, 2001.

Carbone, Sergio Maria, *Contratto di trasporto marittimo di cose, in* Trattato di diritto civile e commerciale, dirigido por Antonio Cicu, Francesco Messineo e Luigi Mengoni, Milão, 1988.

Chorley & Giles, *Shipping Law,* Londres, São Francisco, Kuala Lumpur, Joanesburgo, 1987.

Du Pontavice, Emmanuel, Cordier, Patricia, *Transport et affrètement maritimes*, Paris, 1990.

Golghirsch, Lawrence B., *The Warsaw Convention annotated*: *a legal handbook*, Dordrecht, Boston, Londres, 1988.

Lefebvre D'ovidio, Antonio, Pescatore, Gabriele, Tullio, Leopoldo, *Manuale di Diritto della Navigazione,* Milão, 2000.

Mercadal, Barthélémy, *Droit des transports terrestres et aériens,* Paris, 1996.

Naveau, Jacques, Godfroid, Marc, *Précis de droit aérien,* Bruxelas, 1988.

Pavone La Rosa, Antonio, *Polizza di carico,* Enc. dir., XXXIV.

Pesce, Angelo, *Il contratto di trasporto internazionale di merci su strada,* Milão, 1984.

Pesce, Angelo, *Il trasporto internazionale di merci,* Turim, 1995.

Putzeys, Jacques, *Le contrat de transport routier de marchandises*, Lovaina, 1981.

Remond-Gouilloud, Martine, *Droit maritime*, Paris, 1993.

Rodière, René, *Droit des transports,* Paris, 1977.

Rodière, René, *Traité général de droit maritime, affrètements et transports,* t.I, *Introduction—les contrats d'affrètement,* Paris, 1967.

Rodière, René, *Traité général de droit maritime, affrètements et transports,* t.II, *Les contrats de transport de marchandises,* Paris, 1968.

Rodière, René, Du Pontavice, Emmanuel, *Droit maritime*, Paris, 1997.

Sánchez Calero, Fernando, *El contrato de transporte marítimo de mercancías (Reglas de La Haya-Visby),* Elcano, 2000.

Scrutton, *On charterparties and bills of lading,* Londres, 1996.

Tapia Salinas, L., *Derecho aeronautico,* Barcelona, 1993.

Tetley, William, *Marine cargo claims,* Montreal, 1988.

Zunarelli, Stefano, *Lezioni di Diritto della Navigazione,* Bolonha, 2000.

# Legislação vária

- Código Comercial, arts.366.º ss..
- Decreto n.º 96/81 de 24/VII (e Protocolos anexos), que aprova para ratificação dos quatro Protocolos de 1975 que modificam a Convenção de Varsóvia de 1929, sobre o transporte aéreo de pessoas e mercadorias, e o Protocolo de Guatemala City de 1971.
- Decreto-Lei n.º 19/82, de 28/I, relativo ao transporte aéreo não regular.
- Decreto-Lei n.º 96/89 de 28/III, sobre o Registo internacional de Navios da adeira(MAR), alterado pelo Decreto-Lei n.º 31/97 de 28/I e pelo Decreto-Lei n.º 96/89 de 28/III.
- Decreto Lei n.º 234/89, de 25/VII, relativo ao regime de licenciamento de actividade de transporte aéreo regular no interior do continente.
- Decreto-Lei n.º 321/89 de 25/IX, sobre a responsabilidade do transportador aéreo e o seguro obrigatório relativo à sua actividade, alterado pelo Decreto-Lei n.º 279/95 de 26/X (cfr. Portaria n.º 269/90, de 10/IV, que estabelece os prazos a que devem obedecer as reclamações a apresentar pelos destinatários de bagagens ou cargas transportadas por via aérea em caso de incumprimento ou cumprimento defeituoso do contrato de transporte; Portaria n.º 223/97 de 2/II, que institui limites de responsabilidade contratual dos transportadores aéreos; cfr. Portaria n.º 287/96, de 24/VII, que institui limites de responsabilidade extracontratual do proprietário ou explorador da aeronave, fixando assim os montantes das indemnizações fundadas na responsabilidade pelos danos causados à superfície por aeronaves em voo ou por objecto que delas se solte).
- Resolução da Assembleia da República n.º 6/90 de 9/III, sobre o Código de conduta das Conferências Marítimas.
- Decreto-Lei n.º 66/92, de 23/IV, relativo à actividade de transporte aéreo regular internacional
- Decreto-Lei n.º 84/92, de 7/V, relativo ao regime a que ficam sujeitos os volumes e bagagens abandonados nos depósitos dos aeroportos e aeródromos civis.
- Resolução da Assembleia da República n.º 3/94 (e Convenção anexa), que aprova, para ratificação, a Convenção de adesão à Convenção de Roma, de 1980, relativa à lei aplicável às obrigações contratuais.
- Decreto-Lei n.º 209/97 de 13/VIII, sobre as agências de viagens e turismo, alterado pelo Decreto-Lei n.º 12/99 de 11/I.
- Decreto-Lei n.º 251/98 de 11/VIII, sobre o acesso à actividade de transporte em táxi.

Nuno Manuel Castello-Branco Bastos

- Decreto-Lei n.º 384/99 de 23/IX, sobre o regime jurídico relativo à tripulação do navio.
- Decreto-Lei n.º 3/2001 de 10/I, relativo ao acesso à actividade de transporte rodoviário de passageiros em veículos com mais de nove lugares e à organização do mercado de transportes não regulares.
- Decreto-Lei n.º 7/2002, de 9/I, relativo a uma garantia pessoal de Estado consubstanciada num regime de protecção relativamente aos riscos de guerra e terrorismo na área dos transportes aéreos.
- Despacho conjunto n.º 81/2002, de 30/I, sobre o limite temporal da garantia do estado previsto no artigo 3.º do DL n.º 7/2002, de 9 de Janeiro, e fixa as taxas devidas pelo acesso ao regime.
- Decreto n.º 39/2002, de 27/XI, que aprova a Convenção para a Unificação de Certas regras relativas ao transporte Aéreo Internacional, feita em Montreal em 28 de Maio de 1999.
- Decreto-Lei n.º 239/2003, de 4/X, relativo ao transporte rodovário de mercadorias, e que revoga os arts.366.º a 393.º do Código Comercial, na parte aplicável ao transporte rodoviário.

- Regulamento (CEE) n.º 954/79 do Conselho, de 15/V/1979, sobre as Conferências Marítimas.
- Regulamento (CEE) n.º 4056/86 do Conselho, de 22/XII/1986, que determina as regras de aplicação aos transportes marítimos dos arts.85.º e 86.º do Tratado de Roma. Cfr. Acórdão do Tribunal de Primeira Instância (Terceira Secção Alargada) de 8 de Outubro de 1996 (Col.II, 1996-10/11/12, p.1210 ss.)
- Regulamento (CEE) n.º 295/91 do Conselho, de 4/II/1991, relativo à sobre-reserva no transporte aéreo.
- Regulamento (CEE) n.º 479/92 do Conselho, de 25/II/1992, relativo a acordos, decisões e práticas concertadas entre companhias de transportes marítimos regulares (consórsios).
- Regulamento (CEE) n.º 2407/92 do Conselho, de 23/VII, relativo à concessão e manutenção de licenças às transportadoras aéreas.
- Regulamento (CE) n.º 2027/97 do Conselho, de 9/X/1997, relativo à responsabilidade das transportadoras aéreas em caso de acidente, Regulamento (CE) n.º 889/2002 do Conselho, de 13/V/2002 (relevante para efeitos do EEE).
- Regulamento (CE) n.º 44/2001, de 22/XII/2000, relativo à competência judiciária, ao reconhecimento e à execução de decisões em matéria civil e comercial, alterado pelo Regulamento (CE) n.º 889/2001 do Conselho, de 11/V/2002 (relevante para efeitos do EEE).

358 *Direito dos Transportes*

- Decisão do Conselho de 5 de Abril de 2001, relativa à celebração pela Comunidade Europeia da Convenção para a unificação de certas regras relativas ao Transporte Aéreo Internacional (Convenção de Montreal, de 28 de Maio de 1999).

# ÍNDICE

NOTA PREAMBULAR .......................................................... 5

## INTRODUÇÃO

§1.º – O âmbito do direito dos transportes e a razão da limitação do
objecto a tratar no curso ............................................ 7
   **1.** *O âmbito do direito dos transportes e o objecto destes apontamentos.* .................................................................... 7
§2.º – As fontes do direito dos transportes ......................... 13
   **2.** *As fontes do direito dos transportes.* ...................... 13
§3.º – Breve aceno à história do direito dos transportes ..................... 19
   **3.** *As fontes do direito dos transportes na história. Nótula.* ...... 19
   **4.** *O direito dos transportes nas fontes nacionais. Nótula.* ........ 26
§4.º – A especificidade da actividade transportadora e suas consequências normativas ................................................... 29
   **5.** *A especialidade do direito dos transportes. Princípios normativos e teleologia da disciplina dos transportes. A obrigação de resultado e a objectivação da responsabilidade.* ....... 29
   **6.** *A especialidade das regras de conflitos em matéria de transportes e de acontecimentos de mar.* ...................................... 35

## CAPÍTULO I
### O contrato de transporte

§1.º – O contrato de transporte em geral ............................... 47
   **7.** *Noção de conrato de transporte e conteúdo obrigacional.* ....... 47
   **8.** *O regime interno do contrato de transporte.* ......................... 50
§2.º – Caracterização dogmática ......................................... 53
   **9.** *Caracterização do contrato de transporte enquanto* species
*da prestação de serviços.* ........................................... 53

360            *Direito dos Transportes*

**10.** *A posição do destinatário e a qualificação do contrato de transporte como contrato a favor de terceiro.* ...................... 57

§3.º – Espécies de transporte ................................................ 69

**11.** *Classificação do contrato de transporte quanto à via de comunição e ao objecto.* ............................................. 69

**12.** *Classificação em razão do número de transportadores. O transporte complexo. O transporte com múltiplos transportadores.* ...................................................................... 70

**13.** *Segue: o transporte combinado (ou "multimodal").* ............ 75

**14.** *Actividades e contratos relacionados com a actividade transportadora. O transitário.* ................................................ 80

## CAPÍTULO II
### O transporte rodoviário de mercadorias

§1.º – Disciplina interna ...................................................... 85

**15.** *O regime interno e o seu âmbito de aplicação.* ................... 85

§2.º – O âmbito de aplicabilidade da disciplina internacional uniforme 87

**16.** *O âmbito de aplicação espacial da CMR.* ......................... 87

**17.** *O âmbito de aplicação material da CMR.* ......................... 89

§3.º – A responsabilidade do transportador ............................... 93

**18.** *Os regimes da responsabilidade e da prova. Os danos indemnizáveis.* ...................................................................... 93

**19.** *O limite indemnizatório.* ............................................... 104

**20.** *A decadência do limite indemnizatório.* ........................... 107

**21.** *Segue: o dolo e os comportamentos equiparáveis.* ............... 111

**22.** *A chamada "obrigação de reembolso" (a cláusula COD).* ...... 116

**23.** *O regime da responsabilidade no transporte sucessivo de tipo cumulativo.* ...................................................................... 119

**24.** *O fundamento da responsabilidade. A responsabilidade extracontratual. Os destinatários do regime da responsabilidade.* .. 128

§4.º – Os documentos de transporte ........................................ 131

**25.** *A declaração de expedição e o seu conteúdo na CMR. As reservas e os seus efeitos.* ........................................................ 131

**26.** *A guia de transporte e o seu conteúdo no direito interno. As reservas e os seus efeitos.* ................................................ 144

§5.º – Reclamações e acções ................................................. 149

**27.** *A chegada das mercadorias e as reclamações (as reservas do destinatário) na CMR. Os conflitos de jurisdições.* .......... 149

Nuno Manuel Castello-Branco Bastos   361

**28.** *A chegada das mercadorias e as reclamações (as reservas do destinatário) no direito interno.* ....................................... 153

## CAPÍTULO III
### O transporte marítimo de mercadorias

§1.º – O navio e o armador ................................................................. 160
    **29.** *O navio e a sua exploração. O propritário e o armador.* .... 160
    **30.** *Condições para as actividades de exploração dos navios e de transportes.* ........................................................................ 163
    **31.** *O estatuto do navio.* ...................................................... 164
    **32.** *Classificação dos navios.* .............................................. 165
    **33.** *O estatuto do navio (segue): o navio como móvel e como objecto de negócios. A nacionalidade e a Bandeira Nacional.* ........................................................................... 168
    **34.** *Segue: a personalidade judiciária.* ............................... 169
    **35.** *As conferências marítimas.* ........................................... 170
§2.º – A responsabilidade do proprietário e do armador ..................... 177
    **36.** *A posição do navio no património do proprietário.* ........... 177
    **37.** *A responsabilidade do proprietário e/ou armador.* ............. 179
    **38.** *Segue: os titulares da responsabilidade, o seu objecto e o limite indemnizatório.* ..................................................... 181
    **39.** *Segue: os destinatários do regime da responsabilidade.* ..... 182
    **40.** *Segue: o objecto da responsabilidade.* ............................ 186
    **41.** *Segue: o limite indemnizatório.* .................................... 188
§3.º – O contrato de transporte e o contrato de fretamento (o contrato de charterparty) ..................................................................... 191
    **42.** *A distinção entre transporte e fretamento. O contrato de fretamento.* ..................................................................... 191
§4.º – Disciplina interna ..................................................................... 203
    **43.** *As fontes internas do regime dos contratos de transporte e de fretamento.* .............................................................. 203
    A) O Fretamento .................................................................. 204
    **44.** *Noção do contrato de fretamento.* ................................. 204
    **45.** *Gestão náutica e gestão comercial.* ............................... 207
    **46.** *O fretamento por viagem.* ............................................ 210
    **47.** *O fretamento a tempo.* ................................................. 212
    **48.** *O fretamento em casco nu.* ........................................... 214
    **49.** *Apresentação do navio e carregamento.* ........................ 216

# 362 Direito dos Transportes

**50.** *O tempo de exploração real do navio.* .............................. 218
**51.** *O capitão e a equipagem. A emissão dos conhecimentos de carga.* ........................................................................... 219
**52.** *Carta-partida e conhecimento de carga.* ...................... 227
**53.** *Caducidade e competência jurisdicional.* ...................... 228
B) O transporte de mercadorias ............................................. 231
**54.** *O regime interno do contrato de transporte e o seu objecto.* 231
**55.** *A remissão material para a disciplina internacional uniforme.* ...................................................................................... 236
**56.** *O transporte no convés.* .................................................. 240
**57.** *O regime interno (segue): disposições confirmadoras e disposições autónomas.* ............................................................. 242
§5.º – Disciplina internacional uniforme ................................. 251
**58.** *A Convenção de Bruxelas de 1924 ("Regras de Haia"). A internacionalidade do transporte.* .................................... 251
**59.** *A internacionalidade do transporte (segue): caracterização.* .... 253
**60.** *Âmbito de aplicação material da Convenção de Bruxelas.* ..... 255
**61.** *Âmbito de aplicação espacial da Convenção de Bruxelas.* . 259
§6.º – A responsabilidade do transportador ........................... 263
**62.** *O regime da responsabilidade e da prova.* ...................... 263
**63.** *O limite indemnizatório.* .................................................. 268
**64.** *A chegada da mercadoria e as reclamações (as reservas do destinatário). A propositura da acção.* .............................. 271
§7.º – Os documentos de transporte ....................................... 273
**65.** *O conhecimento de carga e as suas funções. O conhecimento de carga como título de crédito representativo das mercadorias e as suas características. A influência sobre o regime da prova.* ...................................................................... 273
**66.** *As reservas e os seus efeitos.* ......................................... 277
**67.** *Segue: os efeitos das reservas e o regime da prova.* ......... 286

## CAPÍTULO IV
### O transporte aéreo de pessoas e de mercadorias

§1.º – Disciplina interna ............................................................ 292
**68.** *O regime interno e o regime comunitário do transporte aéreo e o seu âmbito de aplicação.* ........................................... 292
§2.º – Disciplina internacional uniforme ................................. 299
**69.** *As fontes internacionais. De Varsóvia a Montreal.* ............. 299

**70.** *O âmbito de aplicação material da Convenção de Montreal.* . 300

**71.** *O âmbito de aplicação espacial da Convenção de Montreal.* . 306

§3.º – A responsabilidade do transportador ............................................ 309

**72.** *O historial do "sistema" de Varsóvia e das suas alterações e a nova Convenção de Montreal.* ....................................... 309

**73.** *Perspectiva diacrónica do regime da responsabilidade.* ...... 312

**74.** *O sistema binário de responsabilidade do regime comunitário e da Convenção de Montreal de 1999 (the two-tier system).* ................................................................................. 318

**75.** *A questão dos danos não físicos.* .................................... 321

**76.** *O transportador sucessivo (o transporte cumulativo) e o transportador efectivo ou de facto.* ................................... 322

§4.º – Os documentos de transporte ...................................... 325

**77.** *A simplificação da documentação e os novos meios de documentação.* ............................................................. 325

**78.** *A carta de porte aéreo.* .................................................. 332

**79.** *A carta de porte aéreo e o direito de contra-ordem.* .......... 334

§5.º – Reclamações e acções .............................................. 345

**80.** *Entrega da mercadoria e as reclamações.* ...................... 345

**81.** *Os conflitos de jurisdições.* ............................................ 346


BIBLIOGRAFIA SUMÁRIA ..................................................... 353